JOÃO AOS PEDAÇOS
Biografia de João Gilberto Noll

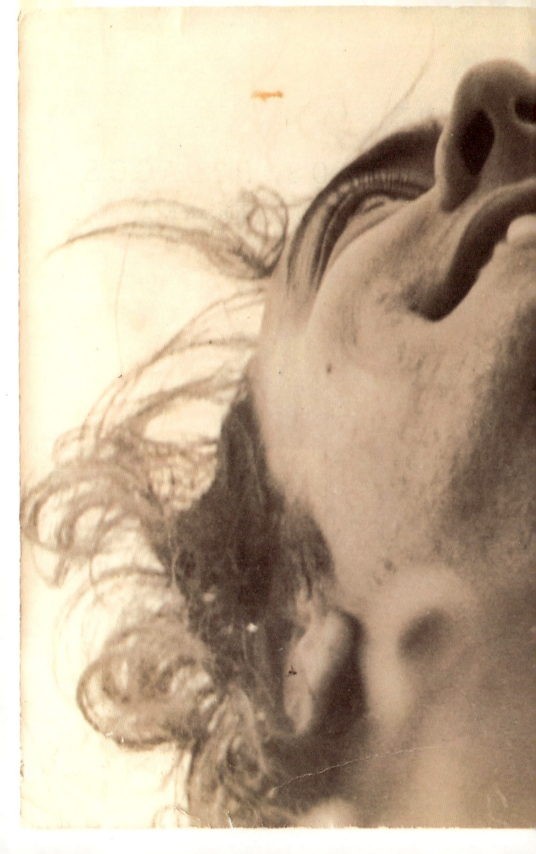

Rio de Janeiro, 1972

JOÃO AOS PEDAÇOS

Biografia de João Gilberto Noll

FLÁVIO ILHA

© Flávio Ilha

Editores
Denise Nunes
Lívia Araújo
Flávio Ilha

Edição de texto
Vitor Necchi

Projeto gráfico e capas
Studio I

Fotos das capas
Gilberto Perin

Fotos da segunda capa
Jacqueline Joner

Revisão
Press Revisão

Fotos do miolo
Tânia Meinerz (reproduções) e arquivo de família, com exceção das páginas 24 (Jornal do Brasil), 180 (Kiko Berwanger) e 221 (Juliana Severo).

Grafia atualizada segundo o Acordo Ortográfico da Língua Portuguesa de 1990, que entrou em vigor no Brasil em 2009.

Dados Internacionais de Catalogação na Publicação (CIP) de acordo com ISBD

I27j Ilha, Flávio
João aos pedaços/Flávio Ilha
Porto Alegre - RS : Diadorim Editora, 2021
248 p.; 16 cm x 23 cm
ISBN 978-65-990234-9-1
1. Biografia 2. João Gilberto Noll. I. Título.
CDD 920
CDU 929

Índice para catálogo sistemático
1. Biografia 920
2. Biografia 929

www.diadorimeditora.com.br

Para Luiz Fernando e Jussara

Para Helena Terra

ÍNDICE

10   Notas do autor
17   Prólogo
23   Rio de Janeiro, 1980
77   Porto Alegre, 1969
139   Berkeley, 1996
179   Porto Alegre, 2016
223   Inéditos
237   Agradecimentos
240   Referências

Notas do autor

João Gilberto Noll é um dos artistas contemporâneos brasileiros mais importantes e provocadores. Estou me referindo a artistas, não apenas escritores. Sua literatura é visceral, intuitiva e radical. Mas, embora tenha tal importância no cenário artístico do país, morreu sendo cultuado por um pequeno círculo de admiradores e sem comover as massas de leitores que deveria alcançar, se este Brasil fosse devotado à cultura.

Penso que o contexto descrito acima seja combustível suficiente para qualquer pessoa que queira investigar as razões que o fizeram tão grande e, ao mesmo tempo, tão ignorado no seu país. Uma narrativa biográfica é sempre incômoda com relação à memória privada de pessoas públicas. Nesse sentido, tentei respeitar ao máximo essa privacidade, sem, contudo, comprometer informações relevantes para compreender o fenômeno Noll. Ele era um homem reservado e discreto. E que evitava falar de sua vida pessoal, mesmo se fosse perguntado. Pensei bastante nisso quando estava pesquisando ou fazendo entrevistas com pessoas que o conheceram: João consideraria uma quebra de confiança questões de cunho pessoal?

°o°

Acredito que as revelações mais importantes sobre a vida de Noll contidas neste livro sejam relativas a seu processo de criação, mesmo que haja menção a muitos fatos íntimos e controversos. Tratava-se de um processo muito sofrido, muito tenso. A escrita que o autor desenvolveu ao longo de 19 livros, em 36 anos de carreira, sempre foi devastadora, pessoalmente falando. Pessoas que conviveram com ele durante processos criativos mencionam um silêncio e uma concentração absolutas – o próprio Noll, em entrevistas e em conversas privadas, falava em "surtos" de criação.

Não sou crítico literário e não pretendi desenvolver aqui um ensaio acadêmico sobre os livros de Noll. Mas, evidentemente, seu trabalho ganha uma dimensão extraordinária na abordagem que faz das angústias humanas – independentemente de gênero. A despeito de seu personagem-fetiche ter sido sempre um homem, Noll dava uma dimensão dúbia a esse sujeito.

Seu estilo caudaloso, beirando o barroco, também fez história na moderna literatura brasileira, a ponto de equipará-lo a Clarice

Lispector, de quem era admirador confesso e a quem ele atribuía a decisão final de se dedicar profissionalmente à escrita. Foi depois da leitura de *A paixão segundo G.H.*, livro de 1964 que chegou às mãos de Noll por volta de 1968, que ele se decidiu definitivamente pela literatura, já que antes havia experimentado outras formas de arte – especialmente o canto lírico.

O autor, além disso, era um caminhante incorrigível. Um flâneur. Noll caminhava pela cidade com uma urgência pouco compreendida. Talvez a chave para entender esse processo criativo, que passou para os livros como uma de suas características mais marcantes, esteja na juventude: ele teve uma grave crise psíquica no final da adolescência, entre os 16 e os 17 anos. Recusava-se a ir à escola, era um sujeito inadaptável e, ao sair de casa todas as manhãs, se punha a caminhar sem destino por Porto Alegre, inventando mentalmente cenários e situações que, depois, iria transformar em literatura. Foi um período crítico de sua formação, tanto humana quanto intelectual. Nesse sentido, penso que foi uma prática decisiva para seu trabalho posterior com a escrita.

°○°

A experiência da leitura é sempre individual e particular. Eu, na condição de primeiro leitor do meu trabalho, procuro enxergar nele explicações – não necessariamente racionais nem cartesianas – sobre determinados fenômenos que são mencionados aqui. Respostas por meio da linguagem, em primeiro lugar. Nunca de caráter moral. E, como se trata de uma biografia, diria que o caminho principal é a vida particular de Noll, embora eu subverta um pouco a ordem cronológica dos fatos e apresente um autor multifacetado, como de fato era o homem que está aqui apresentado. Devassar cartas e mensagens que mencionam outras pessoas, ou situações pessoais, exige cuidado e, principalmente, bom senso. Todas as indicações de privacidade, portanto, foram respeitadas.

Não tive, além do mais, intenção de narrar todos os fatos que marcaram a vida e a carreira do escritor. Não tenho essa pretensão e nem sei, de verdade, se isso é possível – nem nos mais alentados estudos. Penso que as subjetividades, ainda mais em personalidades complexas como a de Noll, jamais serão desvendadas. Por isso o título do trabalho: *João aos pedaços.*

Espero que as leitoras e os leitores compreendam que um escritor não é uma pessoa como outra qualquer, mesmo que as culpas, os medos e as angústias sejam da mesma natureza humana que a nossa. Eles têm uma forma peculiar de expressar essa humanidade, o que, no final das contas, acaba sendo uma dádiva para quem valoriza as manifestações artísticas.

Acredito também que um escritor ou uma escritora nunca vão para a frente de seus computadores, ou dos seus bloquinhos de anotações, sozinhos. Estão lá seus afetos, suas desilusões, sua fome de muitas coisas, até de comida. João, é bom lembrar, viveu a maior parte dos seus 70 anos em uma precariedade material derivada de sua opção radical pela literatura. Escolha à qual sempre teve lealdade, como pretendi aqui ser leal à sua memória.

Esse caldeirão de sentidos é que me fascinou desvendar. Se os leitores e as leitoras puderem percebê-lo, estarei satisfeito.

Os primeiros anos de vida suscitaram em mim o gosto pela aventura. O meu pai dizia não saber bem o porquê da existência e vivia mudando de trabalho, de mulher e de cidade. A característica mais marcante do meu pai era a sua rotatividade. Dizia-se filósofo sem livros, com uma única fortuna: o pensamento. Eu no começo achava o meu pai tão-só um homem amargurado por ter sido abandonado pela minha mãe quando eu era de colo. Morávamos então no alto da rua Ramiro Barcelos, em Porto Alegre, o meu pai me levava a passear todas as manhãs na Praça Júlio de Castilhos e me ensinava os nomes das árvores, eu não gostava de ficar só nos nomes, gostava de saber as características de cada vegetal, a região de origem. Ele me dizia que o mundo não era só aquelas plantas, era também as pessoas que passavam e as que ficavam e que cada um tem o seu drama. Eu lhe pedia colo. Ele me dava e assobiava uma canção medieval que ele afirmava ser a sua preferida. No colo dele eu balbuciava uns pensamentos perigosos:

— Quando é que você vai morrer?

— Não vou te deixar sozinho, filho!

Ele me falava com o olhar visivelmente emocionado e contava que antes me ensinaria a ler e a escrever. Ele fazia questão de esquecer que eu sabia de tudo o que se passava com ele. Pra que ler? — eu lhe perguntava. Pra descrever a forma desta árvore — ele me respondia um pouco irritado com a minha pergunta. Mas logo se apaziguava.

— Quando você aprender a ler vai possuir de alguma forma todas as coisas, inclusive você mesmo.

No final de 1969 o meu pai foi preso no interior do Paraná. (Dizem que passava armas a um grupo não sei de que espécie.) Tinha na época uma casa de caça e pesca em Ponta Grossa e já me levava a passear.

No dia em que ele foi preso eu fui arrastado para fora da loja por uma vizinha de pele muito clara, que me disse que eu ficaria uns dias na casa dela, que o meu pai iria viajar. Eu não acreditei em nada mas me fiz de crédulo

Reprodução da primeira página de *O cego e a dançarina* (1980)

Prólogo

ELE ESTAVA ASSISTINDO À TV. Esparramado na cama de casal colada na janela, assistindo à TV. Isso é certo, pois quando os sobrinhos estiveram lá, viram o aparelho ligado. E os lençóis, levemente amarrotados, mostravam a posição que o corpo ocupara antes de se erguer. Se Júlia aproximasse a mão do tecido, poderia capturar ainda o calor de João emanando da roupa de cama?

Não, não entrou mais ninguém no apartamento da Fernando Machado antes deles. Não entrou porque João era um sujeito metódico. Não entrou porque nada foi tocado, porque tudo estava como sempre. Os livros mais recentes na cabeceira da cama, os bonés dependurados no cabide, em harmonia, o pôster do primeiro filme impecavelmente nivelado, a luminária de palha apagada, em repouso completo. Tudo remetia a uma velha fita *noir* no antigo cinema Colombo, que ele tanto frequentara, o zumbido da TV se misturando ao compassado farfalhar das asas de uma mosca naquele início de outono quente em Porto Alegre, em 2017.

João havia partido, deixando atrás de si a fumaça de um *Charm* fumado pela metade.

Mas àquela hora já era possível prever o desfecho que nos esperava. Antes, não. Os contatos começaram à tarde, primeiro pelos aplicativos de mensagem. Discretos, já que ninguém sabia muito bem o que pensar. Não atende o celular, Fernando. Sabe de alguma coisa? Ele faltou à aula. Alguém descobriu o que houve, Nanni? Sempre chega cedo, hoje não apareceu.

O telefone fixo também chamava, chamava, chamava. Mas ele não atendia. Depois trocaram ligações entre eles, os diálogos ficaram mais nervosos, não, não é comum, ele nunca falta, mas ninguém vai pensar que. Não é? Não, embora.

Então, era segunda-feira. Era noite. Ele assistia à televisão, coisa incomum, mas que se tornara uma espécie de vício depois que começou a sentir dificuldade para escrever. Nada servia, nada o contentava, o que talvez o tenha influenciado a deixar de lado, meses atrás, todo o arquivo das gêmeas que estava escrevendo havia dois anos, escrever parecia um negócio mais complexo que uma profissão, dizia, escrever é pegar o tapete, levantar o tapete e mostrar aquilo que foi escondido embaixo do tapete e que ninguém quer ver.

É uma catarse, as palavras parecem que jorram pelas mãos, e folheava *Memórias de uma moça bem-comportada*, Sartre e Simone, que aprendera a ler quando foi estudante de Letras, "vou para o teclado como se estivesse tocando piano, o que me puxa é a linguagem, o ritmo, a escolha das palavras, a conexão entre elas".

Então estava ali, assistindo a um canal de notícias, recostado na guarda da cama, com a cabeça apoiada nos travesseiros, com os pensamentos livres como no ato da criação, quando sentiu um aperto no peito. Uma erupção, um padecimento. Uma voragem na consciência, como se exalasse um cheiro ruim.

Foi aí que tentou se levantar. "Havia um sapo morto a meus pés", escreveu um dia sobre o veraneio em Canela, na infância, quando desandou a cantar e enterrou o sapo, colocando flores e um trevo no túmulo diminuto.

Vislumbrou depois a inebriante fonte atrás da santa, uma criança paralítica que voltara a andar, as graças para cada milagre que se alcançou. Quem sabe o que sentiu, então? Uma pontada? Uma ânsia de abrir a janela? Uma angústia por não conseguir tirar nada novo de dentro daquele homem?

Foi como um aperto no coração, como se o tórax estivesse comprimido pelo corpo do colega mais forte da escola no gesto de lhe estrangular, assim, do nada. "Se eu soubesse a solução não precisaria escrever, se tudo estivesse feito previamente na minha cabeça não haveria transformação", seguiu pensando, como se o fluxo cerebral pudesse levá-lo de volta à superfície, "um homem inadequado, um homem desambientado", girou o corpo no espaço exíguo do quarto e despencou mais um pouco, estava a ponto de desistir. "O que acontece é que tenho um ser dentro de mim, um homem que habita em mim que me ultrapassa, e eu preciso dele, preciso desse homem para continuar escrevendo, eu preciso dele."

Então, presumo, caiu.

E despencou pelo escorregador escuro até as profundezas daquela sensação de se afundar num breu que rodopiava e não encontrava fim, que caía vertiginosamente por largos segundos até topar com uma carcaça opaca e uma portinhola estreita, na horizontal.

O corpo como se flutuasse naquele espaço horripilante, dentro d'água, no banheiro fétido da boate Sótão ou nos intestinos do submarino alemão, cor de bronze. Estava difícil respirar, cada vez mais difícil respirar, "e se em vez de viajar você se fingisse de louco?", ficava cada vez mais difícil respirar, embora não estivesse mais em um lugar encharcado e sim em uma câmara iluminada por velas, o banheiro cheirava a intestino, "você é um desocupado, João, você é um desocupado!".

Tentou, tentou em vão voltar de onde tinha caído, mas não havia nenhum ponto de referência, nada para se guiar, nenhum lugar para se agarrar, havia só um armário de roupas à sua frente e a escuridão. "E se não nos soltarem mais?", suspirou.

Foi aí que viu Maria Ignez.

Maria Ignez flutuava com ele na escuridão. Maria Ignez, que lhe encheu de amor, mas também de remorso, flutuava com ele na escuridão. Passou a mão em sua calva cada vez mais pronunciada, alisou-lhe a barba grisalha, cada vez mais rala, porém não lhe disse nada. Depois se fundiu ao casulo que ficava menor à medida que o tempo passava e que ele perdia mais e mais a noção de espaço, enquanto a hora o aquecia do pressentimento de que se está chegando à idade, naquela idade em que nem se sabe mais de que dor se irá morrer, já que tudo é tão igual, e o que faz com que você volte para casa é só um consolo idiota.

A máquina de moer ferro voltou, imagino ter pensado. Mas a máquina agora apertava com mais força, apertava até comprimir seu corpo que fora forte um dia, como se esmagasse um miolo de pão, até deixar seu corpo em estado de larva dentro daquele casulo minúsculo. "Minha prima agora morta sorria para mim da porta da casa de bonecas nos fundos do quintal", balbuciou. "A máquina dentro de mim não falharia antes do tempo. A engrenagem do meu corpo cairia em desuso só quando tivesse de ser."

A máquina então chegou à garganta e ele pressentiu, com um leve tremor nas têmporas, que não resistiria. Em algum lugar percebeu a luminosidade azulada da projeção de um filme, um filme da Metro no cinema Colombo, seguida de um breu silencioso e de um mergulho ainda mais fundo num poço de gosto muito amargo. "Secreções sem alma, azedas, indigestas."

Só podia saber que o gosto do poço era muito amargo.

Com os pais João Jacob e Ecila nos autógrafos de
O cego e a dançarina, em Porto Alegre (1980)

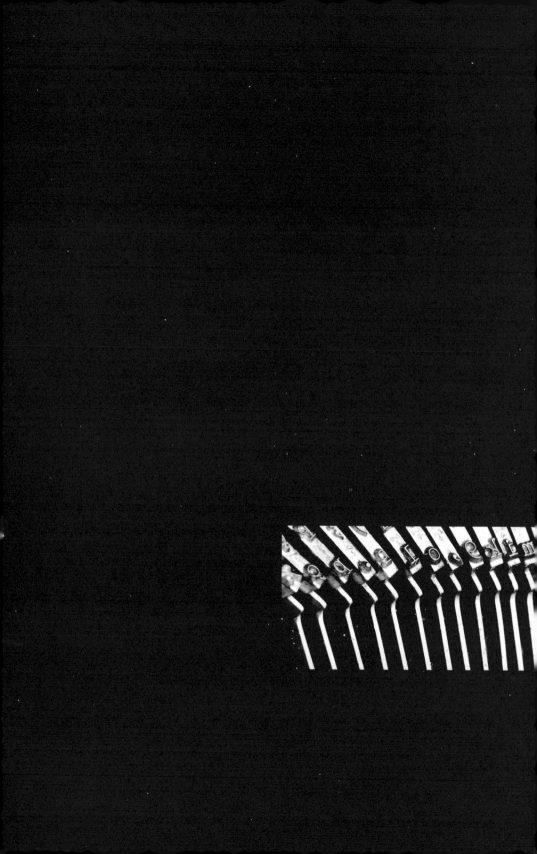

Rio de Janeiro, 1980

QUERIDÍSSIMOS PAIS:

O filho aqui está que não cabe de contentamento. Enfim o livro está aí e uma carreira de escritor se inicia. Luiz e Ju estão levando um exemplar pra vocês. Achei lindo o livro; capa, prefácio, contracapa etc. Ufa! mas que trabalheira danada que dá pra divulgar um livro; não tenho parado um minuto sequer: entro em jornal, saio de jornal, vou a revistas, dou entrevistas, telefono pra crítico, escritor e pessoas em geral pra aparecerem no meu lançamento que será no dia 16 de junho (logo chegará um convite por aí).

Eu gostaria muito que o pai viesse para o lançamento. Estou sentindo muito que a mãe infelizmente não poderá vir. Mas não importa: sei que no fundo ela estará aqui comigo em pensamento dando a maior força.

Todas as reportagens que saíram sobre, assim como as críticas, eu mandarei o recorte do jornal ou revista pra vocês. Peço que me façam o mesmo, mandando o recorte de qualquer coisa que sair sobre o meu livro na imprensa gaúcha. Logo avisarei vocês se aparecerei mesmo na televisão Globo, num programa que tem na hora do almoço.

Até agora todos os críticos que leram o livro estão adorando, um deles está me achando até um dos melhores escritores que surgiu nesses últimos anos no Brasil.

Já tenho mais de duzentas pessoas de convidados para a lista de lançamento. E a lista está aumentando. Enfim, tenho feito tudo pra promover o máximo possível meu livro: dado depoimentos, tirado fotos pra mandar para os jornais, dado entrevistas. A coisa é bastante cansativa, mas vale a pena a gente lutar por algo que nos é tão importante na vida.

Tudo indica que dará para eu dar uma fugidinha a Porto Alegre pra lançar o livro também aí. Ainda não tenho nada acertado. Vamos ver. Tudo depende de eu conseguir uns dois dias de licença aqui no trabalho. Falar nisso, o trabalho aqui no DNOS está ótimo, é o tipo de atividade que eu sempre sonhei pra continuar a minha vida de escritor: tranquila, ninguém pra encher o saco com muita burocracia etc.

Semana que vem vou me inscrever no sindicato dos escritores. Enfim, sou o tão sonhado escritor.

No mais, o que tenho a dizer está na dedicatória do livro que mandei pra vocês. Estou muito feliz por poder dedicar um trabalho pra vocês dois. O livro é de vocês.
Obrigado e mil abraços e beijos, do filho com muitas saudades.

João

Estou muito contente, pois soube que a mãe está melhor de saúde, já está até saindo pra compras. Que ela fique logo logo completamente "recauchutada"! [1]

A carta de João Gilberto Noll datilografada aos pais João e Ecila Noll é datada de 28 de maio de 1980 – 19 dias antes do lançamento de *O cego e a dançarina* no Rio de Janeiro. O esforço de divulgação narrado pelo escritor, que debutava com um volume de contos aclamado pela crítica, não foi em vão: depois dos anos de penúria, de obstinação e de entrega à literatura, o primeiro livro de Noll finalmente vinha a público.

A apresentação do volume de estreia, que seria premiado com o Jabuti de revelação literária, era o ápice de um percurso que começara 11 anos antes, quando João abandonou o curso de Letras da UFRGS para tentar a sorte no Rio – cidade que sempre o acompanharia, como uma espécie de miragem: uma vida ideal, mas impossível de ser vivida.

Na noite de 16 de junho de 1980, na livraria Muro-Ipanema, na lendária Praça General Osório, Noll recebeu amigos e parte da família porto-alegrense, festejou, encantou-se com a receptividade à sua obra e projetou, internamente, um grande futuro. Estava certo, mas apenas em parte.

Dias antes da sessão de autógrafos, em reportagem-desabafo datada de 3 de junho no jornal *Última Hora*, Noll havia sido contundente ao relatar o fracasso de suas experiências profissionais fora da literatura, no Rio e em São Paulo, e em sua opção, naquele momento, pela escrita ficcional:

"O jornal e a agência de publicidade [onde ele trabalhara esporadicamente nos últimos anos] foram experiências traumatizantes

---

1 Todas as cartas e textos inéditos de João Gilberto Noll publicados aqui tiveram preservada sua grafia original.

para mim. A redação publicitária é endereçada e mentirosa. Existe uma grande demarcação, não há liberdade", disse. A reportagem, que não tem assinatura, segue no mesmo tom de Noll: "Foi no desemprego, trabalhando eventualmente como *free-lancer*, que conseguiu reunir forças para se dedicar ao que ele chama de uma escrita do inconsciente", pontuou o texto.

João Gilberto Noll já tinha plena consciência, naquela época, do que iria marcar sua carreira de escritor pelos próximos 37 anos e 19 livros, entremeada, é verdade, por esporádicas residências criativas e eventuais aulas em cursos universitários. Na mesma entrevista à *Última Hora*, o autor avançava um pouco sobre seu processo de criação no contexto adverso de um país onde a literatura era um luxo de poucos:

"Jamais esquematizo um conto, isto é, jamais sei o que vai sair da máquina. É uma espécie de atividade mediúnica, não no sentido místico ortodoxo. Essa experiência não tem nada de extraordinária, é apenas mais uma história de um escritor tentando fazer o seu trabalho num país subdesenvolvido. Um país em que tudo conspira contra a literatura, porque dentro desse capitalismo emergente que está aí a literatura não interessa e é perigosa".

João não era mais um garoto em 1980, quando *O cego e a dançarina* foi lançado: tinha 34 anos, estava no Rio havia mais de uma década, tivera uma experiência malsucedida em São Paulo, durante poucos meses, entre 1970 e 1971, perambulara por jornais e agências, fazendo trabalhos ordinários, vivera em condições precárias e, na literatura, com exceção de colaborações esparsas no *Correio do Povo*, ainda em Porto Alegre no final dos anos 1960, era pouco, ou nada, conhecido.

Em livro, havia emplacado dois contos na coletânea *Roda de fogo*, editada pela Editora Movimento em fevereiro de 1970, em Porto Alegre, com o subtítulo *12 gaúchos contam*. Um livro que até conseguiu cruzar a fronteira do Rio Grande do Sul, mas que dez anos depois, em 1980, não era mais lembrado. O editor Carlos Jorge Appel apresenta Noll assim na seleção de autores:

Nasceu em Pôrto Alegre (1946). É, portanto, um dos mais novos desta antologia. Tem escrito muito e colaborado com poesias e con-

tos no "Caderno de Sábado" do Correio do Povo. Estava realizando o curso de Letras na faculdade de Filosofia da UFRGS, quando o abandonou por não encontrar sentido nêle. Vem pesquisando novas formas e estruturas para o conto e seus trabalhos, nesta antologia, mostram isso.

O livro da Movimento era uma reunião de feras: lá estavam Josué Guimarães, Moacyr Scliar, Rubem Mauro Machado, Carlos Carvalho, Paulo Hecker Filho, Arnaldo Campos, Carlos Stein. E três jovens promissores, inéditos em livro: além de Noll, que tinha 23 anos na data da publicação, Caio Fernando Abreu, com 21, e Emanuel Medeiros Vieira, com 24.

Caio, apesar da idade, já havia sido premiado pela União Brasileira de Escritores, em 1969, com os originais de *Inventário do irremediável*, volume de contos publicado no final de 1970 pela mesma Editora Movimento. Além disso, era frequentador assíduo das páginas do *Caderno de Sábado* do *Correio do Povo*, com contos e poemas. Emanuel, um catarinense radicado em Porto Alegre, tinha contos também laureados em concursos nacionais e publicaria *A expiação de Jeruza* em 1972, também pela Movimento. Noll, portanto, despontava como o mais desconhecido do trio.

Moacyr Scliar, médico sanitarista e professor, havia publicado pela Movimento o aclamado *Carnaval dos animais* (1968), enquanto Josué Guimarães editara o livro de contos *Os ladrões* pela editora carioca Forum. Paulo Hecker Filho, por sua vez, era um poeta, contista e dramaturgo célebre em Porto Alegre, tendo publicações datadas do final dos anos 1950, enquanto que Carlos Carvalho se destacava como ator, encenador, músico (foi um exímio e premiado pianista) e dramaturgo, já tendo, em 1970, publicado livros e recebido prêmios em reconhecimento à sua obra.

Noll não era desse time de autores, mas tinha talento suficiente para encantar um editor como Carlos Jorge Appel, que abrira a Movimento em 1967, com outros intelectuais e professores de Porto Alegre, justamente para dar vazão ao que então se produzia de novo no Estado.

O editor relembra as circunstâncias de criação da Movimento, em plena ditadura: "Estávamos no Teatro de Equipe, eu, Gerd Bornhein, Bruno Kiefer, Décio Freitas, outros colegas, éramos sete ou oito na roda de conversa. Lá na frente, no palco, havia outro grupo discutindo justamente a paralisia cultural do Rio Grande do Sul e de Porto Alegre devido às severas restrições políticas que já nos incomodavam antes do AI-5. O pessoal das artes plásticas: Xico Stockinger, Iberê Camargo, Vasco Prado. A Editora Globo, que havia se transformado em uma das três maiores do Brasil, começava a mostrar sinais de fragilidade. Não editava mais, só o Erico Verissimo. Era um cenário de enorme paralisia cultural. O Gerd então diz: eu quero publicar meus livros de filosofia; o Bruno saltou: eu tenho um livro de música. Veio do Bruno Kiefer a ideia de criarmos uma editora. E já que estamos falando em paralisia, disse o Bruno, vamos botar o nome [na editora] de Movimento. Foi assim que ela surgiu. Essa conversa ocorreu de 1967 para 1968, não me lembro exatamente. A data oficial de criação da editora é 1968".

A antologia *Roda de fogo* foi inspirada na bem-sucedida coletânea *Nove do Sul*, uma reunião de novos contistas publicada em 1962 pelos próprios autores em uma experiência até então inédita em Porto Alegre. Boa parte dos tais nove voltaria a compor a seleção da Editora Movimento em 1970. Moacyr Scliar, em artigo no jornal *Zero Hora* de 7 de abril de 2001, relembra a aventura: "O ano era 1962. O país estava agitado: no ano anterior, uma tentativa de golpe fora abortada pelo glorioso movimento da Legalidade, nascido nas ruas de Porto Alegre. Na esteira da Legalidade veio a exigência das chamadas reformas de base, sobretudo a reforma agrária. Os comícios se sucediam, os atos de protesto... Estudante de Medicina, eu era um jovem inquieto. Como outros jovens inquietos, eu escrevia, e escrevia furiosamente. Contos, principalmente, que mostrava a meu amigo Carlos Stein, cujo talento só tinha paralelo na cáustica ironia. E foi numa dessas conversas que a ideia surgiu: por que não organizar uma antologia de contos? Por incrível que pareça, essa ideia era original. Que fosse de nosso conhecimento, nunca se fizera uma coletânea de autores gaúchos. (...) O livro teve um sucesso. Ensejou algumas piadas – à época, havia um popular produto conhecido como Chá das Nove Ervas, e o trocadilho a respeito era inevitável. A edição original se esgotou".

Appel se baseou nessa experiência para imaginar sua coletânea.

"O Moacyr eu já havia editado [*O carnaval dos animais*, 1968]. O Carlos Stein [*Maurina*, 1970] seria editado logo em seguida pela Movimento. A Tânia Faillace também [*O trigésimo quinto ano de Inês*, 1971]. Então, daqueles que aparecem ali na coletânea *Nove do Sul*, praticamente todos passam para a Movimento. Foi daí que surgiu a ideia de fazer uma nova antologia, mas eu propus que tínhamos de pensar dali [1969] para a frente. Ou seja, que deveríamos dar uma ideia do que estava sendo produzido e quem produzia literatura aqui no Sul. Queria só os bem novos, mas venceu a coletânea mais ampla. Eu era crítico literário do *Correio do Povo*, todas as semanas eu conversava com o Gastal [Paulo Fontoura Gastal, mais conhecido pelo apelido de PF Gastal] e com o Goidanich [Hiron Goidanich, ou apenas Goida]. Eu não conhecia o Noll. E nem o Caio Fernando Abreu, que surge na mesma coletânea. O Gastal era quem estava entusiasmado com esse assunto, ele queria um *Caderno de Sábado* mais jovem, precisava fazer essa transição. Então, abria espaço para os rapazes e para as moças. Nós estávamos saindo da Geração de 30 e tínhamos que criar uma nova geração. Outro mundo, outra realidade. Eu achava que a Movimento tinha que dar um sinal justamente reunindo os novos. Depois aceitei juntar também os mais antigos, que na verdade nem eram tão antigos assim. A maioria não tinha nem 30 anos. A Globo estava paralisada, só editava o Erico. Nem o Mario Quintana eles publicavam mais. O sinal estava ali. Aí surgiram o Noll e o Caio."

Appel continua: "Eles souberam que ia ser feita uma antologia. Quem disse isso para eles foi o Gastal, que tinha um contato mais direto com escritores por ser editor do *Caderno de Sábado*. Como não havia e-mail naquela época, os autores tinham que levar os textos pessoalmente à redação. E aí batiam papo, trocavam impressões. Eu morava na travessa Leão XIII, na Cidade Baixa. Aí um dia, eu não sei se eles combinaram entre os dois, não sei se já se conheciam[2], mas chegaram praticamente juntos na minha casa, quase à mesma hora. Queriam falar comigo. Eu não sabia quem eram. Cada um trouxe três contos porque era para ser escolhido uma entre três

---

2 João Gilberto Noll e Caio Fernando Abreu se conheceram em 1967, quando iniciaram o curso de Letras da Faculdade de Filosofia da UFRGS.

FLÁVIO ILHA

narrativas de cada autor. Os contos estavam escritos à mão. Eu pedi que voltassem em uma semana. Eu li os dois e fiquei entusiasmado. E pensei: tem coisa aí, essa gurizada é boa, tem um jeito novo de pensar, a proposta é outra, o mundo deles é outro, esse mundo desses dois é diferente dos outros. Mesmo do Scliar e do Stein, os mais jovens, eles eram diferentes. Então, na semana seguinte, expliquei que a coletânea estava praticamente fechada, que queríamos editar dez autores. Mostrei a análise que fiz e disse que os queria na antologia, fechando doze escritores. Consultei o Moacyr Scliar e o Arnaldo Campos, que toparam. Mas havia problemas de estrutura nas frases dos contos, coisa corriqueira, inexperiência. Eu era professor de Literatura, então disse que só iria publicá-los se levassem os textos para a Madalena Abreu[3] e tudo que estivesse anotado fosse discutido com ela. Foram correndo. Quando me trouxeram de volta, uns dias depois, manuscritos ainda, os contos já estavam limpos. Eu disse: não tenham pressa, vou segurar a edição porque quero vocês nessa antologia. Isso se deu no final de 1969 e o livro foi lançado em fevereiro de 1970. Acabamos publicando dois contos de cada um porque era tudo muito bom. Então, essa demora valeu porque revelou dois talentos excepcionais. Noll e Caio ficaram um tempo com a Madalena, que tinha um excelente texto e uma ótima visão crítica. Gostaram muito dela, se adaptaram muito bem. E passaram a consultá-la com frequência para outros textos".

°o°

Romancista agraciado seis vezes com o Jabuti, até lançar *O Cego e a dançarina* Noll não havia feito qualquer referência à produção de uma narrativa longa. Pelo contrário: em uma carta escrita de Porto Alegre ao amigo Celso Marques, então radicado em São Paulo, datada de 6 de agosto de 1969, Noll cita o conto como o gênero "mais rico" da literatura brasileira da época, "porque a poesia (pelo menos a discursiva) já nem se lê. E o romance depois de Grande Sertão e algumas coisas da Clarice Lispector e o França de Jorge

---

3 Madalena Abreu Wagner, professora de Português que posteriormente fez carreira no Ministério das Relações Exteriores em Frankfurt (Alemanha). Caio Fernando Abreu dedica seu livro de estreia, *Inventário do irremediável* (1970), a ela.

um brasileiro[4] – não li ainda o Callado[5] – pouca coisa existe. Mas os contistas: já te falei quando estiveste aqui num tal de Luís Vilela, o cara é fantástico, se supera no seu novo livro "No Bar" [com aspas no original], depois de seu também ótimo Tremor de Terra, tecnicamente super-avançado. Depois existem outros caras bons: José Edson Gomes[6] – Os ossos rotulados, O ôvo no teto – e Samuel Rawet[7], que eu li algumas coisas esparsas e que talvez seja o mais vanguardista, Nélida Piñón, que relativiza todo o senso poético das coisas, tudo gente boa".

Em outro trecho da mesma carta, Noll passa a falar de sua produção literária. "Meus novos contos, todos experimentais, pretendendo [sic] a uma vanguarda porque acho que se, ao escrever, o cara não se propõe a um maior rompimento possível com todo um passado literário e linguístico, se o cara não se propõe a ser único no que faz, então que não escreva. Os meus contos atuais contém (sic) uma pontuação mínima (quase nenhuma vírgula e muito menos pontos). Mas não me interessa o conto em si. A uns dias (sic) anotei o seguinte que penso: Não me interessa o conto; me interessam alguns elementos do conto que fornecem, à feitura do que quero dizer, uma totalidificação [sic], isto é, elementos que ajudem o leitor a abranger o escrito como um todo e não como devaneios ou considerações soltas que não atingem de um jato impregnador aquele que lê. Em outras palavras, é preciso, por exemplo, aquela unidade mínima que dê corporificação pra coisa. É o que diz muito bem dito Joyce Cary[8]: "Sem uma idéia unificante, é impossível que um livro tenha forma".

---

4 Referência ao romance *Jorge, um brasileiro*, de Oswaldo França Júnior (1936-1989), lançado em 1967 e que foi adaptado para o cinema pelo diretor Paulo Thiago em 1988.

5 Referência a *Quarup*, romance que consagrou Antônio Callado (1917-1997), publicado em 1967.

6 Escritor acreano que abandonou a literatura em 1972, após ter publicado o romance *O jogo da asa da bruxa*, entre outros livros.

7 Escritor de origem polonesa, Samuel Rawet (1929-1984) estreou na literatura com *Contos do imigrante*, em 1956.

8 Referência ao escritor irlandês Arthur Joyce Lunel Cary (1888-1957), autor pouco conhecido no Brasil, com apenas três obras publicadas no país entre 1942 e 1949.

Essa afirmação, de certa forma, reforça a ideia de que a força motriz dos livros de Noll virá, a partir de *O cego e a dançarina*, desse transe criativo, de uma espécie de intuição incontrolável. Ele diria muitas vezes, ao longo de sua carreira, em dezenas de entrevistas, que não se guiava por nenhum roteiro e nem por sinopses para produzir suas narrativas. Para Miguel do Rosário, da revista *Arte&Política*, mencionou em 2004 que "nunca sei o que quero dizer ideologicamente, ou politicamente, ou esteticamente, eu só vou saber o que quero dizer na feitura do livro, nesse embate corpo a corpo com a construção do livro".

Para o jornalista Eduardo Sterzi, de *Zero Hora*, disse em 1996, quando terminava o romance *A céu aberto*, preferir que "as coisas aconteçam de uma maneira inconsciente". E também que gostava de certo descontrole, "ser levado, arrastado". A escrita "como um ato de abandono, de aventura, de não saber onde vai dar".

Ao jornalista e escritor Luciano Trigo, no blog *Máquina de escrever*, em 2008, foi um pouco mais fundo nessa "aventura". Afirmou ele, em entrevista logo depois do lançamento do romance *Acenos e afagos*: "É o seguinte: eu sinto meus personagens como seres projetados do inconsciente para a tela. Como os pintores expressionistas, que costumavam projetar a tinta na tela, não preocupados de antemão com as significações daquilo". Em outro trecho da mesma entrevista, se aproxima do cerne de sua equação criativa: "E, para me arregimentar com saúde para essa viagem nada programada, eu começo o trabalho me jorrando através das palavras". Nesse início, segue ele, "as frases servem apenas para deixar o inconsciente passar, e esse processo me dá o tom, até então imprevisível". Depois do fim da narrativa, volta ao começo para refazê-la, "já que aquilo ali era só um aquecimento, um tatear no escuro, um exercício para que eu pudesse encontrar a ficção".

Quase 20 anos antes, em entrevista ao escritor Ronaldo Bressane, deu mais uma mostra de como entendia sua literatura autoproclamada expressionista. "A contemplação é a chave do que eu faço", revelou em 1999 para a *Revista A*.

Na correspondência ao amigo Celso Marques, também fica nítida a influência que o *Caderno de Sábado* – um suplemento cultural surgido pelas mãos de Paulo Fontoura Gastal e que registrou 111 edições entre 30 de setembro de 1967 e 27 de dezembro de 1969 – teve em toda a geração que chegava então aos vinte e poucos anos, mas especialmente em Noll. Os autores que ele andava lendo, como disse a Marques, estavam todos lá: *O ovo no teto*, de José Edson Gomes, havia sido resenhado pelo crítico Carlos Jorge Appel (que editaria Noll em livro poucos meses mais tarde) em junho de 1968. *O tremor de terra*, de Luiz Vilela, que tanto impressionou o jovem Noll, também foi tema de resenha de Appel em julho do mesmo ano. Igualmente Samuel Rawet, com seus *Contos de imigrante*, ganhou destaque em resenha de Remy Gorga Filho em março de 1969. E havia ainda Clarice Lispector, com sua coluna semanal. E os amigos Caio, Emanuel.

A carta de João Gilberto Noll a Celso Marques ainda é acompanhada de quatro contos, dos quais três ficariam inéditos (leia na seção Inéditos): *Aumento, Suíte, Ogania* e *Um dia*. Marques, filósofo por formação, músico, budista e conhecido por seu ativismo ambiental (exerceu a presidência da pioneira Associação Gaúcha de Proteção ao Ambiente Natural – Agapan), foi um dos amigos mais diletos do escritor – a ponto de Noll fazer enormes desabafos pessoais em cartas manuscritas ou datilografadas. Na juventude, ambos passavam tardes inteiras lendo e escrevendo na casa em que Marques morava com a família, em Porto Alegre. Veio também do amigo uma leve tendência de Noll ao budismo e à filosofia oriental, embora se dissesse ateu.

Aumento, uma pequena narrativa sobre a miséria do cotidiano de um funcionário de repartição, apresenta um jovem Noll tateando em busca das novidades linguísticas que lia: "Concluo a chave e abro a porta: 'um instante maestro' repicam os sinos da igreja vizinha e os alto-falantes com seus hot-dogs dependurados anunciam a eleição. Moro do lado da praça e nem consigo dormir com faixas e bandas e domingo esvoaçando no comprido sobre o meu corpo vem alguém e me acorda – 'segunda-feira' – salto qual um monstrinho decidido indo andando com a sua trombose entre as pernas e pede um relato, por favor, um relato na repartição com cópia mas toda segunda-feira falta papel carbono falta amor falta amizade e domingo eu poderia ter feito porque depois não se tem tempo pra nada, e domingo é o Éden e se vê o pôr-do-sol de domingo e se vê a frustração do Éden encravado na semana (...) já me acostumei a sentir fome, sei lá, tudo acostuma até os estados pós-operatórios depois que se esperou tempo pela cura e vem a prestação medicinal e deixa-se ainda o por-pagar para os dependentes".

Embora ousado para os padrões do tradicionalíssimo *Correio do Povo*, seja em tema, seja em sintaxe, *Aumento* seria publicado no *Caderno de Sábado* três semanas depois da carta enviada a Marques, na edição de 23 de agosto de 1969, e marcaria a estreia impressa de Noll na ficção autoral – ainda que com um erro crasso, que o identificaria como José Gilberto. A correção só viria três meses depois, na edição de 26 de novembro de 1969 com a publicação do poema *A face do cão*: "(...) quando cresceres serás o Homem/justo como a ervilha/fora de qualquer lema/little dog/pequeno cachorro transfigurado em homem/grande dog (...)".

Em 10 de janeiro de 1970, o mesmo *Caderno de Sábado* publicou *A invenção*, um conto com seis parágrafos que abre a participação de Noll na coletânea *Roda de fogo*, que veio a público poucas semanas depois. A história é ambientada no campo, na fictícia cidade de Suorema. Ali, o futuro escritor já mostrava o ambiente que caracterizaria sua escrita para sempre: um personagem do gênero masculino, frequentemente sem nome, com profunda angústia existencial e trágico.

A história é de uma vingança. "Com o cano da espingarda metido pelo seu ouvido adentro, fixou ainda uma vez o companheiro e se deixou levar. Livre. Porque tinha acostumado a esperar esta noite, sabendo que do cometido por seu pai trinta anos antes, êle seria sempre o alvejado. Mas o jovem surgido, este ninguém depredaria; pois este só existia dele, um homem consigo, e não também de uma santa, a irmã Catarina, violentada há precisamente trinta anos, e que iria ser vingada agora, no que tinham encontrado: a semente".

O conto, um misto de narrativa naturalista com toques de realismo fantástico, foi trabalhado para a publicação, se comparado com os textos brutos enviados ao amigo Celso Marques, e já anuncia o rigor gramatical que marcaria Noll posteriormente: o encadeamento das frases é musical, resultado das vivências do autor no canto erudito; a linguagem, rebuscada, quase barroca, tem mais relevância que a própria trama, que é a história de um acerto de contas corriqueiro no interior de um Brasil não determinado geograficamente: "Sentiu-se de repente obrigado a dizer alguma coisa; mas o que disse de nada adiantou, posto que de muito longe. Então não pôde fechar os olhos; para o instante fora do mundo porque passava, sobrava combinar a loucura". O mesmo conto foi publicado também no *Suplemento Literário Minas Gerais*, volume 5, número 176, página 8, de janeiro de 1970.

Em *Matriarcanjo*, que completa a participação de Noll na coletânea da editora Movimento, a experiência literária – igualmente radical – é de outra natureza, a começar pelo título. Um homem também sem nome, atormentado pela dentadura da mãe morta, se transforma paulatinamente em mulher num processo marcado pelo absurdo: "No restante da manhã não voltou ao serviço. O que fêz foi voar logo para Cassino. Desta vez a sua feminilidade deveria estar muito mais acentuada, pois durante todo o trajeto o motorista parecia não tirar os olhos, por meio do espelhinho do carro. Chegando, correu para a praia, em direção aos molhes. No caminho encontrou um pescador; perguntou-lhe como estavam as águas; êle respondeu fazendo uma reverência com o corpo e tirando levemente o chapéu:

– Teve uma maré cheia no começo da semana, môça não vais atualizar?; mas agora êle não vais atualizar? está bem mais calmo".

O atormentado homem/mulher de *Matriarcanjo*, também sem nome, é perseguido pela mãe, representada na dentadura que gargalha enquanto o protagonista se transforma numa figura feminina. O destino da prótese é ser destroçada e queimada nos fundos de um terreno baldio pelo/a protagonista, sem, entretanto, resolver o dilema persecutório: "Sabe é que entrou na prisão mais uma vez, para ùnicamente sair noutro dia de manhã, para o serviço. Só sabe é que não vive pra mais nada; deixou a própria vida sexual. A única vida que existe é êle consumindo com a dentadura, aos poucos, no fogo". O tema da transfiguração de homem em mulher foi usado pelo autor nos romances *A céu aberto* (1996) e *Acenos e afagos* (2008). A relação tumultuada com a figura feminina, especialmente materna, também seria marcante na vida do autor.

Noll apresenta em *Matriarcanjo*, além disso, duas temáticas centrais que o acompanharam ao longo da sua jornada literária: a tensão entre trabalho regular, com carteira assinada e horário fixo, e a liberdade necessária para criar; e a orientação sexual difusa, muitas vezes indefinida, outras tantas vezes expressa numa homossexualidade latente em seus personagens masculinos, como um espelho de sua própria condição.

Um dos remanescentes da coletânea *Roda de fogo*, o escritor Emanuel Medeiros Vieira, catarinense radicado em Porto Alegre, conheceu João nos tempos de faculdade, em 1967. "Eu fazia Direito na UFRGS e ele cursava Letras. Mesmo fazendo Direito, eu podia fazer disciplinas na Faculdade de Filosofia, Ciências e Letras. Fiz uma em 1968, Teoria Literária, com o Caio Fernando Abreu, a Elke Maravilha e o João. Saíamos muito juntos, tínhamos uma paixão comum pelo cinema e eu editava uma página na *Folha da Tarde*, a *Coluna das Terças*, e escrevia críticas cinematográficas para o velho *Correio do Povo*. O mítico Paulo Fontoura Gastal deu muita força para nós. Foi um período de tremenda agitação política e cultural em Porto Alegre. Depois do AI-5, a barra ficou dificílima e a ditadura mostrou todos os seus dentes, dando um feroz chega pra lá na gente. João Gilberto não participava muito dessas coisas. A gente lia bastante. E ele amava (como eu) os autores existencialistas, Camus e Sartre principalmente."

Talvez pelo temperamento arredio, pela timidez excessiva, talvez pela escrita experimental, diferente, as narrativas de Noll demoraram a aparecer nos periódicos culturais disponíveis à época – a rigor, apenas o *Caderno de Sábado*. Seu colega de faculdade e amigo Caio Fernando Abreu, por exemplo, havia publicado o primeiro conto mais de um ano e meio antes de *Roda de fogo*, na edição de 6 de janeiro de 1968: *Os cavalos brancos de Napoleão*. Até a publicação da coletânea, Caio emplacaria no suplemento nada menos que sete histórias curtas – três delas com ilustrações autorais da artista plástica Maria Lídia Magliani, um evidente sinal de prestígio. Também Carlos Carvalho, Lya Luft, Sérgio Faraco, Emanuel Medeiros Vieira e Patrícia Bins, todos contemporâneos de Noll, já haviam estreado nas páginas do *Correio do Povo* com uma ou mais prosa ou poesia.

Mas quando finalmente o livro da Movimento saiu, Noll já estava longe de Porto Alegre: havia embarcado poucas semanas antes com destino ao Rio de Janeiro, onde ficaria pelos próximos 16 anos.

°o°

João Gilberto Noll chegou ao Rio no final de 1969, aos 23 anos; a data é imprecisa, mas sabe-se que era mês de dezembro. Lá, permaneceu até 1986, quando regressou a Porto Alegre, aos 40 anos. Trabalhou no *Jornal do Brasil* e no *Correio da Manhã* – neste último como repórter de cultura durante cerca de três anos, cobrindo especialmente literatura, teatro e música – e colaborou com alguns veículos de imprensa alternativa no campo da arte. Também atuou em pequenas editoras, como revisor, e em órgãos públicos como redator de publicações institucionais. Mas nunca foi um aficionado pelo jornalismo: via no ofício apenas uma fonte de renda, algo que lhe permitiria um sustento digno vinculado à escrita, sem se afastar muito da produção literária. Tanto que os originais do romance *A fúria do corpo*, editado em 1981 logo após o sucesso de *O cego e a dançarina*, foram datilografados em laudas do *Jornal do Brasil*.

Para quem vinha de uma província pacata e distante, o desembarque no Rio foi violento. Um ano antes, o país vivera o pesadelo do Ato Institucional nº 5 (AI-5), decretado em 13 de dezembro de 1968, que radicalizou a censura e fechou ainda mais a ditadura militar implantada pelo golpe de Estado de 1964. O Rio era, então, a capital cultural do Brasil. No cinema, 1969 foi o ano de *O dragão da maldade contra o santo guerreiro*, de Glauber Rocha, e de *Macunaíma*, o filme revolucionário de Joaquim Pedro de Andrade. Na música foram lançadas *Sinal fechado*, de Paulinho da Viola, *Atrás do trio elétrico*, de Caetano Veloso, *Aquele abraço*, de Gilberto Gil – sua carta de despedida para o autoexílio em Londres. Foi também o ano em que a atriz Cacilda Becker teve um acidente vascular cerebral, durante a turnê de *Esperando Godot*, de Samuel Becket, e morreu depois de ficar internada por 38 dias em uma UTI.

No campo da literatura, quem reinava era Clarice Lispector, que recém havia lançado *Uma aprendizagem ou o livro dos prazeres* e ainda impressionava com *A paixão segundo G.H.* (1964), romance que influenciou profundamente o jovem João Gilberto Noll – a ponto de ele reconhecer que decidiu se dedicar à literatura depois de ter contato com o livro, quatro anos depois da publicação. "A Clarice foi uma grande mestra para mim", disse em 2011, em entrevista até agora inédita concedida em sua casa aos produtores culturais Fernando Ramos e Clarice Müller, amigos de Noll. "Eu decidi realmente que a minha vocação artística era escrever prosa quando li *A paixão segundo G.H.* Eu estava mais acostumado com aquela literatura de empenho sociológico, histórico, entende? Eu sou de uma geração marxista, que primava por hierarquizar os tipos de literatura e que, no topo dessa hierarquia, colocava uma literatura colada ao processo histórico. E quando eu li esse livro me perguntei como era possível uma escritora falar desse frêmito de uma dona de casa diante de uma barata. Considero-o um livro sobre o silêncio. Sobre uma mulher ilhada, que chega, através daquele momento litúrgico, ao seu momento particular. Me lembro que quando fui para Berkeley [1996] trabalhei com esse livro. E quando pedi que os alunos lessem *A paixão segundo G.H.* pensei na burrada que estava fazendo, recomendando um livro tão abstrato a pessoas que estavam em processo de conhecer a língua portuguesa. Mas os orientais da turma, e estávamos na Califórnia, fizeram uma leitura muito budista do livro. Ou seja, a protagonista comungou, diante daquela barata, a sua existência. Aquilo que é. Não o que significa. Então, nesse sentido, Clarice me deu muito pão para a literatura."

Na coletânea de crônicas memorialistas *Longe daqui aqui mesmo*, o dramaturgo Antonio Bivar descreve assim o clima no Rio na passagem dos anos de 1960 para 1970, logo que voltou de uma temporada de "exílio voluntário" em Londres: "Na praia em Ipanema, no trecho entre as ruas Teixeira de Melo e Farme de Amoedo, havia um píer inacabado, e o pedaço, frequentado pela vanguarda do desbunde recebera o título de As dunas da Gal – porque frequentado também pela cantora. Garotas na onda topless e rapagões andróginos em minissungas – algumas, de crochê, faziam entrever sob a trama o pênis, num alegre exibicionismo regado a cigarros de maconha e viagens lisérgicas. Todo mundo sorrindo, se beijando e se despedindo com os dedos em sinal de paz. Cabelos compridos no verão auge dessa moda. Sim, porque, em se tratando de Ipanema, a coisa tinha que acabar em moda. Entre hippies autênticos e hippies

de butique salvaram-se todos – embora alguns já tivessem embarcado na tal viagem sem volta".

Ainda que houvesse efervescência no campo artístico, a política
já dava os primeiros sinais do que viria logo depois do AI-5: com a
criação dos centros de informação das Forças Armadas, a partir de
1969, a repressão se intensificou contra grupos de oposição ao regime, se estendendo também ao campo político civil, que se opunha
à tática da guerrilha, ao meio artístico, à imprensa, à igreja e aos
movimentos sociais. No dia 4 de novembro de 1969, o revolucionário Carlos Marighella foi assassinado a tiros em uma emboscada
que contou com a participação de 29 agentes militares da ditadura.
Marighella estava sozinho a bordo de um Fusca na Alameda Casa
Branca, em São Paulo.

De acordo com o decreto do AI-5, o presidente da República, à
revelia do Legislativo e do Judiciário, poderia determinar o recesso
do Congresso Nacional, das assembleias legislativas e das câmaras
municipais, intervir nos estados e municípios, suspender os direitos
políticos de qualquer cidadão por dez anos e cassar os mandatos
de parlamentares, além de impor o estado de sítio. O ato suspendia
o *habeas corpus* para crimes contra a segurança nacional, a ordem
econômica e a economia popular e decretava o fim da vitaliciedade,
inamovibilidade e estabilidade nas funções públicas.

O AI-5 devastou a cena democrática do país ou, pelo menos, o
que restava dela: 35 deputados federais e dois senadores acabaram
cassados de uma só vez, entre eles um deputado da base governista;
três ministros do Supremo Tribunal Federal (STF) foram aposen-
tados; e um ministro do Superior Tribunal Militar (STM) teve o
mandato interrompido compulsoriamente.

O ato estabeleceu a censura prévia na música, na imprensa, na
TV, na literatura e no teatro. E implantou o terror de Estado. Caetano Veloso e Gilberto Gil seriam presos em São Paulo no dia 27 de
dezembro de 1968, acusados de ofensas à bandeira e ao hino nacional durante a temporada de um show que realizavam, junto com Os
Mutantes e Gal Costa, na boate Sucata, no Rio. Tiveram os cabelos
cortados no estilo recruta, que Caetano classificou como um "as-
sassinato simbólico", e foram obrigados a deixar o país em julho de

1969 para um exílio "voluntário" em Londres, que duraria três anos[9].

Ainda antes da prisão de Gil e Caetano, Chico Buarque, autor da peça de teatro *Roda Viva*, encenada com furor pelo grupo Oficina, a partir de janeiro de 1968, foi chamado a prestar esclarecimentos apenas uma semana depois de decretado o AI-5. A montagem do grupo Oficina já havia sido alvo de um ataque falsamente atribuído ao Comando de Caça aos Comunistas (CCC) na noite de 18 de julho de 1968, no Teatro Ruth Escobar, em São Paulo, conduzido, na verdade, por militares à paisana. Artistas foram agredidos e o teatro, depredado. Em 3 de outubro, nova agressão ao elenco e às instalações do teatro onde houve a encenação – dessa vez na estreia do espetáculo em Porto Alegre. A atriz Elizabeth Gasper e o músico Zelão foram sequestrados e levados ao Parque Saint Hilaire, local deserto na zona leste da cidade, onde sofreram tortura psicológica. Em janeiro de 1969, depois de um festival na França, Chico Buarque acabou se impondo um autoexílio de mais de um ano na Europa – especialmente na Itália.

Bivar, em outro trecho de *Longe daqui aqui mesmo*, relata a patética rotina pós-AI-5 no país: "Nas agências bancárias, nos postes, nas estações ferroviárias e rodoviárias, aeroportos e escolas, em páginas de jornais, nessa época dois cartazes do governo faziam par. Um deles trazia a foto de Jimi Hendrix e Janis Joplin, ídolos juvenis,

---

9 O episódio envolve uma pintura do artista Hélio Oiticica que homenageava um bandido famoso na época, conhecido como Cara de Cavalo. A obra, usada no cenário do show, trazia a inscrição "Seja marginal, seja herói". Conforme narra em *Verdade Tropical* (Cia. das Letras, 1997), Caetano e Gil foram capturados em São Paulo no amanhecer de 27 de dezembro de 1968 e levados em uma viatura discreta, sem ordem de prisão, diretamente para a sede da Polícia Federal no Rio; dali, até a sede do I Exército, ambas no Centro da cidade; e, na mesma noite, para o quartel da Polícia do Exército (PE), na Tijuca. Os dois permaneceram vários dias no local, incomunicáveis e em completo isolamento. Foram, depois, transferidos para outro quartel da PE, localizado na vila militar do subúrbio de Deodoro, dessa vez algemados e novamente em uma viatura sem identificação. A agonia continuou no quartel de paraquedistas do Exército, também na vila militar, em Deodoro, até serem libertados na Quarta-Feira de Cinzas, em fevereiro de 1969. Levados no dia seguinte em um avião da Força Aérea Brasileira a Salvador, passaram pouco mais de quatro meses confinados na Bahia até partirem para o exílio em Londres.

mortos vítimas de droga; o outro cartaz era do tipo PROCURA-SE e os procurados (por assalto a banco e outros motivos subversivos) eram os últimos revolucionários. O cartaz propagava-os 'perigosíssimos' e estampava a foto de uns doze procurados".

Como resistência à barbárie institucional, veículos alternativos de imprensa foram sendo criados para contestar o regime no campo puramente político ou, em outra dimensão, propor soluções novas para a crise estética instaurada pela ditadura. O Rio, que ainda era o centro cultural mais importante do país, canalizou boa parte dessa verve *underground* – ou contracultural – e se transformou em um palco privilegiado para quem queria escrever e se notabilizar. João atuou em pelo menos um deles, o jornal *Presença*, que circulou por apenas duas edições em 1971.

Bivar é quem o cita, no mesmo livro: "A outra trincheira da imprensa alternativa era o tabloide *Presença*, editado em Ipanema pelo capixaba Rubens (Rubinho) Manoel Gomes. O *Presença* era mais puro que o *Flor do Mal* [publicado pelo *O Pasquim*, editado por Luís Carlos Maciel] e generosíssimo em número de páginas, fotos e ilustrações. Textos de Hélio Oiticica e de uma nova geração talentosa que despontava nas letras: Joel Macedo, Euclydes Marinho, Luis Gleiser, Graça Motta, seu irmão Nélson Motta, Aline Bittencourt, Silvia Sangirardi, Torquato Neto, João Gilberto Noll, Fred Sutter, Isabel Câmara etc.".

A transferência para o Rio teve motivações essencialmente literárias, embora Noll também tenha sido uma vítima direta do regime de exceção quando se mudou para São Paulo durante um intervalo de poucos meses, entre 1970 e 1971. A passagem pela cidade foi tumultuada, fracassada e frustrante. E terminou em fuga. Emanuel Medeiros Vieira, que conviveu com João na curta temporada paulista, lembra que o escritor conseguira uma colocação como revisor na Companhia Editora Nacional – então uma das principais casas editoriais do país. Era um alento para quem passava fome no Rio.

Vieira, que chegou a São Paulo em fevereiro de 1970, relembra: "O João teve pouca participação política em São Paulo. Não era de organizações, gostava mesmo de cinema, de literatura. Seu sonho era escrever. Mas ele conheceu pessoas que eram militantes, eu inclusive. E como tinha afinidade com ideias humanistas, como leu muito os autores existencialistas, não podia se omitir. Com a sucessão de prisões, que se intensificou depois do AI-5, a coisa ficou perigosa. A pressão para a nossa fuga, portanto, foi muito real: soube que iriam atrás de mim, que queriam me prender nesse período [em outubro de 1970]. Eu morei menos de dois anos em São Paulo, entre 1970 e 1971. Vivia em pensões de todo tipo, principalmente as mais baratas, porque a grana era curta. O João ficou por alguns meses também, não lembro quantos. Mas chegou um momento em que não dava mais. Depois da fuga, foi cada um pro seu lado".

Vieira seria capturado somente em fevereiro de 1971, depois de circular clandestinamente por Florianópolis, Garopaba – então uma pacata vila de pescadores totalmente desconhecida do circuito turístico – e Porto Alegre. No processo da Justiça Militar contra ele, há uma informação de que o escritor teria se entregado em Porto Alegre diante de uma iminente prisão. Vieira nega. Ele conta que foi torturado nas dependências da Operação Bandeirantes (Oban) e depois no Departamento Estadual de Ordem Política e Social (Deops) de São Paulo. Foi alvo do processo 59/1971, junto a outros 36 militantes da Vanguarda Popular Revolucionária (a VPR de Carlos Lamarca), todos presos ou foragidos nessa época, acusado pelo Ministério Público Militar de "agrupamento prejudicial à segurança nacional, tentativa de subversão, provocação de guerra subversiva e sabotagem e terrorismo".

Nos autos do processo, está assim identificado: "Emanuel Tadeu Medeiros Vieira (Folhas 419 a 421). Procedente do Rio Grande do Sul, veio a São Paulo em 1968 (sic). Lá conheceu Ubiratan de Souza e Nelson Canabarro, vindo aqui a conhecer Emilio Ivo Ulrich. Recebeu de Ubiratan um pacote de armas e dinheiro para guardar, sabendo que éra (sic) produto de expropriações. O denunciado, conforme as próprias confissões que lhe foram feitas por Ubiratan e Canabarro, sabia que os mesmos pertenciam à organização VPR. Recebeu CR$ 1.200 de Canabarro para viajar para o RGS sabendo que era produto de crime (expropriação). Milita (sic) contra o denunciado veementes indicados (sic) de que pertencia à organização [a VPR]. O denunciado está incurso nas sanções dos artigos 14, 23 e 25 do Dec.Lei 898|69".

Ubiratan de Souza, que usava os codinomes Régis, Raimundo

ou Gregório, entre outros nomes de guerra, foi um dos principais líderes da VPR no Rio Grande do Sul, sendo acusado de planejar o assalto ao carro-forte da Brinks ocorrido em São Paulo, no dia 10 de novembro de 1970, e que provocou ao grupo o tal processo na Justiça Militar. A ação, segundo os autos, rendeu CR$ 460.000 à organização. Nelson Canabarro fugiu dos cercos policiais junto com sua companheira Maria Anita Esteves Damy. Foram para o Uruguai no final de 1970, antes das prisões que desmantelaram a "célula gaúcha" da VPR em São Paulo.

As ligações perigosas de Noll incluíam também o publicitário Emilio Ivo Ulrich, o Alemão, militante da VPR e amigo de Emanuel Medeiros Vieira, como consta na sua descrição policial. No mesmo processo está o interrogatório de Ulrich, que relata: "No mês de agôsto ou setembro de 1970 [Ulrich] compareceu ao lançamento de um livro de contos, cujos autores eram gaúchos, na livraria Teixeira, à rua Marconi, em São Paulo, onde conheceu o advogado Emanuel Tadeu Medeiros Vieira, que o convidou para assistir slides sobre cinema em um apartamento. Indo, conheceu Ubiratan de Souza". O livro era a coletânea *Roda de fogo* e a sessão de lançamento teve a presença de João Gilberto Noll, que já havia se transferido para São Paulo.

No interrogatório de Vieira, no mesmo processo, as informações apontam que o lançamento do livro teria sido em julho de 1970, na mesma livraria, com a presença de outros participantes da coletânea, entre eles o jornalista Rubem Mauro Machado, que morava no Rio de Janeiro. Ulrich foi preso também no dia do assalto ao carro-forte, tendo sido torturado nas dependências do Destacamento de Operações e Informação – Centro de Operações de Defesa Interna (DOI-Codi) e do Deops de São Paulo. Ubiratan fez parte do grupo de 70 prisioneiros políticos trocados em 13 de janeiro de 1971 pelo embaixador suíço no Brasil, Giovanni Enrico Bucher, sequestrado pela VPR no Rio de Janeiro em 7 de dezembro de 1970. A "célula gaúcha" da VPR contava ainda com Valneri Neves Antunes, Antenor Machado dos Santos, Delci Ferstenseifer e Herbert Eustachio de Carvalho.

A relação de Noll com a VPR não vinha apenas dos laços de amizade que o ligavam a alguns de seus integrantes, especialmente ao ex-colega Emanuel Medeiros Vieira. Era bem mais que isso. O advogado Tarso Genro, que viveu na clandestinidade entre 1971 e 1974, confirma que o nome de Noll circulava entre os vários núcleos políticos da época como referência de uma pessoa que tinha atuação política – embora não possa confirmar que fosse na VPR. "Eu militava em uma organização, ele militava em outra. Eu era da Ala Vermelha do PC do B [depois Esquerda e mais adiante, até meados de 1990, Partido Revolucionário Comunista]. Eu tenho notícias dele como militante clandestino na condição de 'aliado' ou 'amigo', alguém que dava guarda para pessoas na clandestinidade, que colaborava financeiramente ou que ajudava em pequenas tarefas", relata.

Genro prossegue: "Todas as organizações tinham sempre uma rede de aliados, com relações estanques [sem vínculos com outros membros] com algum contato orgânico. Era a pessoa que guardava documentos em casa, que nas organizações militaristas guardava armas, que ajudava, em suma, com a base logística necessária. Muitas vezes esses aliados se prontificavam a atuar como motoristas também, para carregar pessoas expostas politicamente. Todas as organizações tinham isso. Os aliados não participavam da rede, não militavam organicamente e por vezes sequer sabiam os nomes verdadeiros de seus contatos, mas muitos acabaram sendo revelados devido à tortura. Muitos aliados acabaram na Oban, como se fossem militantes orgânicos, porque seus contatos foram torturados", explica Genro.

Noll desempenhou esse papel até que o cerco começou a se fechar e ele teve de abandonar São Paulo para voltar ao Rio, em 1971, onde viveria de maneira discreta, e praticamente escondido, pelos próximos meses. Quem o abrigou foi a artista plástica Regina Vater. Mesmo vivendo numa espécie de reclusão dentro do próprio país, o escritor não deixou de ajudar quem precisava. Os jornalistas Luiz Augusto Gollo e Carlos João, que também atuavam como aliados de organizações de esquerda durante o período de resistência à ditadura militar, foram acolhidos pela família Noll em Porto Alegre, a pedido de João, quando tiveram de empreender uma fuga voluntária em outubro de 1972 devido à violência do regime. "Um a um, todos os nossos amigos e conhecidos estavam sendo presos. Não havia alternativa se não fugir, mesmo que não houvesse nada concreto contra nós", relembra Gollo.

Noll, Gollo e Carlos João, que depois virou quarteto com a

presença de Regina Vater, acompanhavam com atenção a rica cena cultural do Rio de Janeiro. Noll já se apresentava como escritor, embora fosse publicar seu primeiro livro apenas oito anos mais tarde, e Regina chamava atenção pela obra provocativa que misturava sincretismo religioso com a exposição de figuras humanas sem rostos ou mãos em meio a paisagens tropicais, numa clara alusão à situação política do país. Gollo volta a narrar esse encontro: "Conheci o Noll no Rio de Janeiro do começo dos anos 1970. A cena cultural fervilhava, com teatro experimental, a música popular confirmando seus valores. Uma época de grande turbulência política, também. O Carlos João que nos apresentou e fez dele frequentador bissexto do apartamento que dividíamos em Laranjeiras. Nosso contato foi mais superficial, apesar da conversa inteligente e instigante. Era um tempo de muita desconfiança, além do que nosso interesse comum eram as experiências lisérgicas [com ácido], tidas como alienantes e alienadas – escapistas, diria a esquerda da época. De João sabia que era escritor e que trabalhava ou fazia serviços para editoras. Quando ele soube que seguiríamos para o sul, saindo por terra do país, praticamente nos impingiu que ficássemos na casa de seus pais, em Porto Alegre, o que topamos de cara. Além do pai e da mãe, lembro de um casal adolescente que também vivia lá [os irmãos Luiz Fernando e Anelise]", diz o jornalista.

A viagem foi uma verdadeira epopeia: no Rio, os dois amigos embarcaram em um ônibus para Curitiba, onde ficaram alguns dias na casa de parentes de Carlos João. De lá, tomaram outro coletivo com destino a Porto Alegre, onde se abrigaram por duas noites no sobrado dos Noll, no bairro Floresta. Depois, embarcaram novamente em um ônibus, dessa vez com destino a Buenos Aires, de onde viajariam por cerca de dois anos por vários países da América Latina. "Foi um exílio voluntário, uma precaução. Eu já era conhecido da Polícia, havia sido fichado no Dops quando fui presidente do Grêmio Estudantil do Colégio Estadual João Alfredo, em Vila Isabel. Não éramos militantes, mas contribuíamos regularmente, com dinheiro ou doações materiais, com as organizações que sustentavam os exilados", conta Luiz Augusto Gollo.

A descrição feita por ele do ambiente familiar dos Noll é reveladora: a mãe, dona Ecila, era uma representante típica da dona de casa da classe média brasileira: gentil, atenciosa, prendada. "Fez questão de nos fazer lanche para levarmos quando partimos – creio que no dia seguinte, não estou bem certo", lembra o jornalista. O pai, por sua vez, era uma "figura extravagante", de arroubos e opiniões exaltadas. "Mas o que me marcou mais foi o fato de ele abrir o maço de cigarros com um puxão por cima que rasgava o celofane e assustava até os cigarros", completa. Certamente com o pai, João Jacob, Luiz Augusto Gollo e Carlos João falaram de política. Mas, recorda Gollo, não muito, "pois parecia sempre exaltado demais". "Como o sujeito" – prossegue o jornalista – "que precisa soar e parecer autoritário e com isso vive em permanente tensão. Mas, ao mesmo tempo, deixa transparecer um personagem que combina com a esposa, com quem divide o teto e a refeição e é a outra face da moeda, com autenticidade e convicção capazes de penetrar a carcaça do outro e se esconder no seu olhar. Ele [João Jacob] era um leão cansado que só seria abatido pela foice da má notícia."

Noll raramente falava do seu período paulistano, mas em uma entrevista em 1989 aos escritores Tabajara Ruas e Carlos Urbim e à professora e crítica Regina Zilberman, publicada na série *Autores Gaúchos*, do Instituto Estadual do Livro do Rio Grande do Sul, Noll se refere brevemente ao episódio. "Eu estava em São Paulo em 1970, na época da Operação Bandeirantes. Pelo fato de morar com pessoas envolvidas na militância política ou, às vezes, de acolher pessoas que precisavam escapar de alguma situação difícil, a Polícia começou a andar no meu encalço. Tive que escapar de um dia para o outro. Não me pegaram, mas isso mudou o meu destino. Talvez ainda estivesse em São Paulo", relata.

No conto *Alguma coisa urgentemente*, que abre *O cego e a dançarina* e foi adaptado para o cinema pelo diretor Murilo Salles em 1984, Noll transporta o clima e as apreensões desse período para a relação de um pai e um filho – o homem é militante de uma organização de esquerda ("Dizem que passava armas a um grupo não sei de que espécie", informa o narrador sobre uma das prisões do pai) e vive na clandestinidade, enquanto o jovem – menor de idade – acompanha essa trajetória a distância, sem envolvimento direto, mas com pleno conhecimento do contexto político que a cerca. No final da narrativa, o garoto chega a levar um susto quando o pai o chama pelo nome. "(...) me levantei meio apavorado porque não queria que ninguém soubesse do meu pai, do meu segredo, da minha vida", diz o personagem sobre o episódio. Um diálogo entre pai e filho também mostra como era o envolvimento entre um participante orgânico da resistência armada à ditadura e um desses "aliados" das organizações. Depois de meses desaparecido, o pai fala para o filho:

– Eu vim para morrer. A minha morte vai ser um pouco badalada pelos jornais, a polícia me odeia, há anos me procura. Vão te descobrir mas não dê uma única declaração, diga que não sabe de nada. O que é verdade.
– E se me torturarem?
– Você é menor e eles estão precisando evitar escândalos.

Depois desse período, volta a relatar o amigo Emanuel Medeiros Vieira, "passei muitos anos sem vê-lo. Só voltei a encontrá-lo em uma Feira do Livro, em Brasília, quando ele já morava na capital [Porto Alegre, para onde voltou em 1984]. Quando eu fui para São Paulo, em 5 de fevereiro de 1970, combinamos que iríamos manter correspondência. E assim foi. João Gilberto um dia me contou que amava as cartas, mas as rasgava por segurança. Eu guardava as cartas em pastas, mas soube que iam dar uma batida numa pensão em que eu estava morando, no bairro de Perdizes, e tive que fugir, na hora, rapidamente. Chegaram lá cinco minutos depois, eu soube na prisão pelo próprio agente torturador que foi me capturar. Nessa batida, da qual escapei, perdi coleções inteiras de livros e também a pasta com as cartas do João. Em nosso último contato, em 2010, disse-me que queria exorcizar aquela vivência passada, com companheiros de geração. Entendi e, claro, respeitei".

°o°

Essa não foi a única ligação do jovem Noll com militantes da luta armada. A jornalista Maria Ignez da Costa Duque Estrada Bastos, codinome Estela, cruzou o caminho de João alguns anos depois, no Rio de Janeiro. Presa em 1973 após o fracasso das ações paramilitares do grupo Resistência Armada Nacional (RAN), dissidência do Movimento Nacional Revolucionário que tentou, sem sucesso, eclodir a guerrilha de Caparaó (Minas Gerais) em 1966, Maria Ignez conheceu João depois de anistiada, já na virada dos anos 1970 para 1980. Foi uma paixão avassaladora.

"Eu tinha acabado de voltar de Paris, onde havia passado dois anos depois desses episódios. E acabei ficando uns dias no apartamento de uma amiga em Santa Teresa, não lembro por qual razão. O que aconteceu é que o João havia me procurado algumas semanas antes, indicado por uma tia do meu filho Vicente, irmã do meu ex-marido, que morava em Porto Alegre e era conhecida dele. Não nos conhecíamos. O João passava por sérias dificuldades e precisava de um lugar para ficar no Rio", lembra Ignez.

Essas "sérias dificuldades" narradas por Ignez eram a ida da produtora Gláucia Camargos, com quem Noll então morava num apartamento na mítica rua Nascimento Silva, em Ipanema, para a mesma Paris de onde Maria Ignez estava voltando, com o objetivo de organizar uma semana do cinema brasileiro por lá. Era 1979 e Gláucia acabou ficando seis meses na Europa, deixando João em maus lençóis. Os dois se conheceram pela janela. A história é curiosa e envolve um triângulo amoroso.

Desde 1972 – passados os episódios que o obrigaram a viver discretamente no Rio durante um ano, e com a ida de Regina Vater para Nova York e Paris devido à viagem que ganhou como prêmio no 7º Salão Nacional de Arte Moderna – que Noll tinha uma vida relativamente estável ao lado de um namorado com quem compartilhava apartamento de dois quartos na rua Redentor, em Ipanema. A rua é paralela à Nascimento Silva, e a janela de Noll, no terceiro andar, batia de frente com o apartamento de Gláucia, no segundo andar. Um era paisagem do outro. "Os dois prédios, apesar de serem em ruas diferentes, eram iguais, os fundos de um fazendo divisa com os fundos do outro. Eram da mesma construtora. Nessa época o Noll vivia com um rapaz. Eu morava sozinha, pois havia acabado de me separar. Como nossas janelas eram contíguas, e nós fumávamos muito, nos conhecemos assim: cada um no seu cantinho, fumando na janela. Eu fumava *Hollywood*; ele, *Charm*", relembra Gláucia.

Em Porto Alegre (1976), quando visitou a família com o namorado

Quase cinco anos mais jovem que Noll, o jovem estudante de Letras que vivia com ele, na verdade, morava com os pais, no Leblon, mas praticamente não saía do apartamento do amigo, por quem se apaixonou, segundo seu relato, em um ônibus a caminho de casa – em 1972, João ainda morava sozinho em um pequeno apartamento na rua José Roberto Macedo Soares, na Gávea, logo após o suntuoso bairro da capital carioca. "Eu era muito imaturo, mas amava a companhia do João, o seu temperamento melancólico. Era uma época de experiências e descobertas para mim, então foi um relacionamento que se desenrolou naturalmente. O João não tinha recursos, não tinha dinheiro para nada, os apartamentos da Gávea, e depois de Ipanema, na Redentor, praticamente não tinham mobília, lembro que nem havia cama, só um colchão atirado no chão. E isso, para a minha juventude [tinha então 21 anos], era fascinante, se relacionar com um sujeito com aquela complexidade toda. Lembro que ele tinha um amigo que morava em Santa Teresa, onde fazíamos longas sessões para ouvir música, horas e horas ouvindo Keith Jarret sem dizer nenhuma palavra. O João escrevia muito, conversávamos também bastante, lembro que ele estava escrevendo algumas das histórias que iriam compor *O cego e a dançarina*, mas na época eu nem percebi a importância que aquele trabalho poderia vir a ter, na minha imaturidade não dimensionei a absurda beleza daqueles contos, não tive essa clareza. Foi um choque quando li o livro inteiro, depois de publicado", relembra o antigo namorado.

Os dois viveram juntos até o início de 1977, depois da primeira fase carioca de Noll pela barra pesada de Copacabana, quando o romance acabou "sem ninguém saber bem por quê". João alternava momentos de desemprego e penúria com outros de relativo conforto: trabalhou como revisor na editora Cedibra, em Olaria, e também como jornalista no Serpro, no Jardim Botânico. Terá sido essa primeira experiência marcante e duradoura do escritor gaúcho com uma pessoa do mesmo gênero? Noll, no tempo em que morou no apartamento da rua Redentor, foi uma vez a Porto Alegre com o namorado, visitaram Gramado, na serra gaúcha, o jovem estudante conheceu parte da família de João, passearam por bairros de nomes bucólicos, Floresta, Tristeza, Cristal. Divertiram-se na noite porto-alegrense.

Para Noll, entretanto, era um período de profunda mudança, como revela ao irmão em carta de 21 de março de 1977: "Querido Luiz. Saudade de um papo contigo. Não sei, tem muita coisa mudando na minha cabeça, e eu estou achando essa transformação ótima. Começo a sentir *realmente* [grifo dele] o resultado positivo da análise [nessa época, Noll se encontrava com o psiquiatra Chaim Samuel Katz]. Resolvi destravar a minha situação afetiva. Uma opção, entende? Eu estava me enredando demais nos grilos da pessoa, a relação estava muito difícil. Senti que não havia mais possibilidade de se continuar juntos numa boa, ou, pelo menos, com uma perspectiva não muito longínqua de se estar numa boa. Então achei que a solução seria a separação", conta Noll sobre o namoro.

O escritor dá a entender, na carta ao irmão Luiz, que o casamento o sufocava em termos afetivos – a ponto de dizer que estava, a partir da decisão de terminar com o romance, "expandindo as amizades e amando as pessoas". Em um *post scriptum* (PS) na mesma carta, Noll relata a Luiz sua rotina no Rio, os discos mais ouvidos ("Elis Regina, os últimos"), Simone, Fagner, João Bosco e Aldir Blanc e "Chico, Chico e Chico (estou ouvindo o disco anterior dele); o LP Chico canta[10] tem as letras + lindas do mundo". E em seguida diz que não citou nomes na carta "que envolvam ou envolveram a minha vida" por medo de que alguém mais a lesse. "Seria bom que ninguém mais lesse as cartas, com exceção da Ane [referência à irmã Anelise]. Pedi 'um tempo' a [e cita uma única vez o nome do namorado] porque não estou conseguindo atualmente manter relações de maior compromisso com ninguém".

O motivo da separação, apesar da aparente normalidade descrita pelo "namorado carioca", fica bastante claro na carta: as pressões cotidianas de um relacionamento estável, além da indecisão do jovem sobre sua orientação sexual, foram determinantes para

---

10 Lançado originalmente em 1973 como *Chico canta Calabar*, o disco reúne o repertório da peça de teatro *Calabar, o elogio da traição*, escrita pelo compositor em parceria com Ruy Guerra. O LP foi retirado das lojas na primeira semana após o lançamento por imposição da ditadura militar, que via na figura de Domingos Calabar uma alusão a Carlos Lamarca, e relançado no ano seguinte apenas como *Chico canta*. O disco traz canções de Chico Buarque e arranjos de Edu Lobo que virariam clássicos, como *Bárbara*, *Fado tropical* e *Ana de Amsterdã* – todas canções total ou parcialmente censuradas pelo regime militar.

que a promessa de um amor durável e seguro não se concretizasse. De fato, após a separação, os dois praticamente não se viram mais: já em um casamento heterossexual e com filhos, o homem lembra de um encontro fortuito em uma festa, onde encontrou o ex-parceiro "um tanto ressentido", e da sessão de lançamento do primeiro romance de Noll, *A fúria do corpo*, em 1981, na mesma Livraria Muro-Ipanema de *O cego e a dançarina*. Nada mais.

Em outra correspondência, pouco mais de um ano depois desse rompimento, Noll detalha um pouco mais o processo de mudança pelo qual estava passando. Diz ele ao irmão em 23 de junho de 1978 sobre o disco *Bicho*, de Caetano Veloso: "No começo eu não gostava. De repente descobri que era puro preconceito. Estava achando que não se podia fazer um disco alegre, dançável, tesudo, sensual num país que sofre debaixo de uma ditadura. E o Caetano fala dessas coisas lindamente, porra! *Odara*, *Gente*, *Um índio*, *Tigresa*, que músicas e letras lindas, pô! Se a gente viver chorando pelo regime militar, aí é mesmo que ele não cai, né? A gente tem mais é que cantar o Amor, a Sensualidade, a Tesão! Neste país há espaço para *Deus lhe pague*, do Chico, e *Odara*. Uma coisa não precisa excluir a outra. Viva a democracia, né? Abaixo a ditadura de direita e de esquerda! A esquerda brasileira tem de aprender que não é pecado falar de Amor, de Sexo, de Prazer. Não é preciso falar apenas dos pobres, dos oprimidos, dos fodidos pra se fazer uma arte revolucionária. Não se faz arte nem literatura sem liberdade. Não se pode criar a partir de temas pré-estabelecidos. Tenho aprendido isto [sic] com os meus contos. Quero escrever sobre tudo o que eu sentir necessidade. Sem essa de *ter obrigação* [grifo dele] de falar disso ou daquilo! Eu posso escrever sobre o amor e a tesão de uma mulher (coisa que eu faço muito nos meus contos) e sair um conto revolucionário. Mesmo porque eu não convivo o povão pra saber como ele vive e como sofre. Eu sou da classe média e tenho de assumir isso! O resto é demagogia de esquerda. Mas *adoro* [grifo dele] o Chico porque ele fala do sofrimento do povo mas não fala demagogicamente. O Chico faz antes de tudo poesia e não comício. Ando meio de saco cheio é de artistas como o Aldir Blanc, que falam e falam o que o povo está sentindo (como em o *Rancho da goiabada*), mas que no fundo é apenas intelectual da zona sul carioca. Como é que eu posso escrever sobre os operários se eu nunca convivi com eles? Não engulo mais a atitude paternalista. O operário brasileiro já sabe fazer greve por suas próprias mãos, não tem nada que intelectual e estudante falar pelo operário". Era um rompimento definitivo, segundo seus argumentos, com a estética realista e limitante da cartilha marxista que havia marcado sua formação.

Muitos anos depois, em 2010, o escritor iria se inspirar nesse relacionamento homoafetivo para compor a pequena novela *A calça branca* – encomenda da Companhia das Letras que reuniu 10 autores em ficções inéditas baseadas em letras de Chico Buarque de Holanda. Na narrativa, Noll reencontra ficcionalmente esse homem, que chama vagamente de "o namorado carioca", ao acaso nas ruas do Rio, "depois de um hiato de seis anos", e tendo pela mão um menino que vem a ser seu filho. Casado com uma exilada da luta armada, o homem mora num apartamento confortável em Copacabana, à beira-mar, enquanto o protagonista vive de favor com uma tia cega no Peixoto – um bairro não oficial do Rio encravado em Copacabana, a caminho de Botafogo. "O homem que eu revisitava sem que ele desconfiasse, esse homem corou até, envergonhado quem sabe por não ter cumprido a promessa que os dois, anos atrás, nem souberam formular", escreve.

No confessional *A calça branca*, inspirado na canção *As vitrines*, e que inicialmente iria se chamar *Nas brasas*, Noll faz o protagonista, justamente um escritor porto-alegrense vivendo no Rio, sonhar com uma vida segura e confortável ao lado desse homem: "Estava no momento de encontrar meu caminho, e eu me sairia bem, teria logo o meu carro andando da faculdade para um emprego à tarde, no centro da cidade, na rua México, amém. Apoiaria os cotovelos sobre a mesa de trabalho para simplesmente teleguiar meu pensamento para o dele, ali, bem perto dele, naquele lar de um carioca que parecia da gema (...)". Para o amigo e escritor Edson Roig Maciel, Noll chegou a dizer que o conto-novela era uma das melhores coisas que ele já tinha escrito em relação ao trabalho de linguagem. "O que eu próprio achava estranho era eu tratar de um homem convencional, casado, com filho, sem ser escritor ou propriamente um intelectual, sem anseios de andarilho, assim como seu par, o carioca etc., ambos sem especulações filosóficas, comuns, comuns, comuns, querendo apenas um amor, ou se não, também vai bem, bem conformistas", escreve em e-mail datado de 14 de maio de 2010. Na época em que viveu o romance com o namorado carioca, Noll, de fato, havia retornado à faculdade de Letras e trabalhava nos períodos inversos para se manter, ainda que parcamente, na cidade.

É aí que entra Gláucia: mineira de Belo Horizonte, aluna da primeira turma de Cinema da Universidade Federal Fluminense, ela já havia produzido cerca de 60 filmes publicitários em meados dos anos 1970. Também foi produtora dos longas *Um homem célebre*, de Miguel Faria Jr., e *Getúlio Vargas*, de Ana Carolina, ambos de 1974 – tudo isso aos 28 anos de idade. Em 1976, equilibrada financeiramente, se deparou com um "adorável vizinho" em apuros – coisa, aliás, que seria rotina na vida de Noll.

"Na época eu trabalhava com cinema e publicidade, então não tinha problema de dinheiro, de jeito nenhum. Eu pagava o aluguel, pagava as contas, sem problema. O João, não. Nessa altura do campeonato, ele ainda tinha um emprego, acho que dava aulas, então ganhava algum dinheiro. Mas muito pouco. Além do mais, a relação com esse namorado chegou ao fim na mesma época. O João acabou ficando sozinho no apartamento da Redentor, que era alugado. A barra pesou. Lembro que ele já tinha escrito alguns contos de *O cego e a dançarina* quando me disse que ia voltar para Porto Alegre [no final de 1977], que não podia mais pagar o apartamento, que estava duro, essas coisas. Ele sempre teve essa coisa doida de voltar para Porto Alegre, essa divisão interior, sempre. Era um sonho dele voltar, embora gostasse tanto do Rio. Mas eu disse que de jeito nenhum ele iria embora. Que ele iria acabar aquela porra daquele livro de qualquer jeito, que iria morar comigo e pronto, estava resolvido o problema. Ele aceitou. Ficou no meu apartamento por mais ou menos dois anos."

Essa transição ocorreu em meados de 1978, como João narra em nova carta aos irmãos Ane e Luiz e à futura cunhada, que ele ainda nem conhecia, Jussara. A carta tem data de 6 de maio e começa com um pedido de desculpas pelo longo tempo sem se comunicar. "Tem momentos em que a gente não consegue escrever uma linha de uma carta, né? São momentos nos quais a gente prefere esperar para só depois dizer", explica. E revela o motivo do silêncio prolongado: uma crise financeira "feia, com aluguéis atrasados e com uma ação de despejo em cima", mesmo que – como narra na carta – estivesse "dando mil aulas". Noll relata na correspondência que pretende continuar no apartamento da Redentor e que, para tanto, "estou vendo se consigo um dinheiro emprestado, se consigo sair dessa situação". Confiante, ele pede que os irmãos "torçam" por ele. Mas não deu: a solução para a tal "crise financeira feia" foi mesmo entregar o apartamento de que ele tanto gostava e dividir moradia com a amiga.

Muito bem relacionada com a intelectualidade carioca, tendo sido namorada do diretor Nelson Pereira dos Santos, Gláucia introduziu João no circuito social do Rio, desfez a capa de timidez e insegurança que o cobria e, de certa forma, ajudou para que seu livro de estreia – que Noll também dedica a Gláucia – pudesse ser editado. A produtora conhecia o cineasta Leon Hirszman, que tinha contatos com a editora Civilização Brasileira. João apresentou os contos diretamente ao editor Ênio Silveira, personagem identificado desde os anos 1960 pela sua predileção em bancar projetos ousados – entre eles, a primeira tradução de *Ulisses*, de James Joyce, no Brasil, a cargo de Antônio Houaiss. Noll gostaria de chamá-lo de *Domingo sem néctar*, que nomeia o penúltimo conto, mas prevaleceu o título mais enigmático e instigante da última narrativa do volume: *O cego e a dançarina*.

A rotina do convívio com Gláucia, nesse novo período de fartura, é digna de nota: "Íamos trabalhar, passávamos o dia fora [além de dar aulas, nessa época Noll também cursava a graduação em Letras na Faculdade Notre Dame, em Ipanema] e quando nos encontrávamos em casa, lá pelas sete, sete e meia da noite, ficávamos queimando fumo direto, toda noite. Durante mais de um ano nossa rotina foi essa: queimar fumo e ouvir muita música. Ouvíamos Chico Buarque, Elis Regina, Caetano, música clássica, ópera. Discutíamos filosofia. Íamos a muitas festas. Até uma delas, na casa da [atriz e produtora] Maria do Rosário Nascimento e Silva, deu origem a um conto de *O cego e a dançarina* [*Encontro no quarto escuro*]. Lembro que uma época, nesse período, fomos juntos a Porto Alegre, eu fui fazer um filme publicitário, ficamos andando juntos pelas ruas da cidade, de madrugada. Não tinha perigo, era tudo muito tranquilo. Eu e o João tivemos um grande caso de amor, só que platônico. Naquela época ele não gostava de mulher. Vivemos um ano e pouco, dois anos, numa intensidade absurda. A gente só queria ficar colado um no outro, era uma coisa muito forte. Mas zero carnal. Era só queimar fumo e bater papo, ouvindo muita música e discutindo filosofia. Para mim era um prazer imenso conversar com ele, ríamos muito, foi uma época dourada da minha vida".

Em uma carta enviada ao irmão e à cunhada, sem data, Noll relata que estava morando com Gláucia e diz que "a barra está melhorando [com o melhorando sublinhado a caneta], trabalhos por pintar, o livro [*O cego e a dançarina*] nas editoras, a saúde voltando" – esta última passagem, uma referência ao acidente de carro que o deixou internado durante vários meses entre 1975 e 1976. "Estou ouvindo Roberto Carlos cantando *Força estranha*, do Caetano, e sinto um prazer que me faz pensar em vocês. Caetano e Roberto fazem uma mistura que eu adoro", escreve a Luiz e Jussara.

°o°

Mas Gláucia foi para Paris em 1979 viver uma grande paixão, como classifica Noll, e deixou o futuro escritor outra vez em imensas dificuldades, como volta a narrar Maria Ignez – que seria sua nova benfeitora a partir dessa transição. "Na mesma ocasião em que o João apareceu o Frank Sinatra veio cantar no Maracanã [na noite de 26 de janeiro de 1980]. O Frank era meu ídolo, aprendi inglês com ele, ouvindo suas músicas. Se eu fosse considerar a normalidade da situação, eu tinha que ir ao Maracanã assistir ao show, naquela noite. Tinha. Mas acontece que o João iria ao apartamento dessa minha amiga, em Santa Teresa, iria lá só para me visitar e combinar alguma coisa da hospedagem na minha casa, uma casa grande, de três pavimentos, no Jardim Botânico, e talvez fosse por isso, porque estivesse precisando ficar em algum lugar, que ele me procurou um tempo antes. E aí, por instinto, eu não quis saber de Frank Sinatra nenhum. O João foi mais forte. Eu estava com as minhas coisas desarrumadas, recém-chegada de viagem, coloquei um vestido azul que havia comprado na Inglaterra, que ele gostou muito, e fui."

O show de Frank Sinatra foi um dos precursores dos megaes-

À esquerda: com Gláucia Camargos no lançamento de *Bandoleiros* (1985), na livraria Dazibao. Acima, banho de mar com Maria Ignez Estrada, em 1981

petáculos que iriam caracterizar, dali para a frente, o *showbizz* brasileiro: reuniu entre 150 mil e 175 mil pessoas no Maracanã – as estatísticas são imprecisas – e passou ao vivo na TV Globo para toda a América Latina, com exceção da Colômbia. Para o Brasil, o concerto de 75 minutos seria transmitido com cerca de meia hora de atraso para todos os estados, menos para o Rio – lá, só pôde ser visto pela TV na noite de 14 de fevereiro de 1980, duas semanas após a apresentação. Antes, o cantor havia realizado quatro concertos para plateias VIPs no Rio Palace, um dos hotéis mais luxuosos do país naquela época.

"Eu tinha chegado recentemente da França, era abertura, Brizola e tudo o mais, e o João se apresentou em nome de Maria Luísa, irmã do meu ex-marido que morava em Porto Alegre. Eu não o conhecia. Sei que nos afeiçoamos imediatamente um ao outro, ele não era necessariamente introvertido, não é essa a palavra, gostei muito dos silêncios dele. Nosso convívio afetivo começou ainda nessa casa, no Jardim Botânico", relata Ignez. O namoro nunca teve um início formal, e tampouco um fim. "Era tão natural a gente estar junto, esse jeito do João era, sei lá, não foi aquela coisa arrebatadora, aquela paixão que você guarda na cabeça o dia, mês e ano, sabe? Foi muito mais natural."

Poucos dias antes do show, João havia escrito um bilhete à família, datado de 5 de fevereiro de 1980, no qual informa que estava iniciando um estágio numa agência de publicidade (a Caio Domingues), "com perspectivas de ser contratado, se tudo der certo", e também sobre a escrita do romance *A fúria do corpo* – é bom lembrar que o primeiro livro de Noll seria lançado apenas alguns meses depois, em junho. Diz ele: "Estou esses dias na casa da Ana (estão viajando)[11], entregando todo o tempo que tenho à escrita de um romance que pretendo terminar ainda no primeiro semestre e publicar quem sabe no fim do ano; o meu livro de contos deverá sair só em abril. Nunca escrevi como estou escrevendo esse romance: com gana, raiva, amor, obscenidade, sujeira, putaria, sexo de todos os tipos e gostos, rancor, paixão, lirismo, amor louco pelo Brasil e sobretudo Rio – é um romance urbano e *louco* [grifo dele] em cima

---

11 Referência a Ana Arruda, esposa do escritor Antonio Callado, que abrigou Noll algumas vezes no apartamento do casal. Professora na Escola de Comunicação da UFRJ, também deu oportunidade ao futuro escritor como docente.

do meu amor e ódio do Rio; estou integralmente obcecado pelo romance, achando ele bom demaaaaais".

Quando João chegou à casa de Maria Ignez, *A fúria do corpo* já estava em processo de finalização – o que não impediu que o autor ainda o dedicasse, entre outras pessoas, à sua nova companheira. "A última vez em que ele esteve comigo foi pouco antes de morrer. Hospedou-se aqui em casa, dormiu no quartinho lá de cima [Maria Ignez morava, na data da entrevista, numa pequena cobertura em Laranjeiras], fomos juntos na casa de uma amiga minha, Regina Zappo, que havia nos alugado um apartamento na rua Maria Angélica quando saímos da casa do Jardim Botânico. Meu filho Vicente já era um jovem adulto, a casa estava sempre cheia de amigos, então achamos melhor alugar um apartamento para todos terem a liberdade necessária. Lá tivemos uma vida muito tranquila. Eu trabalhava em jornal nessa época, não tínhamos uma vida social muito intensa. Era uma vida bem caseira. O apartamento tinha dois quartos, um deles era o escritório do João. Ele passava muito tempo nesse escritório, escrevia à máquina, passava o dia ali. De noite, não. De noite conversávamos, dávamos uma voltinha pelo bairro, íamos ao cinema. Às vezes saíamos do Rio, meu pai tinha uma casa em Teresópolis [na serra do Rio], fazíamos passeios, era muito bom. Mas nunca fomos à praia juntos. Nem a festas. Recebíamos alguns amigos em casa, mas sem festanças. Esse negócio de política não atrapalhou nossa relação, não falávamos disso. Depois que havia passado tudo aquilo, que estávamos acreditando num futuro para o Brasil, não era necessário ficar tão preocupados com a política. Então, não havia discussões a esse respeito. Tivemos uma afinidade grande e muito respeito um pelo outro. Não havia cobranças de parte a parte."

Em uma carta ao irmão Luiz e à cunhada Jussara datada de 10 de julho de 1981, Noll narra a vida em comum com Maria Ignez e a classifica como "muito gostosa", apesar das dificuldades econômicas – o escritor trabalhava no extinto DNOS, sua companheira atuava no *Jornal do Brasil*. "Vamos levando essa vida que anda dura pra todo mundo, levando acho eu da melhor maneira possível, o apartamento [da avenida Joana Angélica, em Ipanema] cada dia ficando mais aconchegante. Ah, uma novidade: estou fazendo churrasco no forno também, já fiz dois que ficaram ótimos. Quando a gente pintar por aí eu e o Luiz vamos fazer um concurso de carne no forno, combinado?", desafia Noll.

Assim como anunciou na carta, João de fato visitou a família em Porto Alegre com Maria Ignez nas semanas seguintes. Nos trinta dias em que passaram juntos na cidade, Noll a apresentou ao escritor Moacyr Scliar e ao poeta Mario Quintana, entre outros. "O Quintana nós encontramos uma vez, na rua. Estávamos em férias, então passeamos bastante, fizemos fotos na beira do Guaíba", relata. O casamento pequeno-burguês, a rotina de um casal de classe média, que tanto o escritor criticava, parecia estar a pleno.

Mas não tardou para o devaneio se desmanchar: menos de um ano depois, Noll embarcaria para os Estados Unidos e o casamento com Ignez iria naufragar. "Nos separamos em primeiro lugar porque ele ganhou aquela bolsa, né? Para os Estados Unidos [em Iowa, a partir de 1982]. Ficou quase um ano lá. Eu acho que ele estava querendo ficar sozinho mesmo. Não houve nenhuma briga, nenhuma incompatibilidade, nada desagradável entre nós. O mundo dele era muito particular, tinha um temperamento muito difícil. A gente não tinha uma atividade muito regular fora de casa. Meus horários no jornal eram incompatíveis com os dele e o João também não tinha esse hábito. Além do mais, o dinheiro era curto. Ele ficava escrevendo no escritório, eu ficava lendo no meu canto, havia um sofá no escritório onde às vezes eu sentava. Não lembro dele me mostrar coisas para que eu opinasse. Mas tínhamos muito assunto entre a gente, conversávamos muito. Sobre literatura, sobre livros, contávamos coisas da vida da gente, histórias de vida. Nossa diferença de idade [Ignez é seis anos mais velha que Noll] nunca foi um problema."

Mas, na verdade, nada era tão simples assim. A versão de Noll para a separação de Maria Ignez é bem menos romântica do que ela sugere. Em carta ao amigo Celso Marques, datada de 6 de julho de 1983, o escritor relata sua volta ao Brasil, em fevereiro daquele ano, depois do intercâmbio em Iowa City, e informa sobre sua situação. "Enfim, desde fevereiro retornei ao pesadelo brasileiro, embora este pesadelo aqui [Noll estava escrevendo do Rio de Janeiro] seja apenas bem mais miserável, não muito mais infernal que o de lá. (...) Na volta M. Ignez e eu nos separamos, e eis-me novamente solteiro, novo endereço, novo espaço, novos objetivos. Lembro que falavas que sentias diante da separação muita fé e fracasso. Algo assim vou sentindo, se bem que a sensação de ter feito o que deveria ser pese mais." A referência ao "pesadelo de lá" se dirigia ao início da era Reagan, que havia assumido um ano antes a presidência dos Estados Unidos – para regozijo e entusiasmo dos alunos da universidade onde Noll fazia intercâmbio, a maioria filhos de fazendeiros locais – e ficaria no poder até o final da década de 1980.

Em uma carta anterior, de setembro de 1982, escrita dos Estados Unidos, ele se referiu assim à companheira, a qual mencionava pela primeira vez para Marques: "Em fins de novembro, minha mulher Maria Ignez (!!!) virá me encontrar aqui e então iremos dar um giro pelos USA e uma esticada pela Europa. Estamos juntos há um ano e meio [desde o início de 1981, portanto, se a percepção dele estava certa] e vamos levando essa relação com todas as paradas, enche-ções...". Os pontos de exclamação após o nome de Ignez revelam uma perplexidade que podem indicar 1) espanto quanto a estar casado e 2) espanto quanto a estar casado com uma mulher. Noll reconheceria, muitos anos depois, na mesma entrevista à *Revista A* já citada aqui, que não confiava na instituição da família: "Eu não acredito realmente em laços familiares e institucionais", disse ao escritor Ronaldo Bressane.

Em outra carta, desta vez de 25 de janeiro de 1984, Noll deta-lha mais seus sentimentos em relação ao episódio da separação: "Então lá vou eu: ano pessoal dilacerante, 83. Limite. Voltei dos USA em janeiro [vários outros documentos indicam que foi em fevereiro], e a separação coa [sic] Ignez rendeu até meados de de-zembro. Foi quando precisei dar o grito: embora a perspectiva de separação pudesse ser altamente lastimável e dolorida, havia um lado mais forte que queria isso, que percebia implacavelmente que estava tudo muito viciado, nos levando, eu diria, às vias da morte. Então vi que a porta estava aberta, mesmo, e só me restava sair. Ra-dicalizar. Agora, sozinho, sem chamar nem ser chamado, limpando resíduos de culpa, como se nu, em estado zero, respiro melhor. Ano paralisante (como sempre, em parte), este que passou. Mas vamos à porção paralisante: ataque agudo de misantropia, saindo de con-tatos com pessoas (que não Ignez) enfastiado, entediado – e põe nisso tudo o mais que dá literalmente vontade de vomitar, tamanho o sentimento de frustração, impotência, falta do que se apoiar".

Em outro trecho, Noll também corrobora um sentimento expresso por Marques em outra carta [as cartas de Celso Marques para João Gilberto Noll se perderam] sobre um suposto "sentimento maníaco" em muitas mulheres no sentido de "controlar e embalsamar" as relações afetivas. O escritor atribui a esse excessivo controle de Ignez sua inconformidade com a relação. Dramaticidades e sentimentalismos exacerbados à parte, a sensação era de que a vida doméstica, rotineira, como a que vivia com a companheira, era mais do que apenas uma impossibilidade ideológica. Apresentava-se, mesmo, feito uma barreira intransponível para a criação, uma espécie de bloqueio, como Noll inclusive explicita no mesmo desabafo para Marques quando diz que começou a escrever um novo livro em outubro de 1983 [*Bandoleiros*, o qual seria lançado em 1985] como "salvação" ao estado particular de descrença e desânimo em que se encontrava ao voltar dos Estados Unidos – incluindo a união com Maria Ignez.

Bandoleiros, diga-se, é farto em referências à separação do protagonista do romance de sua mulher, Ada. Ele é um escritor em crise criativa que recém voltara de Boston "para vivermos tenebrosamente as últimas punhaladas em nosso casamento". Ela, uma norte-americana controladora e autoritária. Arrasado pelas parcas vendas de seu último livro, abatido por um sentimento de prostração que o fazia usar a mesma roupa, inclusive para dormir, havia um mês, o escritor-personagem de *Bandoleiros* revela que "os últimos tempos com Ada foram duros" e que tinham lhe deixado "uma espécie de abscesso no pensamento", com o qual ele se ocupava o tempo inteiro – a tal prostração ou fastio que narra no início do romance e que o autor havia descrito para o amigo Celso Marques. "Não podia mais imaginar tendo uma mulher nos braços" e "como manter, não digo uma mulher, mas uma simples ereção, assim?", diz ele em uma das cartas. Em outro trecho do romance, Ada, segundo o protagonista, fica olhando-o com ar de desdém, "como se dissesse esse aí e seus sonhos baratos". *Bandoleiros* é dedicado, entre outras pessoas, a Marques e a Vicente – único filho de Maria Ignez.

E igualmente à escritora portuguesa Ermelinda Galamba,

que também ajudou o autor em alguns momentos difíceis no Rio de Janeiro, para onde ela se transferiu no final de 1984. Os dois se conheceram na Universidade de Iowa durante o International Writing Program em 1982 – Ermelinda fazia mestrado em Ciências da Educação na mesma universidade e depois seria professora assistente no Departamento de Português, além de uma importante conselheira cultural da diplomacia lusa na China e em outros países do Oriente.

"Eu tinha uma espécie de ascendência sobre os jovens que chegavam para o curso, pois havia muitos latinos no programa. E portugueses também. Então, gostava de recebê-los na minha casa, de conversar, de fazer esse ritual de acolhimento. O João fazia parte dessas reuniões, sempre junto com o amigo mexicano Bruce Swansey [a quem Noll também dedica *Bandoleiros* e que se tornaria namorado de Noll]. Falávamos sobre literatura, sobre a rotina do curso, as diferentes culturas [na turma de 1982 havia escritores do Brasil, Egito, Filipinas, Japão, Finlândia e Índia] que se encontravam no programa. Nessa época lembro que também havia um grupo grande de professores brasileiros cursando pós-graduação em Iowa. Ali tivemos um contato muito próximo, ficamos muito amigos, mesmo sendo ele uma pessoa muito recatada, reservada", diz.

Designada pelo Instituto de Alta Cultura Portuguesa para um intercâmbio na Universidade Estadual do Rio de Janeiro (UERJ) em 1984, Ermelinda voltou a se encontrar com Noll nesse período e passou a auxiliá-lo em um momento de extrema dificuldade, como ela mesma relata. "Ele ficava longos períodos, e até mesmo temporadas inteiras, na minha casa. O João morava em Laranjeiras, eu no Flamengo. Era perto, fácil de ir e vir, então de certo modo eu cuidava do sustento diário dele, sim. O João tinha grandes expectativas em relação à literatura, era um tipo bastante narcísico, vivia muito para escrever o que bem entendesse, sem grandes concessões. Então, naturalmente a vida dele não era um mar de rosas, pelo contrário. Ele sobrevivia, esse é o termo exato: sobrevivia", conta a amiga.

A relação entre ambos não terminou bem, depois de um período de afastamento voluntário [Ermelinda foi servir ao governo português no Oriente] porque Noll, segundo a escritora portuguesa, não gostava de ouvir certas críticas – embora fosse, ele mesmo, um crítico contumaz do comportamento alheio. Ou, como ela diz, não gostava de ouvir certas verdades. "Sempre lhe disse que punha demasiadamente sua vida privada dentro dos livros, das personagens, que aquele sujeito sem nome, itinerante, era na verdade sempre o mesmo, sempre o João. Mas ele não gostava de ouvir isso, ficava incomodado, mesmo que não tivesse como negar. Eu sabia disso e ele também sabia. E alguns traços da sua vida também nunca ficaram bem definidos, o que condicionou um pouco sua literatura, na minha opinião. O João tinha uma imensa dificuldade em assumir o que era, e estou falando especificamente da sua orientação sexual. Sempre foi atormentado pela homossexualidade que nunca assumiu, que nunca teve coragem de assumir plenamente. Isso, a meu ver, condicionou seu trabalho", avança.

A mágoa era tamanha que a escritora sequer conseguia escrever a Noll uma carta mais longa, como revela em postal enviado a ele desde a embaixada portuguesa em Bangkok, na Tailândia, em novembro de 1991 – a viagem, segundo ela, foi feita no rescaldo do suicídio de seu companheiro na época, motivo do desentendimento entre ela e Noll. O cartão trazia uma paisagem de Katmandu, no Nepal, e a seguinte inscrição: "Dos anos 60 não há nada, do presente refugiados do Tibete e uma pobreza imensa. Queria escrever-te, mas ainda me é muito difícil. Um abraço a todos, Ermelinda".

°○°

Um pouco anterior a esse período, outro fato traumático – e dramático – aconteceria na vida de Noll: um táxi que o conduzia por Copacabana acabou sendo atingido violentamente por um automóvel que trafegava na contramão – o acidente provocou lesões graves no escritor, que o obrigaram a ficar internado no Hospital São Vicente, no alto da Gávea, por cerca de seis meses. A perna direita teve de passar por cirurgia. E o emprego no Serpro, onde João elaborava *house-organs* para a companhia de processamento de dados, foi para o espaço.

Conforme uma das irmãs do escritor, que o acompanhou nesse período, o acidente foi muito sério. "A esposa de um grande industrial carioca na época, uma socialite, ingressou numa rua de sentido proibido e pegou em cheio o táxi em que meu irmão estava.

Bateu de frente, com muita violência. O Beto [apelido de família de João] voou do carro, se chocou contra o vidro da frente [o táxi era um antigo Fusca sem o banco dianteiro do carona], quebrou muita coisa, a cabeça, a perna teve que passar por cirurgia, um acidente realmente impactante", lembra Anamaria Noll Barreto, que mora no Rio de Janeiro desde 1970.

O ano, ela não recorda ao certo, mas foi durante o convívio com o "namorado carioca" porque ele lembra do episódio – embora mencione um atropelamento, e não uma batida de carro, e uma convalescência não no hospital, mas na própria casa da socialite. Ocorreu, então, com mais probabilidade na virada de 1975 para 1976. O caso acabou abafado e não teve registros oficiais, nem na imprensa da época. No fim do dia a irmã recebeu um telefonema do advogado da causadora do acidente. Quando ela soube finalmente do infortúnio do irmão, João já estava internado e sob os cuidados de uma equipe de especialistas que incluía anestesista, cirurgião e fisioterapeuta.

"O advogado ia diariamente ao hospital para saber da situação do Beto, que foi atendido por médico particular e teve todo cuidado possível porque temiam alguma ação judicial por parte da família. A esposa desse empresário também ia bastante ao hospital. A cirurgia, os médicos, tudo foi pago por eles. E durante um bom período, quando o Beto voltou para se recuperar em casa, recebeu também um acompanhamento financeiro porque, de fato, perdeu o emprego devido ao acidente. Era um emprego muito bom, garantido, regular, que era muito importante para ele em função da opção pela literatura. Dali para a frente, eu acho, foi o declínio do Beto no Rio de Janeiro, porque foi um acidente muito violento. Em todos os sentidos, não apenas fisicamente. Ficar muitos meses parado num hospital, depois em casa, sem poder escrever, sem mobilidade, isso tudo mexe muito com a cabeça, com a vida pessoal. E depois que o apoio financeiro acabou, mais ainda", conta a irmã. Após a entrega do apartamento na rua Redentor, vendeu todos os móveis que tinha para a irmã Anamaria como forma de financiar a estadia com Gláucia.

O infortúnio certamente mexeu com a percepção de Noll, que passou a expressar sentimentos de amor à vida como nunca fizera antes. Terá sido a proximidade da morte causada pelo acidente? A solidão ao optar viver longe de sua família? Nas inúmeras cartas que trocou com os irmãos Luiz e Anelise e com a cunhada Jussara, nesse período, o escritor derramava-se em declarações de afeto e em confissões pessoais nas sessões de escrita que se estendiam madrugadas adentro, às vezes até por vários dias – a ponto de Noll comparar suas correspondências a uma única carta, eternamente inacabada. Uma "carta-diário", como ele define em 5 de agosto de 1978. "Quem é? Quem é que há pouco parecia ter terminado mais uma carta-diário e que está novamente aqui batendo na porta e gritando ôôô de casa pra vocês? Quem é que parece não querer acabar esta carta-diário porque tem tanta coisa a dizer e a descobrir com e nos destinatários desta?", escreve. Noll varava madrugadas a se comunicar a distância com as pessoas de quem mais gostava, "sem censura", como ele mesmo dizia para os interlocutores. Por vezes, escrevia mais de uma carta por dia ou mal terminava uma e já começava outra, num fluxo ininterrupto de confissões. "E sei também que agora é outra hora, duas e pouco da madrugada, e que aqui continuo esta espécie de diário para vocês, e que já não quero mais saber do porquê dessa vontade braba de escrever tanto e tanto pra vocês." Na carta do dia anterior: "E eu aqui, escrevendo sem a *menor censura* [grifo dele] para vocês, querendo saber como vão as coisas – estão bem, gordos, faceiros e se amando cada vez mais?", pergunta a Luiz e Jussara no dia 4 de agosto, eles que estavam de casamento marcado para o final daquele ano e do qual João seria padrinho. Em outro trecho, ele menciona correspondência enviada ao irmão onde diz "tudo, tudo, não tapando nada. Eu me expus. Completamente". A carta, todavia, ou nunca chegou ou sequer foi enviada ao destinatário.

No trecho mais emotivo, Noll se pergunta quem de fato estava escrevendo as cartas: "É João ou Beto, com tantas pessoas pra amar, mistérios pra penetrar, dentes pra consertar, dívidas pra pagar, espelhos pra olhar, saudades pra embolar, memórias pra guardar, choros pra desaguar, coração pra voar? É João ou Beto, que gosta de escrever procês porque é bom e ajuda para escrever mais e mais tudo que precisa ser dito mais e mais? (...) Como ainda é noite alta, ofereço procês o corte no coração que dá no quarto escuro quando o apito do guarda-noturno apita aquele som todo sozinho", diz ele e completa: "Que tristeza de solidão que dá. (...) Eu adivinho que quero fazer poesia quando escrevo procês. São quase quatro horas da madrugada, eu não consigo pegar no sono, mas não é de angústia. É que estou passando uns dias emocionados e eu nem sei porquê [sic]".

°○°

Diante desse turbilhão de sentimentos, a finalização dos 25 contos de *O cego e a dançarina* não poderia ser menos custosa e demorada – pelo menos dois anos, embora Noll afirme, em várias entrevistas, que pensou e planejou um livro de contos com linguagem, estrutura e temas correlatos, ao invés de reunir narrativas esparsas, produzidas aleatoriamente para, depois, formarem um volume qualquer. E que despejou o conteúdo no papel em pouco tempo, algumas semanas, apenas, como em um transe. Na mesma carta de maio de 1978 aos irmãos e à cunhada, Noll narra, além das dificuldades financeiras, também a alegria por estar "experimentando alguns amigos maravilhosos" e pelo livro de contos estar praticamente pronto: "trabalhei feito louco em cima dele nos últimos sete meses", diz Noll na carta, o que nos remete aos meses finais de 1977. "E eu acho que ele está muito bom, um livro novo, precisando sair pra rua (sic), pras livrarias, pras mãos e olhos de muita gente". Em outra carta, dessa vez datada de 29 de maio de 1979, o autor detalha a peregrinação pelas editoras e a árdua missão de se "autopromover" para se fazer conhecido. "Tenho andado por muitos lançamentos de livros, debates sobre literatura, coisas de que eu não gosto muito, mas que são necessárias", conta. É nessa carta que aparece pela primeira vez o nome definitivo do livro.

João admite que, antes disso, não gostava do que escrevia e que, durante muito tempo, produziu em desacordo com o que almejava pessoalmente para sua literatura. Seu primeiro livro altera essa perspectiva: *O cego e a dançarina*, recorda Noll, foi finalizado "sem a presença da luz natural" e num período de absoluta concentração. O cenário eram os apartamentos da rua Redentor e da Nascimento Silva; primeiro o seu, depois o de Gláucia. Ele iria se referir, em várias outras entrevistas após sua estreia literária, a esse "transe" ou "surto" em seu processo de criação.

Apesar do confinamento, é certo que o livro já vinha sendo paulatinamente conhecido nos círculos literários do Rio de Janeiro. Há referências a leituras públicas de contos de *O cego e a dançarina* em saraus de bibliotecas cariocas a partir de 1978. Também a narrativa mais conhecida do volume, *Alguma coisa urgentemente*, não era inédita quando do lançamento, tendo sido publicada na edição 40/41, páginas 58 e 59, com data de abril e maio de 1979, da revista *Ficção* – célebre publicação dedicada exclusivamente ao conto, editada por Salim Miguel e Cícero Sandroni.

O cego e a dançarina traz muito da atmosfera pessoal que marcou a vida de Noll até ali – incluindo as provações políticas e as imensas dificuldades de relacionamento afetivo. Não por acaso, as quatro primeiras narrativas têm crianças ou jovens como protagonistas. Há também, coisa que praticamente não se repetiria na literatura posterior do autor, protagonistas mulheres em um conjunto de contos dispostos no meio do volume, começando com *Ela* e passando por *Conversações de amor*, *A virgem dos espinhos*, *Pretinha fumegando*, *Encontro no quarto escuro*, *Irmã Linda* e *Ruth*. Os originais do livro, além disso, trazem anotações curiosas: na capa, Noll dividiu os contos entre narrações em primeira pessoa (12), terceira pessoa (11) e mistos (2). Além disso, os contos contêm nomes próprios junto ao título: Gui no conto *Ela*, José em *Pretinha fumegando*, Omar em *Ruth*, Rô em *Irmã Linda*, Lívio em *Casimiro*, Leonardo em *Bodas de Narciso* e assim por diante. Seriam pessoas que inspiraram as narrativas? Ou a quem eventualmente seriam dirigidas? Não há, nos contos, nenhum nome que remeta a parentes próximos ou a personagens das próprias narrativas, bem como que levem a amigos ou mesmo a quem o livro acabou sendo dedicado. Nada. A explicação para esses sinais, se havia alguma, João guardou para si mesmo.

E é também muito marcado, o livro todo, pela devoção de Noll com a poesia de Adélia Prado, que ele descobrira em meados de 1978, quando do lançamento de *Coração disparado* – segundo livro da autora mineira que lhe renderia o único Jabuti da carreira. Em meio a uma indecisão amorosa envolvendo um amigo de São Paulo, dez anos mais jovem, Noll confessa ao irmão, em carta de 4 de agosto desse ano, que estava cheio de dúvidas. "O amor bate na porta [citando poema de Drummond]. No entanto não sei se atendo. Isso é tudo que eu sei", diz na correspondência, para logo emendar seu verdadeiro deslumbramento por Adélia, de quem recém havia lido também o livro de estreia, *Bagagem* (1976): "ô, poeta maravilhosa (não gosto do termo poetisa), faz com que eu acredite como nunca no ser humano: poeta e bicho do mato? Catolicazinha e sabedora do mundo? Como pode? Adélia, eu te amo. (...) É lindo, coisa de uma mulher que ama, que sabe que o prazer está aqui e que o resto são ideias e não sentimentos. Eu quero sentir até o fim da minha vida, não mentir, dizer, confessar, regar as plantas com a verdade de cada dia e admitir que eu vivo. E com muito prazer. A poesia é a verdade. (...) A gente sabe que não é um desemprego, um ganhar-pouco-no-banco, um 'grilo' num fim de noite que vai nos desesperar. Somos mais fortes do que podemos imaginar. Fomos gerados para viver", escreve ao irmão.

A carta prossegue no dia seguinte, 5 de agosto, um sábado, em que Noll acorda cedo, coloca Mozart na vitrola às 7h e passa a reler os poemas de Adélia. "Porque [sic] será que ando assim com essa vontade de dizer, contar de mim procês, celebrar encontros? É o meu livro que se apronta? É a vontade de amar? É a emoção de estar vivo? Estou bem, aos 32 anos vejo que eu posso viver o que é bom, mesmo que venha o medo, a tentação de recusar. Escrevo porque gosto. E gosto *tanto* [grifo dele] que me emociono. Vocês sabem. Enfim, sei que sou um escritor. Sem escrever não dá."

Não por acaso, *O cego e dançarina* tem como epígrafe os quatro últimos versos do poema *Leitura*, de Adélia Prado, do livro *Bagagem* (1976):

Era um quintal ensombrado, murado alto de pedras.
As macieiras tinham maçãs temporãs, a casca vermelha
de escuríssimo vinho, o gosto caprichado das coisas
fora do seu tempo desejadas.
Ao longo do muro eram talhas de barro.
Eu comia maçãs, bebia a melhor água, sabendo
que lá fora o mundo havia parado de calor.
Depois encontrei meu pai, que me fez festa

e não estava doente e nem tinha morrido, por isso ria,
os lábios de novo e a cara circulados de sangue,
caçava o que fazer para gastar sua alegria:
onde está meu formão, minha vara de pescar,
cadê minha binga, meu vidro de café?
Eu sempre sonho que uma coisa gera,
nunca nada está morto.
O que não parece vivo, aduba.
O que parece estático, espera.

°o°

A torrente de emoções com a leitura de Adélia Prado faz Noll escrever novamente ao irmão no mesmo sábado, 5 de agosto de 1978, com uma hipótese surpreendente: de que seu próximo livro poderia ser de poemas, ao invés da narrativa ficcional. "A prosa me cansa neste momento", confessa. É uma revelação incompatível para quem, menos de três anos depois, estaria absolutamente encantado com a prosa que ele próprio produzia e que iria gerar o romance *A fúria do corpo*. A carta é uma nova declaração de amor à Adélia e à poesia, "na poesia eu [me] encontro, aí nada mais me interessa, sigo andando pelas palavras em ritmo e com elas eu sou todo linguagem viva", escreve Noll. "Mas tenho medo, um medo engraçado da poesia; acho que é medo de alguma coisa que por ser absurdamente simples pede o impossível das palavras. Que elas digam tudo não dizendo nada. (...) Tudo isso me vem à cabeça porque me apaixonei por Adélia Prado. Adélia. O próprio nome me embala. Vou escrever pra ela e dizer que ela é uma santa. Olha gente, se um dia eu precisasse escolher dois ou três momentos de leitura que mais me apaixonaram eu colocaria Adélia sem pensar um segundo", escreveu. Depois roga para que o irmão e a cunhada comprem e leiam os livros da poeta "porque eu não aguento viver esse prazer sozinho". "Leio Adélia dia e noite. (...) Levei-a para a praia e lá fiquei ruminando seus versos com um prazer que quase me derreteu debaixo do sol", completa. A mesma carta se estende por seis páginas, começa datilografada, na manhã do dia 5 de agosto, e termina no entardecer de domingo, dia 6, com um jorro de ideias e pensamentos que, de certo modo, caracterizaria a posterior obra literária de Noll. Lá pelas tantas, ele finalmente se assume como escritor, rejeita a ideia de vocação ("a vida é uma escolha", diz, e sublinha a palavra escolha) e revela que, naquele momento, tinha *absoluta* [grifo dele] certeza (enfim consegui ter!) que o que eu faço vai chegar até os outros e vai mexer de alguma forma". A carta termina com uma nostalgia agônica da infância com o irmão Luiz e com a irmã Anelise, uma tristeza confessa pela solidão em que se encontrava e com a conclusão de que vivia "dias emociona-dos, e nem sei por quê".

Em maio de 1979, Noll anuncia, também em correspondência ao irmão Luiz, a publicação de dois de seus contos em prestigia-das revistas cariocas: *Ficção* e *Encontros com a Civilização Brasileira* – que ele, inadvertidamente, confunde com a *Revista da Civilização Brasileira*, ou simplesmente RCB, que circulou entre 1965 e 1968 até ser inviabilizada editorialmente pela ditadura. E também de uma resenha sobre o romance recém-lançado de Adélia Prado, *Soltem os cachorros* (1979). "Êxtase total!", comemora o autor. Mas, com exceção da revista *Ficção*, que efetivamente publicou o conto *Alguma coisa urgentemente*, não consta nenhuma colaboração de Noll nos 29 números da revista da editora Civilização Brasileira entre 1978 e 1982, que substituiu a RCB no período pré-abertura política no país. Nem ficcional e tampouco ensaística.

°ₒ°

O escritor Márcio Souza, que assina a apresentação de *O cego e a dançarina*, não economiza elogios aos contos de Noll – não sem antes advertir que é um mau leitor de ficção breve, o que torna as afirmações ainda mais relevantes. Diz ele no texto, reforçando a trajetória que culminaria nesse volume de estreia: "O melhor de seu autor é que as fórmulas não lhe interessam, nada dos caminhos sofisticados que costumam enfeitar mais do que criar. A linguagem de Noll não é uma embalagem. Ele não tem medo nem de parecer convencional em certos momentos, quando algumas personagens falam na primeira pessoa [especialmente no bloco já citado das protagonistas mulheres], ou quando descreve uma ambientação. E, ainda assim, é desconcertante. Mas não podia ser de outra maneira. Como contista das loucuras do capitalismo, do esmagamento de todas as classes sociais na estrutura urbana nacional, este livro não pode deixar de ser eletrizante e desconcertar como uma porrada".

Souza e Noll eram da mesma geração. A formação social do amazonense, entretanto, encantou o escritor gaúcho. Seus livros extremamente políticos, além disso, causavam muito furor na época, quando a ditadura militar já dava os primeiros sinais de esgotamento. "Tratava-se de uma pessoa muito discreta, muito fechada. Por isso achei curioso o João me procurar com os originais do livro para que eu fizesse essa apresentação. Eu tinha publicado já três livros [1980], então ele mostrou muita curiosidade para saber, como escritor estreante, de que modo a coisa funcionava. Além disso, me disse que tinha gostado muito dos meus livros, do *Galvez, o imperador do Acre* [1976] e de *Mad Maria* [1980], também do *Operação silêncio* [1979]. Tivemos contatos bem próximos durante uns dois anos nesse período, conversávamos sobre literatura, sobre o mercado das publicações, essas coisas. Eu estava escrevendo, se não me engano, *O brasileiro voador* [que seria publicado em 1986 pela editora Marco Zero]. Ele perguntava muito como era meu processo de escrita, como eu pesquisava. Sobre o ofício. Fiz questão de escrever a apresentação porque gostei muito da literatura dele, era muito diferente de outros contistas, intimista, subjetivo, além do domínio da linguagem e das emoções", relembra Souza.

O escritor amazonense diz que ficou impressionado com Noll justamente por ele combinar intimismo e subjetividade com literatura de ótima qualidade, já que em geral, segundo Souza, essa combinação costuma produzir textos chatos, cheios de reflexões desnecessárias. "Antes de qualquer classificação que pudesse ser feita, eu percebi que estava diante de literatura de verdade. No caso dele, mais próximo da poesia que da prosa até. E sempre surpreendente, o que é fundamental", volta a lembrar.

Souza também publicava seus livros pela Civilização Brasileira, que editou *O cego e a dançarina*, mas assegura que não teve nenhuma influência sobre essa decisão. "A editora apenas me consultou sobre a apresentação que fiz, queriam saber se estava de acordo mesmo com o conteúdo. Confirmei tudo e disse que era a revelação de um grande escritor brasileiro, sem dúvida. Mas a editora já tinha decidido, então queriam apenas saber um pouco mais sobre o Noll", completa. Márcio Souza afirma que Noll integrou a última geração do que ele chama de "escritores livres", ou seja, sem compromissos de qualquer ordem. "Ele não estava nem preocupado com o mercado, nem com a crítica, e tampouco com as turmas que se formam na literatura e, de resto, nas artes em geral. A impressão que eu sempre tive é de que o Noll sentava em frente à máquina e escrevia o que bem entendia. O que quisesse. E isso é literatura", reflete. Também foi, conforme Souza, da geração que viu desaparecer a crítica de "pé de página", da resenha ligeira, do comentário. "O crepúsculo dessa opinião de jornal, que era importante porque rivalizava com a crítica mais acadêmica, se deu justamente no período em que o Noll começa a publicar seus livros. O sonho dos editores daqueles cadernos culturais, na época, era trabalhar na [revista] *Playboy*, então escreviam sempre de mau humor. Aí, só podia acabar mesmo", brinca o escritor.

Noll, entretanto, apesar da intuição e da "absoluta certeza" de que sua literatura faria diferença, ainda não tinha noção do que o esperava em termos de recepção. "Como eu estava desempregado, podia escrever de dia durante várias horas, apenas com a luz elétrica acima da minha cabeça, sem abrir nenhuma janela, nada. À noite, bem tarde, eu ia dançar na boate Sótão [na lendária Galeria Alaska, em Copacabana]. Quer dizer, eu não ia propriamente dançar, ficava mais absorvendo aquele som pop, que era espetacular, martelando ele na cabeça, e quando voltava pra casa, já de madrugada, quase manhã, recomeçava a escrever o conto do dia seguinte. Porque eu andava de mãos dadas com a música, sempre", relata o escritor na já mencionada entrevista aos amigos Fernando Ramos e Clarice Müller.

E arremata: "Foi um momento muito bom da minha vida. Difícil de se repetir".

Porto Alegre, 1969

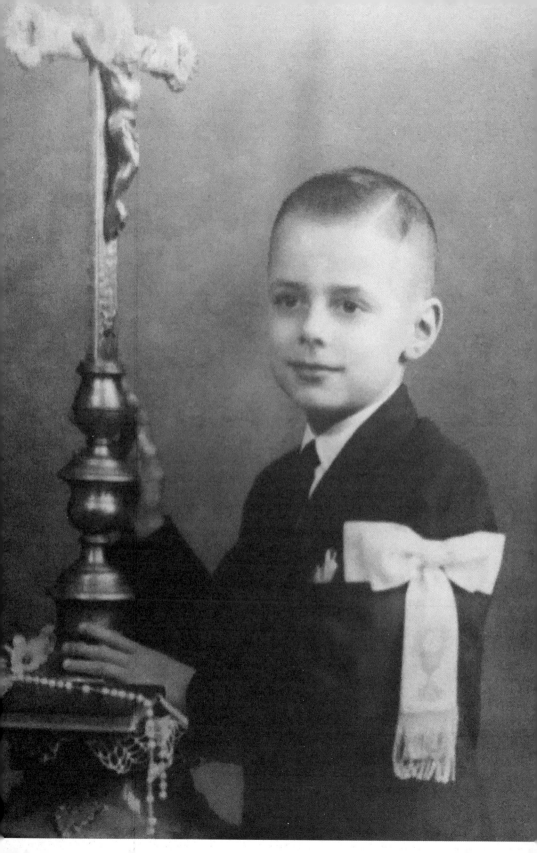

O folheto anunciava a audição de quatro peças sinfônicas no teatro da Reitoria da UFRGS naquela noite de agosto de 1969. A menina de cabelos ondulados e negros, recém-formada no antigo científico do Colégio Anchieta, um dos mais tradicionais da cidade, era uma aficionada por música erudita e quase não perdia os concertos da Sociedade Orquestra Sinfônica de Porto Alegre, a Ospa, fundada em 1950 e, na época, ainda sob a batuta do maestro húngaro Pablo Komlós.

A garota ficou acomodada uma ou duas fileiras atrás de um rapazote alto, boa pinta, estudante do curso de Letras da UFRGS, onde ingressara pouco mais de um ano antes, e também ele um admirador do mundo clássico, a ponto de integrar, como tenor, o célebre Coral de Câmara da Faculdade de Filosofia, Ciências e Letras da UFRGS – ou simplesmente Coral da Filosofia –, conduzido pela não menos célebre regente francesa Madelaine Ruffier. A garota, logo que viu o jovem à sua frente, teve como uma espécie de premonição: estavam fadados a se conhecer, a ficar juntos, a se amar. Ela não parecia de todo errada.

A sessão apresentou a estreia de um jovem solista mineiro, então com 25 anos, que interpretou o *Concerto para piano e orquestra nº 2* de Frédéric Chopin. Terminada a apresentação do pianista Nelson Freire, a garota, então com 19 anos, deu um jeito de ficar à vista do rapaz na plateia, um dileto admirador do compositor polonês que também reparou naquela guria pequena que não tirava os olhos dele. Ela criou coragem e lhe perguntou o que achara do concerto, ele respondeu que estava muito satisfeito, ela então fez mais algumas perguntas que foram respondidas no caminho de volta do teatro. João Gilberto Noll acompanhou Nara Keiserman até o apartamento da família dela e combinou de encontrá-la na tarde seguinte, na casa em que ele morava com os pais – um sobrado na avenida Cristóvão Colombo, bairro Floresta, em uma das zonas mais antigas de Porto Alegre.

Os encontros acabaram virando rotina: João, que completara 23 anos em abril, ainda cursava Letras na UFRGS, cada vez com menos afinco, e deixara no passado as turbulências que fizeram dele um "adolescente problemático". Passava os períodos vagos lendo e escrevendo, distante da família. Nara passou a acompanhá-lo, estudando para o vestibular de Artes Cênicas na mesma universidade. Pouco falavam: de vez em quando, Nara perguntava alguma coisa sobre uma matéria de estudo; outras vezes, João alcançava um trecho manuscrito para que a garota o lesse. Por vezes, a mãe, Ecila, entrava no quarto levando um lanche para os dois. Descobriram amigos em comum, estudantes de teatro, estudantes de Letras, Irene, Luiz Artur, Caio, Sandra. Os encontros regados à literatura evoluíram para uma intimidade mais evidente, logo vieram os beijos, o sexo, também o sufocamento pela grave situação política do país, a ideia de viajarem para o Rio. Como namorados. Por que não?

Nara Keiserman enxergou naquela viagem ao Rio de Janeiro, no final de 1969, uma oportunidade para exercer seu espírito independente e livre. Não pensava, e não ficaria, de fato, na cidade, pois acabou sendo aprovada no vestibular da UFRGS e tinha intenção de cursar arte dramática para se tornar diretora de teatro – o que realmente ocorreu. João, não. Aos 23 anos, estava farto do provincianismo de Porto Alegre, do curso de Letras, da falta de perspectiva para suas pretensões artísticas, das pressões familiares. Os principais amigos, além disso, já estavam longe – a maioria em São Paulo. A mudança para o Rio, portanto, era definitiva, mas a viagem com Nara foi apenas um interlúdio do que seria sua vida na cidade. Uma espécie de lua de mel romântica, que durou pouco mais de um mês, antes do mergulho pelo underground carioca. Depois de uma infância e de uma adolescência sofridas, para dizer o mínimo, João merecia um pouco de diversão.

°₀°

João Gilberto Noll nasceu em Porto Alegre, às 6h do dia 15 de abril de 1946, no Hospital Beneficência Portuguesa, em uma típica família de classe média. Antes dele, João Jacob Noll e Ecila Mählmann Noll tiveram três filhas – Maria Alice (1939), Maria Ecila (1940) e Anamaria (1941). A chegada do primeiro filho homem fez a alegria do pai que, reproduzindo os padrões dominantes da época, gostaria de ver um guri "brigão e valente" correndo pelas ruas do bairro Floresta, caçando passarinhos ou atrás de uma bola. Mas João era muito diferente disso. "Ele vivia trancado no quarto.

Quando não estava sozinho, virava nossa cobaia [das três irmãs] nas brincadeiras da época. Depois, já na escola, gostava muito de ler e de declamar poesias", diz a primogênita Maria Alice.

Seu João Jacob tinha um escritório de representações comerciais no Centro de Porto Alegre, na avenida Otávio Rocha, que "vendia de tudo", como lembra outra irmã, Maria Ecila – cujo apelido familiar é Cilinha. "Primeiro vendia apenas as conservas Oderich [marca tradicional de produtos alimentícios, especialmente embutidos enlatados, fundada em Porto Alegre em 1908], mas depois que a empresa fechou [por volta de 1970] teve que vender outras coisas, uísques, perfumes. Na escola, quando perguntavam, eu dizia que o pai vendia salsichas." Calado e fumante inveterado, "estranho para certas coisas", como diz Maria Alice, seu João transferiu o temperamento arredio ao primeiro filho. "Às vezes o pai era muito engraçado, gozador, piadista. Mas o normal dele era estar quieto mesmo", relata a filha.

O pai, porém, tinha um hábito que se revelaria fundamental no futuro do escritor. Lembra Anamaria que seu João, todas as noites, ia ao quarto das meninas (anos depois, também ao quarto dos meninos) para contar histórias. Não se tratava de leitura. Seu João inventava as fábulas, em geral assustadoras, cheias de fantasmas e mistérios, e que não raro terminavam apenas muitas noites depois – Anamaria relembra que suas colegas de escola a esperavam todas as manhãs, ansiosas, para saber o capítulo do dia. "Quando ele não sabia mais o que inventar, dizia que continuava na noite seguinte. Então, isso influenciou muito a nossa vida. Muitas histórias eram realmente assustadoras, tenebrosas. Meu irmão contou que, a partir de um determinado momento, começou a inventar suas próprias narrativas seguindo o exemplo do pai", lembra. A cena foi descrita minuciosamente no romance *Berkeley em Bellagio* (2002), onde o protagonista-autor relata que o pai "me contava coisas macabras no escuro, de outro mundo, são essas histórias as melhores (...)".

Ambos – seu João e dona Ecila – nasceram em Porto Alegre na primeira década do século 20, quando a cidade não tinha nem 200 mil habitantes, embora já emitisse sinais de que se transformaria, em pouco tempo, na maior metrópole da região Sul do Brasil. João, filho dos também porto-alegrenses Henrique e Idelmira, em 1911; Ecila (que é o inverso de Alice), filha do alemão Claus e da brasileira Alice, em 1916. De colonização açoriana, a pequena Capital se transformava então, rapidamente, em um polo de indústrias alemãs, com destaque para as dezenas de cervejarias, as fábricas de móveis, as metalúrgicas, tecelagens e de conservas. O escritório de João Noll conseguiu sustentar, a partir do contrato com a Oderich, que se estendeu por cerca de 40 anos, uma prole numerosa com um bom padrão de vida na Porto Alegre dos anos 1940 e 1950 – depois das três filhas e de João Gilberto, cujo nome foi uma homenagem ao ídolo do cinema mudo norte-americano John Gilbert (1897/1936)[1], o casal teria ainda Luiz Fernando (1949) e Anelise (1956).

Todos os filhos estudaram em escola particular, em uma época em que o ensino era dominado pelas congregações cristãs. Seu João almoçava em casa todos os dias, religiosamente, como forma de reunir a família no ritual das refeições. Dona Ecila é quem cuidava de tudo, sempre ajudada por uma ou mais empregadas domésticas – dependendo de como iam os negócios. A representação da Oderich também permitiu que o comerciante comprasse uma casa suficientemente grande para caber toda a família, no bairro Floresta, adjacente ao Centro de Porto Alegre e bem servido por infraestrutura de comércio e de transporte público. Mas nunca teve um automóvel particular. A partir do nascimento de Anelise, em 1956, até 1960, quando Maria Alice se casou, todos os seis filhos conviveram sob o mesmo ambiente doméstico. Era, apesar da prole numerosa, uma vida confortável.

Muito dessa prosperidade se devia ao rápido processo de expansão da cidade, motivado pela agressiva política de modernização do prefeito José Loureiro da Silva – considerado, ufanisticamente, o refundador de Porto Alegre, na medida em que era descendente direto do sesmeiro Jerônimo de Ornelas Menezes e Vasconcelos, de cuja sesmaria se originou em meados de 1740 a vila de ares coloniais que viu seu João e dona Ecila nascerem. Dois séculos depois, na virada dos anos 1930 para 1940, já beirando os 500 mil habitantes, a febre de crescimento colocou abaixo a bucólica freguesia açoriana, concentrada nas ruas e nos becos mais centrais, para dar

---

1 Nome artístico de John Cecil Pringle, astro do cinema mudo que contracenou com Greta Garbo em *Rainha Cristina* (Rouben Mamoulian, 1933).

lugar a uma metrópole cortada por largas avenidas (para a época) e construções modernas, como relata a *Revista do Globo* n° 285, de 1940, sobre a abertura da avenida Farrapos – uma via com extensão de cinco quilômetros na direção Norte, que cobrou um alto preço da cidade em termos de destruição do seu patrimônio histórico:

> *Domina, efetivamente, em todos os projetos urbanísticos de Porto Alegre, um traço de audácia e otimismo que pretende uma verdadeira transfiguração da metrópole gaúcha. A abertura, por exemplo, da avenida Farrapos representa um desses empreendimentos de grande visão (...). Essa nova artéria, que é nossa maior via pública, constitui uma linha importantíssima no traçado de Porto Alegre, cortando vários bairros da cidade.[2]*

Entre eles, estava o bairro habitado pelos Noll e sede de inúmeros empreendimentos industriais que começavam a se multiplicar. A mesma reportagem, entretanto, dá conta do processo violento de desocupação e limpeza das "arcaicas e vetustas edificações coloniais" para a construção da avenida. A demolição do antigo e tradicionalíssimo Café Nacional, localizado então na rua Voluntários da Pátria [que vinha a ser o Caminho Novo, rebatizado após a Guerra do Paraguai], na confluência com a obra, se deu "com os proprietários e fregueses ainda dentro do estabelecimento". Loureiro da Silva foi fruto do Estado Novo implantado por Getúlio Vargas no país, em 1937: nomeado interventor de Porto Alegre em outubro desse mesmo ano, teve como missão, até deixar o cargo, em 1943, a reformulação urbana da cidade, independentemente da vontade de seus moradores. Foi a chamada "modernização da patrola", que transformou visualmente a cidade.

Mas urbanização não quer dizer necessariamente modernidade, ainda mais quando imposta por um planejamento autoritário. O provincianismo cultural de Porto Alegre, em que pesem as demolições e o higienismo dominantes nos anos 1940, cobrava um preço alto. E a educação nas casas das famílias das classes média e alta porto-alegrenses, incluindo os Noll, continuava rígida, não fugindo ao padrão dominante da sociedade capitalista: as mulheres eram

---

2 *Revista do Globo*, Porto Alegre, n° 285, p. 147 (30/11/1940).

naturalmente preparadas para o matrimônio; os homens, para o trabalho e para o sustento material da prole. E como a estrutura social adjacente se submetia à organização patriarcal, a educação das crianças era tarefa exclusiva das mulheres.

"A mãe era uma pessoa muito autoritária", lembra a irmã mais nova de Noll, Anelise. A ponto de proibir a filha mais velha, Maria Alice, de seguir a carreira de aeromoça da Varig, uma atividade que, na época, era vista como coisa de prostitutas. O pai foi conversar com o presidente da empresa, então a maior companhia aérea do país, para se aconselhar sobre o desejo da primogênita. "Não há problema algum", tranquilizou o executivo. "Mas se fosse minha filha, eu não deixava", sentenciou. O destino de Maria Alice estava selado. A profissão acabou sendo abraçada – não sem rompimentos traumáticos, mesmo duas décadas depois – pela filha caçula dos Noll, quase 20 anos mais nova que a irmã.

Dona Ecila era oriunda de um ambiente católico severo, que deixaria marcas profundas na família. E, mesmo tendo nascido em Porto Alegre, uma cidade onde as crenças religiosas já estavam um tanto mais difusas que nas comunidades interioranas do Rio Grande do Sul, sua religiosidade beirava o fanatismo: ela ia à missa todos os dias, às vezes em mais de um culto, era membro do Apostolado da Oração e vislumbrava, para o primeiro filho homem, um lindo futuro eclesiástico. Nos domingos, as filhas e os filhos acompanhavam a mãe nas missas, mesmo a contragosto. O pai, longe da carolice da esposa, não se metia. "João estava predestinado pela mãe a ser padre", lembra Cilinha. Anamaria conta que a mãe chegava a tapar com caneta preta os decotes da atriz Sophia Loren nas revistas de cinema da época, das quais João já era um leitor interessado, para não "desviar a atenção" do jovem.

Mesmo com as filhas e os filhos já adultos, dona Ecila continuava sua pregação católica: ficava de "cara amarrada" quando descobria que os netos e as netas não tinham ido à missa. "Passava o resto do domingo sem falar com a gente", relata Anelise. João foi coroinha na Igreja São Pedro, no mesmo bairro onde a família morava. Cantou em casamentos e em velórios, instruído pela irmã Maria Ecila, "uma coisa muito dramática para uma criança", lembra ela. "A mãe o vestia de padre para cantar nesses eventos", acrescenta o amigo de adolescência Celso Marques. Ajudou, ainda, nos ofícios do casamento da irmã Maria Alice, em 1960, porém não prosseguiu pelo caminho da religião – ele, que seria um antidogmático pelo resto da vida. E nem da música sacra: João parou de cantar nos eventos religiosos depois que foi obrigado pela mãe a entoar a *Ave Maria*, de Schubert, no enterro da avó.

A melhor amiga de Maria Alice, Magui Meirelles, era uma espécie de confidente de João na mocidade dele, além da primeira leitora das poesias que começou a escrever. "O seu João dizia que só eu entendia o Beto. Ele lia as poesias que fazia na época, me mostrava seus desenhos, também alguns textos sobre filosofia. Ficávamos horas conversando sobre a vida", diz a hoje professora aposentada. Ela lembra de um jovem extremamente tímido, com sérias dificuldades de comunicação devido a seus interesses bizarros para um adolescente, e com muito medo de ser ridicularizado.

No Colégio São Pedro, João era o garoto contemplativo em oposição aos outros colegas da escola – como todo educandário marista de então, o São Pedro aceitava apenas alunos do sexo masculino em suas salas de aula. Não gostava das práticas esportivas, frequentemente estava sozinho e foi flagrado, pelo menos uma vez, em carícias íntimas com um colega no banheiro da escola. Nessas conversas com Magui, João confessava à já adulta amiga [João e Magui tinham dez anos de diferença] como era difícil conviver com a família, suportar opiniões diferentes, a angústia por ser incompreendido, as dificuldades de comunicação, o medo da vida e a permanente sensação de estar errado. "Lembro que as poesias dele eram muito profundas, intimistas, em temas como amor, amizade, beleza. Para um guri de seus doze anos, treze anos, eram bem complexas. Comigo sumia toda a vergonha, ele ficava completamente à vontade", rememora. Foram muitas conversas, confidências, leituras, em uma frequência semanal. No casamento de Maria Alice, em 1960, com catorze anos, João cantou com Magui Meirelles, que lembra: "Começamos a cantar juntos a *Ave Maria*, mas eu me emocionei muito e parei no meio, deixei-o cantando sozinho. Ele só percebeu depois de terminar, de tão concentrado que estava", recorda a amiga. Depois do casamento, entretanto, os dois nunca mais se encontraram.

Com as irmãs Anamaria, Maria Alice e Maria Ecila (1948)

João Jacob Noll

Ecila Mählmann

Com o pai, em um passeio nortuno

Também pesou na infância o fato de que João era o quarto filho do casal – e ter três irmãs mais velhas que ele, respectivamente com seis, cinco e quatro anos a mais. Natural, portanto, que virasse uma espécie de cobaia nas brincadeiras das meninas, mesmo com o controle rígido exercido por dona Ecila. Maria Alice relata que João brincava naturalmente de boneca com as três irmãs e que simulava missas com uma amiga da família, Elisabeth Sirângelo. Ela, da mesma idade da irmã mais velha, se vestia de freira; ele, com os vestidos da mãe, se fingia de padre. Segundo Maria Alice, o irmão não se incomodava e nem se constrangia com as brincadeiras e fazia tudo "livremente", sem ser "obrigado" pelas garotas mais velhas que ele.

Com oito anos, viveu outra experiência traumática: em 1954, o irmão Luiz Fernando, de apenas cinco anos, contraiu escarlatina, doença altamente infecciosa e que, na época, requeria isolamento e cuidado intensos, uma vez que podia deixar sequelas graves ou até mesmo levar à morte. João e as três irmãs, já adolescentes, acompanhados de mais duas garotas, filhas de um amigo do pai, tiveram de passar uma temporada de quatro semanas em um internato de freiras no distrito de Ana Rech, município de Caxias do Sul, na serra gaúcha. João era o único menino na expedição.

"Foi ideia da mãe nos mandar para esse colégio. Imagino que tenha sido muito traumático para o Beto, já que nós todas, adolescentes, estávamos completamente à vontade no internato e adoramos as férias forçadas. Fugíamos das freiras, fazíamos estripulias, ninguém podia conosco. Mas para o Beto, não. Para ele, era um ambiente totalmente hostil. Acho que foi uma experiência muito ruim aquela convivência em um cenário amplamente dominado por mulheres e também muito autoritário", diz Cilinha.

Esse contexto particular, no entanto, seria decisivo para o futuro escritor. Com poucos livros em casa, sem uma tradição artística no cotidiano, João enxergou na liturgia da igreja o elemento essencial para escapar da realidade maçante e de certa forma brutal do lar, dominado pela mãe linha-dura e com três irmãs mais velhas a disputar sua atenção. Além das aulas de piano e de teoria musical no Instituto de Belas Artes, também exercitava canto lírico. Como narra na entrevista de 2011 a Fernando Ramos e Clarice Müller: "Per-

Alice e Klaus Mählmann

Henrique e Idelmira Noll

cebi que era apaixonado pelas palavras, principalmente pelo ritual das palavras, quando fui coroinha [por volta de 1955]. O rito litúrgico me marcou profundamente, em especial nas Sextas-feiras da Paixão. Eu lembro que o padre se prostrava, deitava-se no chão de barriga para baixo, e não havia música, e as imagens [dos santos] eram tapadas por um manto preto; eu, como coroinha, tocava uma coisa que se chamava matraca, que é madeira com madeira, um tipo de som diferente da sineta, um som seco, e daquilo eu gostava muito. Esse aspecto trágico me acompanhou pelo resto da vida. É alguma coisa diante da qual não há remissão, pelo menos não comigo. Comigo a coisa devia ser absolutamente inexorável, porque a perspectiva do enfadonho, que era um dia após o outro, e esse sentimento já era muito agudo na minha infância, me fazia querer um respiradouro: ou na liturgia ou, depois, no cinema, e principalmente na música, quando comecei a cantar a *Ave Maria*, de Schubert, em casamentos, no colégio, e a declamar e a querer a saída estética para a minha vida. Em termos de origem, a coisa vem daí: uma possibilidade de encontrar um modo de superar essa asfixia".

João também relata que a casa dos pais tinha uma "senzala" nos fundos do pátio. "O quarto da empregada era separado da casa, uma coisa bem classe média, e quando chegava a noite eu subia no telhado desse quarto e via muito mais longe, aquelas luzes da noite, via um morro da cidade que, hoje, só vejo quando estou em um avião, logo que o avião sobe. Esse morro pertencia àquela minha solidão, de estar em cima daquele telhado sozinho querendo a palpitação de algo mais grandioso que eu não encontrava na rotina do cotidiano."

°○°

Adolescente, João também viveria marcado por crises sucessivas e intermitentes de autoestima. As irmãs lembram que, na puberdade, foi um garoto com o rosto coberto de espinhas, o que causava constrangimentos. Quando pegava o bonde, lembra Cilinha, invariavelmente sentava-se na parte de trás "porque as pessoas não tiravam os olhos dele". Também começou a fase das contestações contra a rigidez do ambiente familiar. "Bastava a mãe dizer para ele sair com um casaco que ele imediatamente saía sem nada. Tudo o que a mãe falava, ele fazia ao contrário", diz a irmã. "Ele tinha uma coisa com a mãe", completa Anelise. "A mãe servia um café para ele, ele empurrava e pedia o mesmo café para a empregada."

Como as crises não diminuíram com o passar do tempo, foi necessária uma ajuda profissional. A psicóloga Ítala Maria Suarez de Puga, que atendeu Noll durante algumas semanas no início dos anos 1960, recomendada por um amigo da família, relata que o futuro escritor enfrentava problemas comuns a adolescentes criados em ambientes autoritários e hostis. Mas a situação não parecia tão simples. Tanto que evoluiu para uma fobia social que, primeiro, o impedia de ir à escola; depois, sequer de sair de casa para, posteriormente, trancar-se no quarto como forma de evitar o convívio familiar. João estava então com 17 anos, era 1964, e passava pela primeira crise nervosa grave.

"Me colocaram num psiquiatra", contou Noll na entrevista a Fernando Ramos e Clarice Müller, "deixei de estudar, fui um adolescente disfuncional diante de adultos boquiabertos com um rapaz que não queria a escola. Que dizia que ia para a escola mas que, na verdade, saía para caminhar pelas ruas da cidade, a esmo. E foi justamente aí que eu comecei a escrever. Mas claro, o que eu tinha para dizer nessa época era uma coisa tão opaca para mim que eu não conseguia sequer projetar aquilo no papel. Então ficava muito frustrado, muito. Porque eu achava que tinha para dizer alguma coisa escandalosa, não podia expor para outras pessoas. O grau de desacerto entre mim e o mundo era muito forte."

Em uma carta à Cilinha, datada de 1981, quando estava vivendo no Rio de Janeiro, ele descreve com um pouco mais de detalhes o desalento que sentia – que, aparentemente, nunca o abandonou. A carta é uma resposta a um telefonema de sua outra irmã, Anamaria, informando que Cilinha estava passando por um momento pessoal difícil. "Senti", escreve ele à irmã, "que estavas saindo, que pelo menos estás tendo as condições subjetivas de sair como de um lugar muito escuro e querer novamente a luz do Sol, arregaçar as mangas, procurar novamente a batalha que se trava aqui fora, com as outras pessoas, que não são piores nem melhores do que nós, que talvez sintam no peito o mesmo drama que a gente", escreveu para

Com o irmão Luiz Fernando (1951)

À direita, com a irmã Anelise (1959)

Cilinha, a quem chamou, na carta, de "mana-da-vida-inteira".

Mais adiante, acrescenta: "Se eu te digo isso é porque também sinto essas coisas que presumo que tu sintas – momentos de desconsolo, perturbação aguda, solidão, não és a única a sentir". A carta é toda marcantemente confessional e emotiva, até um pouco mística, e se refere em diversas passagens a termos como fé, paz, alma, luz e caminho [no sentido de destino]. "Somos todos pequenos Lázaros, morrendo e ressuscitando pela vida afora", escreve Noll em um trecho. Em outro, menciona a "enxurrada de sentimentos" que o leva a transbordar e "então eu escrevo, nem sempre para os meus livros, mas mesmo que excepcionalmente para uma irmã tão querida como tu".

Esses momentos de desconsolo, os quais começaram a se manifestar mais fortemente em Noll na virada dos anos 1950 para 1960, se agravaram no início de 1963 com o casamento da irmã Anamaria – muito próxima de João e que, casada com um oficial da aeronáutica, foi imediatamente morar no interior de São Paulo. "Ele ficou arrasado com a minha partida. Eu era aquela irmã que conversava com ele à noite, que era um alento, sabe? Então, houve uma quebra importante aí, alguma coisa séria se rompeu no equilíbrio dele", explica.

No começo de 1964, o casal, que havia sido transferido temporariamente para o Rio de Janeiro, recebeu um telefonema de seu João Jacob pedindo que hospedassem o filho, então com 17 anos, como forma de atenuar o sofrimento com a distância de sua irmã-confidente. Mas como moravam em uma quitinete emprestada por um amigo, João teve de passar sua primeira temporada carioca em um apartamento na rua Figueiredo de Magalhães, em Copacabana, na companhia da mãe viúva de uma amiga de Anamaria. O apartamento ficava a uma quadra da praia: bastava descer para se deparar com a imensidão do Atlântico. João sentiu um amor incondicional pelo Rio de Janeiro, que não conhecia. "Meu pai achava que aquela introspecção do Beto podia ser amenizada estando perto de mim. Mas ele se apaixonou mesmo foi pelo Rio", relembra a irmã. "Ele adorou a cidade, adorava nadar, não tinha medo do mar. Adorava também a liberdade, a alegria das pessoas. Passamos quase dois meses juntos, nos encontrávamos todos os dias. Foi um período muito tranquilo."

Mas em meados de fevereiro, João regressou para Porto Alegre e as agruras psíquicas voltaram a atormentar o garoto. Preocupado, o pai o levou então para uma nova consulta, dessa vez com um primo distante que havia se formado psiquiatra em 1942. "Seu filho vai ser capa de jornal", vaticinou Nilo Jacob Eugênio Marsiaj Noll, impressionado com a inteligência do rapaz. Para os parâmetros de então, a fobia social de João tomou uma proporção tal que uma internação seria recomendável. João ainda não completara 18 anos [a internação se deu entre março e abril] e o destino escolhido pela família foi o Sanatório São José, no distante bairro Glória, zona sul de Porto Alegre – na época, um arrabalde pouco habitado da cidade. João passou um mês no sanatório por indicação de Nilo, que trabalhava no local. O confinamento era severo: as visitas, mesmo da família, estavam restritas. No sanatório, foi submetido a um tratamento novo à base de insulina: confrontado com grandes quantidades do hormônio, o choque insulínico[3] induzia o paciente ao coma e, frequentemente, provocava lapsos posteriores de memória – em uma entrevista à revista *Veja*, em 2004, Noll se referiu a essa experiência como "amnésica". "Visitei o João uma ou duas vezes durante a internação, com o pai, e o estado de saúde dele parecia bem sério. Eu levava maçãs, que ele adorava, comia três numa sentada. Ficávamos no jardim, era um lugar amplo e arborizado", recorda o irmão Luiz Fernando.

Na entrevista ao escritor Ronaldo Bressane, em 1999, já referida aqui, ele revelaria publicamente, pela primeira vez, o episódio da internação, com as ressalvas de que não culpava a família pelo acontecido e, principalmente, de que "não estava louco". João classificou o sanatório em que passou aquele mês de 1964 como uma "jaula":

---

3 O neurologista polonês Manfred Sakel descobriu a terapia acidentalmente, em 1927, ao causar convulsões com uma dose excessiva de insulina em uma paciente dependente de morfina. O tratamento parecia eficaz para pacientes com vários tipos de psicoses, particularmente a esquizofrenia. A comunicação oficial da técnica foi feita em setembro de 1933. Dois amplos estudos realizados nos Estados Unidos, em 1939 e 1942, colaboraram para que o choque insulínico se expandisse rapidamente ao redor do mundo. O entusiasmo inicial, entretanto, foi seguido pela diminuição no uso da terapia depois que estudos controlados adicionais mostraram, nos anos 1960, que a cura real não era alcançada e que a melhora do paciente era, na maioria das vezes, apenas temporária.

REVISTA A: Sua família é de classe média?

NOLL: Classe média. Média sacrificada, né?

REVISTA A: De onde que é? De Porto Alegre mesmo?

NOLL: Porto Alegre. Bem, aí comecei realmente a sentir que a minha [vocação] *era fazer arte. Nesse tempo houve uma crise imensa, em que realmente fui posto nas mãos de um psiquiatra. Dessa crise talvez tenha começado a querer escrever.*

REVISTA A: Chegou a fazer psicanálise?

NOLL: Fiz, mas depois. Essa vez foi uma coisa mais psiquiátrica e medicamentosa. Na adolescência.

REVISTA A: A internação?

NOLL: Um mês. Não queria estudar, era muito tímido, muito fechado, não conseguia ir ao colégio. Não estava louco não. A loucura foi ter me posto nas mãos de um psiquiatra que tinha ligações com uma clínica psiquiátrica, né? Não foram meus pais que me colocaram na jaula. Foi o psiquiatra que achou que o melhor era isso.

REVISTA A: Então você começou a escrever nessa época?

NOLL: Sabe, isso [o episódio da internação] *nunca contei para ninguém que pudesse fazer uma matéria em cima... Mas comecei a escrever por volta dos 17 anos.*

A informação, então inédita, não repercutiu nem virou uma reportagem, como o próprio escritor sugeriu a seu interlocutor – apesar da gravidade do fato. Noll nunca se recuperaria completamente do trauma da internação, que compôs parcialmente a trama de *Lorde*, romance lançado 40 anos depois do episódio (2004), e também trechos de *Canoas e marolas* (1999). Durante a estadia no "hospício", consolidou-se o golpe civil-militar que depôs João Goulart e que teria sérias consequências para aquele inquieto adolescente.

°°°

O fato mais grave envolvendo a mãe, contudo, se daria muitas décadas depois, no final dos anos 1990, em Florianópolis. Noll estava na pousada da irmã Maria Ecila, na Lagoa da Conceição, onde escrevia uma novela por encomenda da editora Objetiva sobre a preguiça, quando um dia, de supetão, a mãe chegou de mala e cuia para passar uma temporada no hotel. Dona Ecila sabia que João estava hospedado lá? Ninguém tem certeza. Mas o resultado da surpresa foi catastrófico.

"Quando o João viu a mãe chegando, arrumou a mala correndo e decidiu ir embora no mesmo instante, sem falar com ninguém, sem avisar, nada", narra a irmã Cilinha. José Carlos Schultz, cunhado do escritor, foi quem o tirou do que ele julgava ser um pesadelo. "Quando cheguei na pousada o Beto estava saindo portão afora, apressado, ofegante, com as roupas ainda penduradas na mala mal fechada, a máquina de escrever embaixo do outro braço. Não falou nada. Eu tinha um jipinho Gurgel e ofereci carona a ele. Levei-o para o embarcadouro da Lagoa, onde ele tomou uma baleeira em direção à Costa da Lagoa. Ficou lá por várias semanas, na pousada do Taba", relembra o cunhado.

Instalado na pousada onde só se chega de barco, Noll acabou se inspirando no dono do local para compor o protagonista de *Canoas e marolas*, conhecido apenas por Pacífico ou João das Águas. O homem, lembra Schultz, passava o dia inteiro zanzando com um martelo na mão, "procurando alguma coisa para bater, para ajeitar", enquanto a mulher cozinhava as refeições, lavava a louça, cuidava da pousada, recebia os fregueses no bar contíguo ao estabelecimento. "O casal adorava o Beto, adorava a convivência com ele", completa o cunhado. A editora Objetiva publicaria *Canoas e marolas* em 1999, dentro da coleção *Plenos Pecados*. João dedicou o romance, entre outras pessoas, a José Carlos Schultz.

Grosso modo, a narrativa se passa em uma ilha, referência evidente a Florianópolis, e envolve um homem que parte em busca da filha adulta que nunca conheceu. Ela é estudante de Medicina e participa de um programa experimental chamado "ablação da mente", direcionado a doentes terminais para que passem a "desdenhar dores, mazelas, infortúnios". O tal tratamento é uma referência nem tão implícita assim à internação de 1964, na medida em que ablação significa extirpar um órgão ou parte dele. Ora, extirpar a mente é algo paradoxal em termos médicos – significaria, assim como outros órgãos vitais, a morte do indivíduo. Mas determinados tratamentos psiquiátricos, como o choque insulínico, têm esse objetivo metafórico: apagar, zerar a consciência dos pacientes para que as mazelas de que se fala no romance possam ser colocadas em segundo plano. O próprio escritor se referiu, na citada entrevista à revista *Veja*, que o tratamento a que foi submetido havia sido "amnésico".

Noll expõe, em *Canoas e marolas*, os efeitos paralisantes do choque insulínico, como se a aplicação massiva do hormônio provocasse uma espécie de desfazimento de si mesmo. "Esse desfazer", diz o protagonista do romance, "não era ruim, me descansava de tudo." Ao mesmo tempo, "não conseguia dizer palavra, nem sequer pensar, e voltei para aquela sensação diluída em sal-em-neve-em-nada." No caso de *Lorde*, o narrador é levado a um hospital de Londres onde um médico enfia uma agulha em sua veia. "Não me lembro de ter sentido tamanha satisfação em toda a minha vida", diz o protagonista. "Eu confiava no contrário: que durante aquele internamento o homem a palpitar em mim e que eu ainda não conhecia de fato teria melhores condições de vir à tona. Que quando acordasse do efeito anestésico passaria a conviver com outra hipótese de mim mesmo e que iria trabalhá-la em segredo (...). Eles tinham me internado por uma razão que eu desconhecia. E a usaria para nascer."

Ao mesmo tempo em que se refere ao passado dramático da insulina, Noll também deixa implícito em *Canoas e marolas* – mesmo que não se refira a ele diretamente – o episódio que o levou à chamada Costa da Lagoa da Conceição. A descrição da chegada do protagonista ao local é absolutamente precisa do ambiente real em que o romance foi gestado: "Desço num trapiche, lugar já avançado, sem estradas, só uma estreita e longa, longa trilha para os pés entre as fraldas da serra. (...) Pois desci da baleeira meio combalido, sentindo joelhos e ancas e a pensar, a pensar o que me esperaria ali, se bom, se razoável, se funesto".

Em um trecho anterior à sua chegada à pousada Nova Ilha (o nome real do local que hospedou Noll é Sabor da Costa), "um pequeno prédio avarandado, com certeza de quartos para hóspedes, num caminho meio barrancoso", Pacífico/João das Águas despeja sua falta de autoestima e adverte sobre as razões do isolamento: "Eu gostaria de dizer a vocês o seguinte: se afastem de mim, o que tenho contamina, vicia, amortece; se afastem de mim enquanto é tempo, pois se ficarem por perto vão acabar fazendo na calça como eu, vão acabar fedorentos e maltratados sobre um leito de enfermaria pública nessa zona carente chamada de país".

Noll se expunha pouco para a família. João é descrito como um sujeito "fechado", "caladão", que "vivia dentro de uma mala [devido às viagens frequentes]", mas que, paradoxalmente, era capaz de gestos de afeto e de carinho imprevistos. Com a sobrinha Janaína, em Porto Alegre, frequentou baladas gays por pura diversão. Com a irmã de Janaína, Julia, que era sua afilhada, tomava café regularmente em locais públicos, cerca de uma vez por mês, quando se inteirava das novidades familiares. Frequentava pouco as irmãs, embora tenha visto Maria Alice também em um café do Centro de Porto Alegre poucos dias antes de morrer. Como escreveu na citada carta à Cilinha, de 1981, "quando tudo parece a completa escuridão sem saída, vem a luz e inauguramos novos convívios com os que nos cercam".

Tinha, porém, arroubos explosivos em relação a pessoas queridas, como no episódio em que cobrou de Maria Ignez Estrada a devolução de um livro que ele havia emprestado a Ana Arruda, viúva do escritor Antônio Callado. Noll havia sido convidado para a Feira do Livro de Frankfurt, em 2013, e queria levar uma antologia do conto brasileiro, editada em alemão em 1983, na qual havia uma narrativa dele, para leituras públicas. Em um e-mail cheio de ironia, enviado em 8 de julho de 2013, pede ajuda à ex-mulher para reaver o livro:

> *Querida Inês:*
>
> *Vou a Frankfurt em outubro para a Feira do Livro que vai homenagear o Brasil. Tenho ligado pra você mas não tenho te encontrado. A Ana Arruda ficou com a minha antologia do conto brasileiro por uma editora alemã[4]. Talvez seja pouco provável que ela queira me "emprestar" o livro para levar pra lá para mostrar aos interessados. Mas que pelo menos ela me passe os dados do livro que eu não lembro: título, organizador (Schreiner o sobrenome), editora, data de lançamento etc, para que alguém, encontrando-o, possa ler meu*

---

4 *Zitronengras neue brailianishe Erzäler, ein Lesenbuch* (*Capim-limão: novos contistas brasileiros, uma antologia*), organizada por Michael Schreiner. Kiepenheuer & Witsch, 1983.

conto numa ocorrência pública. Se você passar o telefone dela, eu posso ligar.
Abraços, João.

Esses altos e baixos de Noll explicam, também, os postais carinhosos que enviava à mãe, apesar da relação turbulenta entre os dois. De Porto Alegre, em 6 de novembro de 1986, manda votos de "rapidíssima recuperação" para dona Ecila, que convalescia na casa da filha Anamaria, no Leme: "Os jacarandás estão em flor, Porto Alegre te espera", escreve. Do Rio, em 14 de novembro de 1988, narra que seus "negócios" na cidade "estão correndo muito bem" – provável referência a *Hotel Atlântico*, o qual seria lançado pouco tempo depois. Em 26 de março de 1989, escreve informando sobre a divulgação do livro e agradece o cartão de Páscoa enviado por dona Ecila. Em todos, termina as cartas breves com beijos "saudosos" e uma assinatura carinhosa usada por ele apenas nessas correspondências para a mãe: Gil.

Igualmente, era capaz de momentos de ternura extrema com as irmãs, pelas quais tinha sentimentos tão conflitantes. Para as três mais velhas – Maria Alice, Cilinha e Anamaria – dedicou *A fúria do corpo*, em 1981. No final dos anos 1990, já com *Canoas e marolas* praticamente terminado, mudou-se da pousada Sabor da Costa para uma casa alugada do escritor Tabajara Ruas na localidade de Canto dos Araçás – também na Lagoa da Conceição, onde só se chegava a pé, mas, ainda assim, bem menos isolada que a anterior. Cilinha e José Carlos Schultz passaram o Natal de 1998 com ele no chalé, "com enfeites na porta e tudo", lembra a irmã. Um ambiente de harmonia e paz. Já no Ano Novo, o tempo virou. João estava mal-humorado, como recorda a irmã, "debochou dos fogos de artifício", destratou o casal, que queria levá-lo em casa, e bebeu além da conta na ceia desfrutada em um restaurante à beira da lagoa. "Foi chocante", recorda Cilinha.

Nas últimas vezes em que se viram, a lembrança é de um João apreensivo, preocupado, melancólico. Eles se encontraram em um café da Lagoa da Conceição e conversaram pouco. "Andava muito incomodado. Muito agitado", reporta o cunhado. "Acho que algum livro estava nascendo na cabeça dele", completa. A família entendia pouco, quase nada, dos romances dele. Cilinha, por exemplo, não conseguia ler. Maria Alice também sentia dificuldades. Anelise diz que "identificava muita coisa" nos romances que remetiam a situações particulares. "Pesava para nós, como família", compara. "Eram sofrimentos íntimos, que tornavam a leitura muito pesada."

°o°

O psiquiatra Chaim Samuel Katz, que atenderia João Gilberto Noll no Rio de Janeiro muitos anos depois da internação e que acompanhou de perto a produção de *O cego e a dançarina*, lembra de um intelectual "erudito" e de um leitor "plenamente atualizado". Mas chama a atenção para um detalhe: "a dita família não lhe era particularmente importante; as amizades, sim". Também surpreendem o psiquiatra a extrema penúria de João e o quanto o incomodava a falta de estabilidade econômica para produzir. Na entrevista ao suplemento *Autores Gaúchos*, do IEL, Noll diz que levou todo seu primeiro livro para o analista e que este "não dizia nada, foi impecável". O psiquiatra recorda a figura física do escritor, da fala com "tonalidade nasal", da preocupação com a temática homossexual e da crença "num deus que não vinha de dogmas". João, observa o psicanalista, "era um duro" – o que não impediu "sua bela produção e suas lutas expansivas". Mas os amigos, de fato, eram tão ou mais importantes que a família.

O escritor Sérgio Sant'Anna era um desses amigos diletos. O autor de *Anjo noturno* (2017), que morou boa parte da vida no bairro de Laranjeiras, no Rio de Janeiro, conta que Noll foi seu vizinho durante uns poucos anos, na temporada em que desfrutou da cidade quando dava aulas na UERJ. "Eu era leitor e grande admirador do Noll. Na verdade, eu o considero o melhor escritor brasileiro", resume Sant'Anna, que o homenageou no conto *Augusta*, que abre *Anjo noturno*: Helena, a protagonista da história, tem alguns livros na cabeceira de sua cama, "o que está por cima é *Harmada*, de João Gilberto Noll". Sant'Anna diz que foi uma forma de saudar tanto o autor então recém-morto quanto o livro, "um romance de que gosto muito".

"Éramos amigos, embora nos víssemos pouco. Mas posso dizer que durante uns poucos anos ele foi praticamente meu vizinho aqui em Laranjeiras, nos encontrávamos ao caso numa lanchonete aqui na minha esquina e batíamos um papo de pé mesmo, no balcão. Às vezes tomávamos umas e outras no bar e restaurante Mama Rosa, pertíssimo do apartamento que ele alugava, pois, curiosamente, sendo gaúcho, morava na rua Alegrete. Aí conversávamos um pouco sobre tudo. Para ele voltar para casa, bastava atravessar a rua das Laranjeiras. Mas às vezes eu saía antes e o João, tendo bebido e sendo uma rua movimentada, me deixava preocupado ao ter que atravessar aquela via", rememora o escritor. A rua Alegrete tem apenas uma quadra e fica a dois quarteirões do Cosme Velho, bairro que viu florescer o talento literário de Machado de Assis.

"Lembro-me também de nos termos encontrado", prossegue Sant'Anna, "umas duas ou três vezes no Café Lamas [bairro do Flamengo, vizinho de Laranjeiras], reduto de artistas, jornalistas e boêmios em geral. Fui ao lançamento e também um dos primeiros leitores de seu primeiro livro, *O cego e a dançarina*, do qual gostei muito e recomendei a muitos amigos. Lembro-me também de ter ido ao lançamento de seu *A fúria do corpo*, grande romance. Recentemente, fui a uma palestra do ótimo escritor argentino César Aira e ele falou para a plateia de toda a sua imensa admiração pela obra de Noll. A última vez em que nos vimos foi num centro cultural para assistir a um filme, se não me engano de Susana Amaral [2009], tirado do seu *Hotel Atlântico*. Aliás, o filme ficou muito bom. O livro é aquele em que o personagem fica sem uma das pernas", disse o escritor.

César Aira confirma a admiração narrada por Sant'Anna. "Eu o conheci em um encontro de escritores realizado em Curitiba, nos anos 1990, mas como não havia lido nada seu até então, não conversamos. Nunca mais voltei a vê-lo", lamenta o argentino. "Descobri seus livros anos depois desse encontro e fiquei deslumbrado com seu gênio literário. Tinha vontade de poder dizer a ele pessoalmente, mas não houve mais oportunidades. Uma vez fui a Porto Alegre [para a FestiPoa Literária de 2012], mas o Noll estava doente e não nos vimos. O mesmo ocorreu quando fui a Paraty [para a Festa Literária Internacional de Paraty (Flip) de 2007]: haviam convidado, mas ele não pôde ir. Creio que é o maior escritor brasileiro desde Guimarães Rosa. Espero que tenha sabido, por entrevistas que acabei fazendo aí no Brasil, o quanto o admirava", declara Aira.

Na entrevista que deu ao escritor Joca Reiners Terron no final de abril, durante uma atividade da FestiPoa Literária desse ano (2012), realizada na Casa de Cultura Mario Quintana, Aira menciona a admiração por Noll: "Para mim, a literatura brasileira é a mais rica do continente sul-americano. Foi até mesmo um problema para mim quando li Guimarães Rosa: era um escritor tão monumental, tão grande, que me deixou desolado, que não valeria tentar escrever, uma vez que jamais seria capaz de fazer algo como Guimarães. Dalton Trevisan também segue sendo um dos meus favoritos. Mas João Gilberto Noll passou por mim e foi tão aterrador como Guimarães Rosa. Pensei: eu deveria ter escrito aquilo", confessa. Nessa edição do evento, Noll deveria ser entrevistado, na mesma noite de Aira, pelos escritores Marcelino Freire e Altair Martins – uma gripe severa, porém, o tirou da programação. Sérgio Sant'Anna, por sua vez, deveria acompanhar Aira na entrevista com Terron – Aira traduziu *O voo da madrugada* ("Há um fundo dramático especial na literatura do Sérgio, um espanto, um horror, um peso em seguir vivendo") para o espanhol, mas o escritor carioca também foi acometido de um resfriado que o impediu de viajar do Rio a Porto Alegre. "Não sei como me exorcizar dessa sensação agora, sobretudo a sensação que veio a partir de *A fúria do corpo* (1981). Espero que algum tradutor argentino consiga fazer justiça a esse trabalho", completa Aira.

A justiça a que se refere Aira ainda não foi feita.

°°°

Outro grande amigo de Noll, se não o principal, foi o filósofo Celso Marques (hoje Monge Seikaku). Os dois se conheceram no icônico Colégio Julio de Castilhos, que formou gerações e gerações de intelectuais, escritores, artistas e políticos no Rio Grande do Sul. Consultaram a mesma psicóloga, Ítala Puga, para amenizar as angústias da transição entre a adolescência e a idade adulta e buscavam desesperadamente "um caminho", como lembra o amigo.

"Ele já escrevia muito nessa época [a partir de 1965] e me mostrava algumas coisas, tinha uma vocação muito forte para a literatura, embora ainda transitasse pela música", diz. A turma incluía ainda a estudante de artes visuais Fernanda Cosme, que foi namorada de Noll na adolescência, as irmãs de Marques, Laís e Sílvia, a estudante de Física Sônia Albuquerque, e Luiz Carlos Felizardo, que se transformou em um importante fotógrafo de arte. Todos na casa dos 20 anos. Todos, com exceção de Celso Marques, intérpretes no Coral da Filosofia da Universidade Federal do Rio Grande do Sul (UFRGS) – célebre conjunto dirigido pela regente francesa Madelaine Ruffier. João era um dos cinco tenores do grupo, que tinha ainda quatro sopranos, quatro contraltos e cinco baixos.

Marques também lembra de Noll como um jovem "arguto, com uma visão crítica muito lúcida" e que, nesse período, teve um impacto muito forte com a literatura do escritor norte-americano Henry Miller, especialmente *Trópico de câncer* [de 1934, mas que ficaria proibido no Estados Unidos até 1961 devido ao seu conteúdo obsceno para os padrões puritanos da época] e *Trópico de capricórnio* [1939], e dos poetas Ezra Pound (1885/1972) e T.S. Eliot (1888/1965). Marques descreve a reação a Miller como "profundamente impactante". Em entrevista ao romancista José Castello para o projeto *Um escritor na biblioteca*, da Biblioteca Pública do Paraná, em 2012, Noll irá se referir a Marques, sem citá-lo nominalmente, como "uma figura muito importante" na sua formação intelectual. "Meus pais eram indiferentes às minhas leituras. Mas tive um amigo no colégio, um cara mais velho, que me introduziu a muitas coisas, como, por exemplo, a livros. Ele me emprestou *O apanhador no campo de centeio*, *Trópico de câncer*, que é até hoje um dos grandes livros da minha vida, principalmente esse, os outros do Henry Miller nem tanto. E coisas assim como Françoise Sagan. Comecei a conhecer Sartre através dele. Ele me mostrou a Bossa Nova, o Jazz etc. Realmente eu devo muitíssimo a ele", revela. "Esse mesmo amigo", prossegue Noll, "me apresentou também a obra de T. S. Eliot. Fiquei encantado com aquela tradução do nosso poeta Ivan Junqueira, dos *Quatro quartetos* [1941]. Dos livros que ele me encaminhou, foi o que mais gostei. Eu queria uma coisa assim, que não precisasse falar tanto de enredo, quer dizer, sou um ficcionista um tanto desnaturado, de linguagem, não cultivo tanto o enredo, e o Eliot dava só tópicos, daquelas ruínas, daquela coisa desértica, uma certa decadência muito interessante, muito atrativa para um jovem que vinha criticando ferozmente as coisas institucionais como a família, o colégio e outra coisas que comecei a execrar naquela época. Na minha literatura tem um cara inconstitucional, sem família, desfamiliarizado. Parece que isso foi gestado já ali. E através, principalmente, da grandiosidade da obra de T.S. Eliot", conclui.

Alguns anos antes, em 2004, em uma entrevista à revista *Arte&Política*, Noll já havia citado Henry Miller como uma de suas principais influências literárias: "Eu tive uma ligação também com Henry Miller, aquela prosa, digamos, completamente desburocratizada, quer dizer, ele chama as coisas com os nomes que elas costumam ter no cotidiano das pessoas, principalmente as coisas de fonte erótica", disse ao jornalista e escritor Miguel do Rosário.

As leituras de Miller acabariam influenciando em grande parte a narrativa de *A fúria do corpo* (1981), primeiro romance de Noll que acabou provocando perplexidade na crítica depois do sucesso – e da unanimidade – de *O cego e a dançarina*. Em primeiro lugar pelo gênero, já que soaria natural que o autor persistisse em um estilo – o conto – que havia provocado ótimos resultados de público e de crítica. E que também era considerado por ele como um gênero mais promissor que a narrativa longa.

Depois, pela violência crua e escatológica do romance, além da forte carga sexual, que coloca frente a frente um personagem masculino sem nome (o livro começa com a frase antológica "O meu nome não.") e uma prostituta nomeada Afrodite por esse narrador e que tem, nas palavras dele, "a mais poderosa das belezas". Os dois moram na rua, são mendigos, embora herdeiros de certa tradição imperial, o que confere um tom francamente político à narrativa, ambientada em plena ditadura – há generais entrando e saindo de carrões, "milicos que tinham assaltado o Poder da nación brasileña igualzinho um gibi com uma heroína toda sexy exterminando o Gênio do Mal", há Esquadrão da Morte, há balas perdidas. "(...) aqui estamos nós dois na rua de Copacabana, sem um puto tostão na algibeira, sem cama, sem comida, olhando os transeuntes como quem não pode mais entrar no jogo inútil".

Mas é no sexo, no sexo não glamurizado (apesar de nominar sua personagem como Afrodite) e violento proposto por Noll que *A fúria do corpo* se resolve: olhando em perspectiva a dura vida de infante que teve, as provações no sanatório, as perseguições políticas, a timidez excessiva que bloqueava suas relações pessoais, o romance pode ser lido, e efetivamente foi, como uma reação pessoal a todas as amarras que o impediram de ser livre até então. Uma "poética do grito", na definição do crítico Alfredo Monte em resenha na *Folha de S. Paulo*. O escritor e crítico Silviano Santiago lhe dedicou um pequeno ensaio, *O evangelho segundo João* (1982), em que destaca o caráter transgressor do romance e o contexto de absoluta repressão conservadora (de que Noll foi vítima direta) na política e na estética.

No texto, Santiago inicialmente opõe o corpo "racional, musculoso e arquiteturado do atleta ou do bailarino, dos surfistas de ocasião ou dos acadêmicos das artes marciais" (o Rio vivia, no início dos 1980, a eclosão do culto ao corpo nas academias e nos ambientes abertos) ao que classifica, em *A fúria do corpo*, como "a graça e a raça do erotismo, pela fome *brasiliensis* e pela nossa miséria larvar". Para derivar, daí, ao que ele chama de "caráter cristão" do romance, que apresenta o desejo como caminho espiritual, o desejo como libertação dos bons sentimentos da religião, que a adequam ao ideal burguês, como desespiritualização da religião bem-pensante, como valorização da liberdade individual que as revoluções desprezam quando se burocratizam.

Para chegar a esse patamar, entretanto, é necessário, como diz Santiago, abandonar uma relação racional e analítica com a linguagem, que é o grande trunfo do romance de Noll:

> *Para escritores como João Gilberto, uma frase não é composta. Ela poreja. Gilberto-Evangelista* [um dos supostos nomes do protagonista] *se situa aos antípodas de um projeto construtivista de arte. A frase sai aos borbotões, pois ela é o ser do homem que fala. A frase surge das instâncias do desejo e da afirmação individual com vistas ao coletivo. É comunhão com o outro e celebração do divino sobre a terra.*[5]

---

5 *Nas malhas da letra: ensaios*, Silviano Santiago, Editora Rocco, 2000.

Entretanto, em que pese a originalidade da escrita, por todos reconhecida, o romance foi tachado de "excessivo", "barroco", "hiperbólico". A irmã mais velha, Maria Alice, conta que disse a ele que havia ficado "com asma" ao ler o romance. "Era isso que eu queria, que maravilha", respondeu João.

O romance, segundo carta enviada por Noll ao irmão Luiz e à cunhada Jussara, datada de 10 de julho de 1981, foi concluído entre final de junho e começo de julho desse ano. "Sábado passado [4 de julho] fizemos uma festinha pra comemorar o fim do meu romance, estava ótima. A Ignez está passando a limpo o romance, deve terminar neste fim de semana. Não paro de ler ele, estou apaixonado pelos personagens, pra mim é como se fossem vivos, com sangue e tudo. Agora chegou o momento de transar editora. Quero muito publicar o livro ainda este ano [1981]. Vamos ver. Quanto ao título, pintaram três: *Baixo paraíso*, *Provas de amor* e *Volta ao paraíso* – até agora eu estou bem mais inclinado por *Volta ao paraíso*", conta. A carta informa ainda sobre a intenção de João e Ignez passarem uns dias em Porto Alegre. "A Ignez está empolgadíssima, ainda mais apaixonada que nunca pelo Sul."

Noll não escondia a excitação em ter terminado o livro, como confessa em nova carta ao irmão – com data de 4 de agosto de 1981. "Estou alegre, triste, tudo, por ter terminado meu romance me dá tudo isso junto: alegre porque é bom demais terminar um trabalho que se gosta e tanto, triste porque dá vontade de regredir para o momento de criá-lo (o melhor da festa), e agora vejo meus personagens indo embora pro mundo, me abandonando (...) Ando muito nervoso por tudo isso, e depois preciso decidir por esses dias em qual editora vou publicá-lo." Noll informa que mandara os originais para a L&PM, para a Nova Fronteira e para a Record, que venceria a disputa com as outras duas e publicaria *A fúria do corpo* a toque de caixa ainda no mesmo ano de 1981. Na carta, Noll informa também que, inspirado em um romance francês, "que deve ser considerado de terceira qualidade", chamado *A ciência do beijo*, cogitava nomear seu romance com o título *A fúria do beijo*. Noll também demonstra imensa gratidão a Ignez, "uma companheira maravilhosa, a gente cada vez mais apaixonados".

Rio, 10/7/81

Queridíssimos manos:

Hoje, aqui no DNOS, me deu vontade de escrever pra alguém e, claro, foram vocês dois que logo apareceram na minha cabeça. As novidades vocês já estão sabendo, i mas uma vontade d dar um alô, dizer que Maria Iguaçu e eu vamos levando essa vida que anda dura pra todo mundo, e vamos levando acho eu da melhor maneira possível, levando uma vida em comum muito gostosa, o apartamento ficando cada dia mais aconchegante. Ah, uma novidade: estou fazendo churrasco no forno também, já fiz dois que ficaram ótimos. Quando a gente juntar por aí tu e o Luiz vamos fazer um concurso de carne no forno, combinado?

Sábado passado fizemos uma festinha pra comemorar o fim do meu romance, estava ótima. A Iguaçu está passando a limpo o romance, devo terminar no fim de semana. Nós paro de ler ele, estou apaixonado pelos personagens, e pra mim é como se fossem vivos, com sangue e tudo. Agora chegou o momento de traçar editora. Quero muito publicar o livro ainda este ano, vamos ver. Quanto ao título, pintaram três: "Baixo Paraíso", "Provas de Amor" e "Volta ao Paraíso" — até agora eu estou bem mais inclinado pro "Volta ao Paraíso". Por falar nisso, achei ótimo o recorte sobre o concurso literário que vocês me mandaram, vou participar sim.

A gente tá querendo muito pintar aí em Porto Alegre agora em julho, vamos ver se vai dar, é que avião da FAB é difícil de conseguir em julho, e avião comercial tá caro demais. Mas não sou só eu que estou querendo ir, a Iguaçu está empolgadíssima, anda mais apaixonada que nunca pelo Sul, e quando são dois a querer alguma coisa é mais fácil de se conseguir, né?

Em outra carta, dessa vez ao amigo Celso Marques, escrita em 3 de novembro de 1982, quando participava do International Writing Program em Iowa City (Estados Unidos), João responde emocionado às ponderações do amigo sobre *A fúria do corpo* e descreve as dificuldades para se livrar do processo que o levou a escrevê-lo. "Não sabes o quanto gostei do que escreveste sobre o meu livro na carta! Acho que é o ardor que demonstraste com a leitura o que me comoveu: é como eu estivesse recebendo de volta o ardor em que lancei na escrita. 'A Fúria' por um lado me deixou meio esvaziado (quem sabe a sensação exata do pós-parto), por outro me mantém ainda muito dentro dela – o que atrapalha enormemente o me-encontrar (sic) para outro projeto. Esse processo de abandonar o livro está sendo um tanto custoso agora para mim. Vem surgindo um novo projeto sim [*Bandoleiros*, o qual seria lançado em 1985], mas é preciso esquecer totalmente Afrodite para que ele possa entrar-sair, ocupar o espaço necessário."

Na mesma correspondência, Noll chega a usar as expressões "obsessivo" e "desesperadamente" para se referir ao processo de escrita que, então, começava a tomar conta dele. E retoma o tom místico e angustiado de outros tempos, ao comparar seu envolvimento com a literatura com uma missão. "Esse negócio de escrever para mim vem tomando cada vez mais uma feição obsessiva. Então, ficar nesse intermezzo entre um livro e outro dá uma falta de justificativa pessoal muito grande. O que me salva nesses momentos é que tenho um lado que eu diria místico, que me faz pensar numa coisa meio de missão, pensar que o outro livro terá de vir cedo ou tarde, simplesmente porque é isso o que eu mais desesperadamente quero".

Um ano e meio depois, em outra carta a Marques, João finalmente anunciava que havia três meses começara a escrever o que seria o romance *Bandoleiros*. E que teria pela frente mais três ou quatro meses de trabalho. Mais uma vez, trata-se de uma confissão desesperada: "Celso, que barra a escrita desse livro! Como deves supor pelas características do meu trabalho, eu só escrevo em estado de possessão, de surto. (...) A experiência da escrita se torna então uma aventura cega, labiríntica, um não-saber-onde-chegar-sabendo. E altamente sacrificial, litúrgica. A sensação de feitura deste romance é: a cada nova linha mais próximo da Morte". Noll relata ainda que tinha medo de concluir a narrativa e que em alguns momentos sentia vertigens ao escrever – e não em sentido figurado, adverte. "No duro!", afirma.

°₀°

Também na época em que andava com a turma de Celso Marques, o então estudante de Letras Caio Fernando Abreu começou a aparecer na vida de João. Marques o viu pela primeira vez na casa dos Noll, no bairro Floresta, quando os dois – Caio e João – trocavam seus escritos e comentavam sobre a produção literária de cada um. A ele pareceu nitidamente que os dois "tinham um caso". Era uma época de moralismo extremo, contextualiza Celso, e a relação muito próxima de Caio e de João "incomodou" o então "machista e preconceituoso" estudante de Filosofia – segundo definição dele próprio.

Caio Fernando Abreu e João Gilberto Noll se conheceram na graduação da Faculdade de Letras da UFRGS no começo de 1967 – Abreu abandonaria o curso logo em seguida, em 1968, para integrar a primeira equipe de redação da revista *Veja*, em São Paulo, e Noll também não iria longe, só terminando-o em 1979, no Rio, na Faculdade Notre Dame. Noll completaria 21 anos em abril daquele, enquanto o colega nem chegara aos 18. Em entrevista ao escritor Maurício Salles Vasconcelos no programa *Contistas brasileiros*, da Rádio MEC, em 1983, Abreu descreve assim esse encontro: "Havia na minha turma um rapaz muito estranho, muito tímido, que lia muito e fazia provas ótimas de literatura. Era o João Gilberto Noll. Imediatamente nos tornamos grandes amigos e acabamos fazendo nossa formação literária juntos. Só que o João escondia os textos dele, eu tinha que roubar para conseguir ler. O João ia mais devagar. Eu, por outro lado, não tinha muito pudor com meus escritos. Na época o João escrevia poesia e eu o estimulava bastante. Líamos muito Proust, Sartre, Camus…".

Na biografia de Caio, *Inventário de um escritor irremediável* (2008), Jeanne Callegari descreve em um pequeno trecho o que seria a rotina dos novos parceiros. "Nessa época, sua melhor amiga [de Caio] é Maria Lídia Magliani, artista plástica [que ilustraria vários contos dele no *Caderno de Sábado* do *Correio do Povo*] Ela e Caio formavam uma dupla e tanto: ele alto, branquelo e magricela, ela baixinha, negra, volta e meia com tinta nos cabelos ou nas mãos. Ambos vestidos de preto da cabeça aos pés. Não porque quisessem ser diferentes; havia uma dose de humor na postura existencialista dos dois, que estavam preocupados mesmo é em ser fiéis aos rumos que haviam escolhido. De vez em quando, andava com eles o futuro escritor João Gilberto Noll. Sentavam-se em um banco da praça em frente à universidade e conversavam sobre filmes, livros, discos. Nessa época, Noll ainda não sabia se escreveria prosa ou poesia, mas Caio, embora ainda se preocupasse em descobrir um estilo pessoal, que fosse só seu, parecia já ter definido desde muito cedo o que queria. Tanto que já tinha até escrito *Limite branco*, um romance de formação que só viria a ser publicado em 1971 e do qual Noll foi um dos primeiros leitores." Caio dedica seu romance de estreia justamente a Noll e a Magliani.[6]

Não há mais nenhuma menção ao escritor na extensa biografia, como se Caio e Noll tivessem sido amigos apenas ocasionais. Foram bem mais que isso. Caio transferiu-se para São Paulo em 1968; a convivência íntima com João Gilberto Noll, portanto, foi realmente curta, pouco mais de um ano. Porém, intensa o suficiente para deixar marcas. Gláucia Camargos, que abrigou Noll no apartamento da rua Nascimento Silva, em Ipanema, no final dos anos 1970, recorda da reverência com que Caio era lembrado por seu protegido. "Para ele era uma coisa assim sagrada, né? Era uma referência muito importante, por quem o João tinha muito respeito. Não vou me arriscar a dizer isso, porque não tenho tanta memória, mas tenho quase certeza que eles tiveram um caso muito forte. Sempre que o João falava do Caio era com muito respeito, com muito carinho e como uma coisa marcante na vida dele. Mas não mencionava fatos, acontecimentos. O João não era disso. É provável que tenha sido o primeiro homem da vida dele, o primeiro grande amor", arrisca Gláucia.

---

6 Na edição comemorativa dos 25 anos de *Limite branco*, em 1992, Caio conta que escreveu o romance durante "dois ou três meses, à tarde e à noite", em uma pensão do Centro de Porto Alegre, enquanto cursava Letras na UFRGS, pela manhã. "No curso eu encontrei meus dois primeiros grandes amigos: Magliani e João Gilberto Noll. (...) A eles – que acreditaram em seus sonhos e por isso me fortalecem – o livro continua dedicado."

Totalmente opostos em termos de personalidade – Caio era solar, tinha pilhas e pilhas de amigos, enquanto João era sombrio e solitário – e com objetivos díspares para suas carreiras, os dois amigos não têm correspondência conhecida. Caio também tinha uma predileção por escrever (e receber) cartas, haja vista a profusão de material inédito que ainda está à espera de edição. E considerava sua correspondência para o futuro. A pesquisadora Camila Morgana Lourenço[7] aponta que havia cerca de 300 escritores entre seus correspondentes – e não há registro de uma só carta para João Gilberto Noll nesse lote imenso.

O que teria acontecido que os afastou de forma tão definitiva? Uma hipótese, apenas: Caio era descrito pelos amigos como um sujeito "que se apaixonava todos os dias", criando relacionamentos "intensos e breves" que o consumiam mentalmente. João era o oposto: arredio, beirando as raias da antipatia devido à timidez, se relacionava de modo mais vagaroso com as pessoas. O caso, apesar de intenso, se de fato houve, não tinha como dar certo. Na biografia citada de Caio Fernando Abreu, Callegari explora esse lado abundante do autor de *Morangos mofados*. Escreve ela: "Ele [Caio] se apaixonava muito, e sempre. Por várias pessoas ao mesmo tempo, às vezes. Chegou a sustentar três ou quatro casos ao mesmo tempo, em graus de comprometimento variados, em geral não muito altos – o que não quer dizer que não estivesse perdidamente, loucamente apaixonado. Caio sofria, sofria, sofria de amor. Sofria de paixão. Sofria de rejeição, muitas vezes – porque quem ele queria não o queria".

O crítico teatral e professor Antônio Hohlfeldt, que conhecia João dos tempos do Colégio Julio de Castilhos, diz que sempre lhe chamou atenção a solidão de Noll. "Ele estava invariavelmente sozinho, isolado. No Julinho, sentava sempre atrás, nas últimas classes. Era completamente arredio. Quando chamado a responder sobre alguma questão, falava. Mas era curto, bem lacônico. No ano seguinte, na faculdade, ele circulava um pouco com o Caio e com a Magliani, mas foi por um período muito breve. Talvez menos de um ano", lembra.

Marcelino Freire, que foi amigo de Noll, também narra um episó-

---

7 *Entre o arroubo e a esquiva: as confissões de Caio Fernando Abreu.* Dissertação defendida na Universidade Federal de Santa Catarina, 2007.

dio que afasta os dois escritores mais do que os aproxima. Convidado para a Balada Literária de 2016, evento organizado por Freire em São Paulo, que teria uma homenagem a Caio Fernando Abreu, Noll desistiu de sua participação poucos dias antes da agenda. Relembra Freire: "Quando encontrei com Noll em Brasília, aproveitamos para amarrar direitinho a presença dele na homenagem da Balada Literária ao Caio Fernando Abreu. A Balada aconteceria em novembro de 2016. Eu havia convidado o Noll via e-mail. Ele aceitou. Mas uns quinze dias antes ele me escreveu dizendo que não gostaria de ir, porque pensariam que ele teria sido muito amigo do Caio e isso não era verdade. Ele esteve com Caio talvez uma única vez, me argumentou. Admirava o trabalho dele, mas não era amigo. Eu ponderei que não era essa a tônica do encontro. Mas mesmo assim ele não se convenceu. Eu conhecia bem o Noll e não gostava de insistir quando ele colocava algo na cabeça... não queria perturbá-lo. Combinamos então de que ele viria uma outra vez na Balada", diz.

João e Caio se encontraram muitas vezes na juventude, ao contrário da justificativa transmitida a Freire, e voltariam a se encontrar em eventos públicos, várias vezes, em lançamentos de livros, em debates literários, em feiras, em Porto Alegre ou em São Paulo, no Rio. Em entrevista de 2016 a Fernando Ramos e Gabriel Pardal no programa *Ligações Perigosas*, transmitido pela rádio Mínima, de Porto Alegre, Noll chega a dizer que o amigo foi uma das pessoas que mais o marcaram na vida. "A gente nunca se perdeu um do outro. Nos vimos muito pela vida afora. A obra dele é uma crônica da sua geração [portanto, da geração de Noll também] como poucas. É um testemunho agudo da geração do rock, das drogas e do desbunde", diz na entrevista. Curiosamente, moraram por curtos períodos muito próximos no Rio de Janeiro em 1971 – João em Copacabana, Caio em Botafogo. Contudo, não há registros de encontros, conversas, trocas de informações. Caio também morou por dois períodos em Santa Teresa – em 1972 e em 1982, datas em que João vivia no Rio. Em Santa Teresa, como já foi mencionado, João costumava fazer longas audições de jazz (especialmente Keith Jarret) com o namorado na casa de amigos a partir de 1972. Mas, novamente, não há registro de encontro entre ambos.

Em 1981, Caio escreveu uma alentada resenha de *A fúria do corpo* para a revista *Veja* onde incluiu várias afimações de Noll – sinal de que conversaram, pelo menos por telefone. Nela, Caio diz que a "caudalosa escrita" de Noll é cheia "de fogo e paixão", que o romance pode ser lido "de um fôlego ou mansamente", além de provocar "uma empatia desesperada ou náusea". "Sem pudores de tema ou ritmo, Noll concede-se a liberdade de tornar seu ofício um meio de trazer à tona algumas camadas trevosas do ser humano", pontuou.[8] Para Caio, Noll "saiu ileso" da ousadia que foi escrever *A fúria do corpo*.

Em crônica para *O Estado de São Paulo* de 14 de maio de 1995, Caio descreve as duas temporadas em Santa Teresa: "Lá por 1971 [a biógrafa Jeanne Callegari afirma que já era 1972], fui morar numa espécie de minicomunidade hippie com Lima, Lili e Tereza, perto do Morro Silvestre. Nos fundos do apartamento, um abismo de bananeiras, flores tropicais selvagens que ninguém sabe o nome. Vezenquando alguma cobra atravessava a rua, bem natural. E nós tão hippies, mas tão hippies que volta e meia, geralmente nos sábados à tarde, o pintor Luiz Jasmim (onde andará?), que morava ao lado, colocava as caixas de som na janela e a trilha sonora de *Hair* bem alto, só pra nós. Os acordes de *Aquarius* ou *Let the sunshine in* eram uma declaração de simpatia ao mesmo tempo explícita e delicada. Se éramos felizes? Não sei, éramos jovens", relembra.

Já em 1982 a pegada era mais leve: Caio morou sozinho no Hotel Santa Teresa, onde escreveu *Triângulo das águas*, e se dedicava a longas caminhadas solitárias pelas ladeiras do bairro. Mais uma vez, nenhuma referência a João.

Nesse mesmo ano de 1995, em Porto Alegre, Noll escreveu o poema *Nesta praça*, uma encomenda para a tradicional Feira do Livro da cidade, e o dedicou a Caio Fernando Abreu, patrono daquela edição do evento, bem como à socióloga e ativista Lícia Peres e ao jornalista e escritor Rafael Guimaraens. O poema é datado de outubro de 1995 – portanto, menos de quatro meses antes da morte de Caio, ocorrida em 25 de fevereiro de 1996. "Quem é essa malícia fina/que me escapa da fronte/e hiberna no meu caderno de aprendiz?", pergunta João, em uma referência implícita ao amigo.[9]

Pouco tempo depois, com a morte de Caio, João se mostra vi-

---

8 Revista *Veja*, nº 693, p. 100. (16/12/1981)

9 *Jornal Porto & Vírgula – Feira do Livro*, publicação da SMC de Porto Alegre, 1995.

Nesta praça

João Gilberto Noll

(para
Lícia Perez
Rafael **Guimaraens**
e
Caio Fernando Abreu)

Pelas sombras da Praça da Alfândega
vi uma vez um vulto breve
quem sabe de um autor sem data
trazendo na falta de um chapéu
por sobre o seu pendor
uma seringa tão vazia
quanto o estupor do sol no estio

Quem é essa malícia fina
que me escapa da fronte
e liberas no meu caderno de aprendiz?

Serei meu próprio pai, meu filho
meu sorvedouro
minha raiz?

Que vigília tomará o meu lugar
em tudo o que esqueci de mim?

Na aurora vespertina desta praça
me apoiarei num tronco
Um peregrino à escuta de um córrego distante...
Quem sabe assim
consiga ensaiar esse segredo
de estar me confessando
a quem ainda não sabe
que parti

Rio, outubro/95

sivelmente abalado. Provocado a escrever sobre o amigo, ensaiou algumas versões: "Tarefa árdua pensar na morte do Caio. Não sei, é que quanto mais ele se ensandece nas nobres entranhas do Planeta mais ele ressurge vivo... Mas que eu espere um pouco, pois o que estou a dizer pode parecer um bálsamo barato ou, pior, alguns suspiros fúnebres". Em outra tentativa, ele começa com "Não sei falar do Caio" e interrompe a escrita.

O texto finalmente saiu na edição de 2 de março de 1996 no jornal *Zero Hora*, uma semana depois da morte do amigo. O início tem pequenas variações em relação à primeira versão, guardada entre as várias anotações originais de Noll. "Tarefa árdua pensar na morte do Caio. Não sei, é que quanto mais ele se ensandece nas nobres entranhas do Planeta mais ele ressurge vivo... Melhor seria se eu esperasse um pouco, pois o que estou a dizer pode parecer bálsamo barato ou, pior, alguns suspiros fúnebres. Enquanto aguardo que a sua morte me ilumine eu vou pensando que só é possível sonhar a marca crescente de uma ausência exatamente assim, depois de cessar a duração da vida. A morte do Caio é perigosa: tem umas feições de custosa mas obrigatória exposição de um ofício, o de viver e desaparecer – no caso dele, com toques de uma demonstração exemplar. No entanto eu não vou também, por enquanto eu não quero ir. Eu vou ficar, eu vou ficar talvez para tentar de novo o que não alcancei na minha relação com ele: a potência da amizade em dia com esse mundão cheio de afazeres e lacunas e trôpegas sonolências."

Declaração tardia de amor a Caio, o artigo é também uma espécie de penitência pela relação amorosa não vivida plenamente. "Então é isso, nenhuma companhia poderá de agora em diante sustentá-lo [a Caio], isso é o que parece se a gente o contempla daqui. Mas eu, aqui, do Caio ainda quero a companhia sim, *aquela que não consegui formular a tempo, por sinuoso, desastrado, preguiçoso, ineficaz...*" [grifo meu], escreve Noll em outro trecho. O texto lembra do convívio de ambos a partir de 1967, "quando Porto Alegre era uma deusa com seus filmes em preto e branco", e do último encontro, pouco mais de um mês antes da morte de Caio, em janeiro, no cinema Guion, para assistirem ao filme *O céu de Lisboa* (Wim Wenders, 1994), "que achamos na saída um pouco chato, mas lembramos que havia o *Madredeus* e uma aspiração a não se sabe bem o quê...". E finaliza:

JOÃO AOS PEDAÇOS

E nós então nos separamos, e eu um pouco depois voltei um tanto e te vi sentado a uma mesa em frente, tomando um refrigerante, um sorvete, alguma coisa assim, e pensei que atravessarias este verão ali sob aquele guarda-sol que saía do centro da mesa, que atravessarias este verão te deliciando com aquele pobre prazer ali, tão pobre quanto pode ser o humano na essência, ali, tomando um refrigerante ou um sorvete, não sei, no sol da tarde, e pensei também que era bom assim, um verão envolvendo o corpo antes que o sereno do outono possa pensar em nos cobrir e arrebatar...[10]

°o°

Antônio Hohlfeldt acabou fazendo parte também da seleta lista de amigos de Noll. Ambos se conheceram no Julinho – Hohlfeldt cursou Letras por influência de João. "Ele era ruim de latim uma barbaridade [o ano era 1966 e o latim ainda constava no currículo do chamado curso Clássico], e eu, bem ou mal, havia decolado, tinha conseguido entender declinações, aquele negócio todo. Aí eu me dispus a ajudá-lo a estudar para o vestibular e acabei, por influência dele, também prestando prova para o curso de Letras, onde entramos juntos [Hohlfeldt também fez Jornalismo na PUCRS]. Era muito tímido, muito fechado. Estudávamos na casa dele, perto do cinema Orpheu, e a rotina era essa: estudar para o vestibular. Na verdade, não tenho lembrança de alguma vez ter visto originais dele. Na faculdade, como a maioria de nós, ele odiava a disciplina de linguística, estávamos mais interessados em crítica literária e em Teoria da Literatura", diz Hohlfeldt. Entre outros, deram aulas a essa turma de amigos os professores Guilhermino César, Flávio Loureiro Chaves, Donaldo Schüler e Dionísio Toledo. Quando Noll abandonou a faculdade, no segundo ano, em 1968, os dois se perderam de vista e só se reencontraram nos anos 1980, quando a carreira de escritor de João e a carreira de crítico de Hohlfeldt se cruzaram.

Noll, em texto escrito para o livro comemorativo ao centenário do Colégio Julio de Castilhos[11], no ano 2000, relembra sua chegada

---

10 *A paixão segundo Caio F, Zero Hora*, volume 32, Edição 11.153, *Segundo Caderno*, página 7. (02/03/1996)
11 *Julinho – 100 anos de história*, organizado por Otávio Rojas Lima e Paulo

ao que chamou de "novo reino" – um verdadeiro choque para quem vinha de um severo colégio marista. "Atravessava agora a praça defronte ao Julinho sentindo-me na iminência de entrar numa espécie de novo reino, leigo, aberto, quem sabe um marco zero novamente, onde eu encontraria um novo eu, alforriado de tudo o que até ali me constrangera. Enfim, mais um adolescente carregando um mastodôntico ideal em sua espinhosa timidez."

O choque foi de fato grande porque já na primeira abordagem alguém se aproximou e lhe ofereceu um panfleto sobre a China de Mao Zedong. O material de propaganda "meio que me deixou as mãos acaloradas", confessa o escritor. O ambiente de liberdade antes do golpe [João ingressou no colégio em 1963 no curso Clássico de Humanidades, com quatro anos de duração] foi classificado por ele como uma "marcante experiência de transição existencial". Estavam ali Celso Marques, "destemido na primeira fila", e Antônio Hohlfeldt, "um rapaz calado como eu", mas também outros personagens como Luiz Eurico Tejera Lisboa[12], que seria morto pela ditadura em 1972 aos 24 anos, e um amigo identificado apenas como Willy. Com ele, matava aulas para ir ao cinema, "ver Greta Garbo", e para discutir o que ele chamou de "nossa invalidez social" nas varandas do colégio. "Instantes supremos, sucintos motores de alento, eu diria, para a vida inteira." Sobre Lisboa, Noll menciona "o olhar grave me fazia adivinhar a existência de um distúrbio pulsante que a sala de aula não podia conter, talvez sequer supor".

Na Universidade, a partir de 1967, a experiência não seria tão rica. Ainda impactado com a "alforria" proporcionada pelo prédio envidraçado do Colégio Julio de Castilhos, Noll mal completaria o primeiro ano de estudos. "Na mesma turma tinha o Caio, a Regina Zilbermann, a Maria Lídia Magliani. O Caio e a Magliani acho que

---

Flávio Ledur. AGE Editora, 2000.

12 Integrou o Partido Comunista Brasileiro (PCB), a Vanguarda Armada Revolucionária – Palmares (VAR-Palmares) e a Ação Libertadora Nacional (ALN). Foi condenado à revelia a seis meses de prisão com base na Lei de Segurança Nacional em 1969. Preso em circunstâncias desconhecidas em São Paulo na primeira semana de setembro de 1972. Em 1979, o Comitê Brasileiro pela Anistia conseguiu localizar o corpo de Luiz Eurico enterrado com o nome de Nelson Bueno no Cemitério Dom Bosco, em Perus, São Paulo.

duraram apenas um semestre. O João acho que só fez o primeiro ano e depois desistiu. Curiosamente, os dois escritores da turma foram os que não suportaram a academia e suas regras – todos os outros enveredaram pelo ensino ou pela crítica literária", narra o colega Antônio Hohlfeldt.

°°°

Em entrevista para Maurício Salles Vasconcelos ao programa de rádio *Contistas brasileiros* em 1994, Noll diz que o cinema foi uma base mais importante que a literatura na sua formação intelectual. "Na minha infância, as matinês de domingo eram atos quase litúrgicos. Domingo sem matinê era um domingo vazio, frustrado. Importante até de forma material, o prédio do cinema, o cheiro da cortina do cinema, o gongo antes da sessão, alguns cinemas até tinham jogo de luzes antes de cada sessão. Isso me empolgava muito e me deu a noção de espetáculo. Acho que no meu trabalho é muito visível essa necessidade de espetáculo. O destino humano tem qualquer coisa de monumental sim, de transcendente, não adianta você ficar com uma visão consternada diante da realidade como se o escritor fosse o pai do pobre e tivesse a boa palavra da redenção social e econômica do seu país. Eu acho muito importante essa cumplicidade com o humano, com o grandioso que é o humano, acreditar que o homem realmente não é um bicho como qualquer outro. Para mim o espetáculo é por aí."

Ele continua: "A escolha pelo romance vem da necessidade muito forte que eu tenho tido de parar em cima do meu trabalho, parar por dias, meses, quem sabe anos, desenvolver personagens com carinho, acompanhá-los durante um tempo x. De repente, o conto deixou de me satisfazer tanto. Eu quero parar mais neste momento nos meus personagens, nas suas vivências. Agora, sempre preocupado em fugir daquilo que tanto me desgosta, que é a repetição *ad nauseam* do Romance de 30, que se opera até hoje no Brasil. Esse romance tão realista, tão documental, que vira muitas vezes uma exacerbação do naturalismo, que eu acho empobrecedor. Enfim, aquela hegemonia que existe neste país ainda do romance do século 19, balzaquiano, flaubertiano. Eu quero a oportunidade de poder sonhar poeticamente com o romance, de poder fazer um romance poemático, mais aberto, sem cair em situações ou em malabarismos vanguardeiros, mas procurar um ambiente ritualístico, de festa, de consagração. Acho que estou mais por Nietzsche do que para Balzac neste momento".

Nara Keiserman relembra o primeiro "casamento" com João – eles viriam a namorar novamente quase 20 anos depois, em 1986. "Logo que nos conhecemos, em um concerto da Ospa na Reitoria da UFRGS, começamos a passar as tardes juntos na casa dele. Era maravilhoso aquilo. Mais do que tudo, mais do que namorados, ficamos amigos, amigos mesmo. Quando decidimos vir para o Rio, sabia internamente que eu não ia ficar. Lembro que fui com ele até a Faculdade de Filosofia, da Universidade Federal do Rio de Janeiro, para ver como era. Ficava então no Largo São Francisco. Nos hospedamos na casa do meu irmão, em Copacabana, que estava passando uma temporada fora da cidade. O apartamento era só nosso. Fizemos uma viagem, nesse período, para visitar uma irmã dele que morava no subúrbio do Rio [Anamaria Noll Barreto, que residia na Base Aérea de Santa Cruz]. Era muito bom, fui muito feliz com ele nesse período. Nessa época em que estivemos juntos ele não procurou trabalho, não fez amigos, nós ficávamos juntos o dia inteiro. Não lembro dele sequer escrevendo, apenas passeando, fomos ao teatro, a museus, mas nenhuma vez à praia. Depois que voltei para Porto Alegre começamos a trocar cartas, mas as cartas foram rareando, foram ficando esporádicas, até que cessaram por completo. Ou seja, nós nunca brigamos. A vida mudou e foi cada um para seu lado."

Mas a vida de João no Rio, depois desse interlúdio inicial, não foi nada fácil. Logo após a partida de Nara, o escritor se mudou para um apartamento coletivo, uma espécie de república, na rua Barata Ribeiro, número 502, onde no térreo funcionava a mais importante loja de discos da cidade, a Modern Sound. O irmão Luiz Fernando, que se hospedou no apartamento algumas vezes, descreve o ambiente como um território livre. "Muitas pessoas passavam por lá, ficavam alguns dias, iam ficando, muitos músicos, artistas. Lembro da Ângela Rô-Rô, do Djavan. Não sei quantas pessoas moravam lá ou só frequentavam o lugar, se abrigavam durante algum tempo, mas era muita gente", afirma. Nessa época, início dos anos 1970, João chegou a produzir algumas letras de música para o grupo *Calunga*, do qual fazia parte o colega de apartamento Lourenço Baeta – que posteriormente seria integrante do grupo vocal *Boca Livre*. Mas não há registro de que alguma delas tenha sido gravada. Noll vai citar a composição mais famosa de Baeta, *Meio termo*, em carta ao irmão Luiz datada de 23 de junho de 1978: "(...) uma das letras mais fortes que já ouvi nos últimos tempos. É profundamente triste, mas é tão verdadeira! 'A barra do amor é que ele é meio ermo/a barra da morte é que ela não tem meio termo'. E vim a descobrir que o autor dessa música [a letra é do poeta Cacaso] é um amigo que eu não vejo há tempos".

Noll também passou a frequentar, nessa mesma época, o submundo carioca de forma sistemática – o ponto preferido era a boate Sótão, localizada no andar de cima da famosa Galeria Alaska (atual Galeria Atlântica), em Copacabana. A galeria era conhecida por abrigar o público gay – especialmente masculino, mas não só – que buscava visibilidade em pleno arrocho da ditadura. A instalação da boate, conforme reportagem do *Correio da Manhã* de 29 de maio de 1970, pretendia "moralizar" a Galeria Alaska, então marcada pela crescente ação de michês. Só que acabou atraindo ainda mais a clientela gay porque não havia como ser diferente, dadas as características do local.

O artista plástico Luiz Jasmim, que assinou a decoração da casa noturna junto com Ernesto Isnard, encheu o salão de painéis espelhados (o local era pequeno, comportava entre 200 e 300 pessoas) enfeitados com "bonecas, aves empalhadas, corujas, manequins de madeira, arlequins, tudo com olhos de vidro e caras de pessoas conhecidas". A boate abriu as portas na avenida Atlântica, no Posto 6, na noite de 16 de julho de 1970.

O colunista Roy Sugar, pseudônimo do jornalista Roberto Silva, também noticiou na seção *Vida Noturna – Boates e Restaurantes*, do *Correio da Manhã*, a abertura da Sótão: "Na noite de amanhã, acontecerão 'mis' badalações lá pelas bandas da galeria Alaska, oportunidade em que será inaugurada a boate Sótão, extremamente prafrentex e psicodélica, cuja pista de danças é totalmente em acrílico com iluminação de baixo para cima e vice-versa. Isso sem comentar os outros babados que foram incrementados na house que tem tudo para brilhar, caso não permita a entrada de Libélulas e as famosas Mariposas noturnas. Roy Sugar vai lá conferir". As libélulas e as mariposas eram as travestis que frequentavam a galeria e que faziam shows transformistas no teatro Alaska.

O inferninho teria vida longa. Ibrahim Sued, em crônica de 1977, incluiu a boate no roteiro "barra pesada da zona sul" do Rio e descreveu, em sua costumeira linguagem chula, uma noite de sábado na Sótão: "Tendo o policial Alcides, o 'Careca', como guardião das bonecas, hippies, avançadinhos e pessoas do jet-set que frequentam a casa, o Sótão é a mais famosa casa noturna da avenida Atlântica. Ali, sob o giro de seis globos estrategicamente espalhados, luzes frenéticas e os últimos sucessos norte-americanos da atualidade, a casa chega a receber, aos sábados, de 350 a 400 pessoas que se comprimem, pagam 80 cruzeiros pela entrada, com direito a dois drinques, a escolher entre cuba libre, hi-fi, menta, gim tônica, vodca com guaraná (argh!) e chope gelado. Um detalhe: mais difícil do que fotografar uma personalidade temperamental é alguém entrar no Sótão, de máquina em punho, e sacar alguma foto. É rigorosamente proibido, e da simples advertência, os leões-de-chácara e as 'bonecas' passam até às ameaças de morte".

Noll e sua turma de amigos batiam ponto na casa, ainda que o local praticasse preços salgados e fosse uma espécie de clube com entrada restrita. A preferência tinha um motivo: a Sótão era vanguarda para os padrões das boates cariocas de então porque passou a tocar muito rock'n'roll, Jimi Hendrix, Kraftwerk, Queen, Elton John, além de conjuntos ao vivo de sambistas em uma época em que as casas noturnas ainda investiam em Frank Sinatra por exigência de um público conservador, da alta classe média da zona sul carioca. Luiz Fernando conta que, ao entrar na boate, ninguém mais conversava. "O som era muito alto, uma potência incrível", lembra. Noll conheceu Jethro Tull nas noitadas da Sótão.

Mas a rotina do escritor no Rio não se limitava à badalação. Junto com o irmão, assistiu à revolucionária montagem de *Gracias, señor*, criação do Grupo Oficina dirigida por José Celso Martinez Corrêa, que arrebatou os principais prêmios da temporada de 1972 no Rio. O espetáculo estreou em fevereiro no Teatro Tereza Raquel e tinha, nos créditos, ninguém menos que Lina Bo Bardi na cenografia e Chico Buarque nas composições. "Nós nos perdemos durante a encenação, que tinha uns corredores escuros no cenário. O público participava, circulava pelos ambientes e interagia com os atores e atrizes. Eram quatro horas de duração. Eu cheguei em casa com as calças rasgadas; ele chegou sem camisa, disse que não sabia o que tinha acontecido", recorda Luiz. No Rio, reconhece o irmão, Noll se transformava de um sujeito calado e introvertido em um homem brincalhão, engraçado. "As pessoas, o clima, os ambientes, tudo colaborava para que ele se soltasse mais", diz.

Depois que deixou a "república" da Barata Ribeiro, Noll morou em Humaitá e também em Ipanema, no apartamento da rua Redentor. O ator Camilo Bevilacqua, amigo de Luiz Fernando em Porto Alegre, chegou ao Rio em 1975 a bordo do sucesso estrondoso da montagem de *Mockinpott*, de Peter Weiss, pelo Teatro de Arena, que fez uma turnê por várias capitais e acabou recebida efusivamente pela Associação Carioca de Críticos Teatrais (ACCT), presidida na época por Yan Michalski. Bevilacqua, gaúcho de Gaurama, fazia o protagonista do espetáculo e recebeu convites para ficar no Rio, o que lhe rendeu uma profícua carreira no teatro, no cinema e na TV.

A Enciclopédia Itaú Cultural se refere assim à montagem de *Mockinpott* pelo Arena: "Para dirigir o espetáculo, nascido de um convênio com o Instituto Cultural Brasil-Alemanha, em 1975 chega a Porto Alegre o espanhol José Luiz Gómez, que vence o prêmio de melhor ator do Festival de Cannes desse ano com o filme *Pascal Duarte*. Ele revoluciona tudo o que os gaúchos pensam sobre teatro. O texto escrito em versos mostra a conscientização de um sujeito pacato e alienado que, por uma sucessão de acontecimentos, torna-se vítima do sistema. E o diretor escolhe o picadeiro de um circo como cenário para contar a história, valorizada pelos figurinos da artista plástica argentina Renata Shussheime e a música do compositor gaúcho Flávio Oliveira, que mistura melodias conventuais da Idade Média com terno-de-reis do folclore gaúcho. Os ensaios duram até 15 horas consecutivas. Por vezes, o diretor obriga o ator a repetir determinada fala por três horas até que encontre o significado exato. (...) O crítico Luiz Carlos Lisboa avalia o papel de Gómez: 'Ele trabalhou ator por ator, despersonalizou cada um e tornou-os maravilhosos marionetes que soube colocar no contexto da peça'. O rigor do espanhol provoca dois adiamentos da estreia de 'Mockinpott', até que se desse por satisfeito. Depois de estrear em Porto Alegre, a peça percorre diversas capitais. No Rio de Janeiro, é recomendada com entusiasmo pela Associação Carioca de Críticos Teatrais (ACCT), presidida por Yan Michalski. Mas em São Paulo é proibida duas horas antes da estreia, motivando uma ampla campanha nacional contra a censura. Uma comissão integrada por artistas como Raul Cortez, Elis Regina e Ruth Escobar vai a Brasília e consegue sua liberação pelo Ministério da Justiça".

Depois de se desgarrar da trupe e ficar na casa de uma amiga que se transferiu temporariamente para a França, no início de 1976 Bevilacqua foi abrigado por João Gilberto Noll no apartamento em que ele morava – o edifício na rua Redentor, segundo o ator, era "vistoso" e o apartamento, "confortável, embora espartano". "Quando essa amiga voltou da França, uns três meses depois, eu não tinha mais onde morar. Aí falei com o Luiz Fernando, ele disse que tinha um irmão que morava no Rio, me deu o endereço e tal e eu bati lá, expliquei meu caso. O João, que já estava avisado, concordou em me abrigar. Fui ficando, mas depois de uma semana o namorado do João começou a ficar com ciúmes. Ele achou que eu ia ter um caso com o João, alguma coisa do gênero, o que não tinha nada a ver. Acabou que o João me pediu para eu arrumar outro lugar para morar. Não lembro o nome desse namorado dele, era uma pessoa que não ficava em casa, saía cedo para trabalhar, eu também não ficava pois não tinha intimidade com o apartamento e também já estava trabalhando", narra o ator.

Foi uma das épocas mais prósperas de Noll no Rio de Janeiro, em que ele havia retomado o curso de Letras, em 1974, na recém--criada Faculdade de Educação, Ciências e Letras Notre Dame, também em Ipanema, mantida por uma congregação religiosa tradicional na cidade. O apartamento ficava perto da livraria Travessa e da Lagoa Rodrigo de Freitas, nas cercanias do Posto 10. "Era muito legal; aliás, o edifício era a coisa mais linda do mundo. Era numa esquina, se não me engano com a Farme de Amoedo [o prédio é quase na esquina da rua Garcia D'Ávila]. Muito bem mobiliado, provavelmente era desse namorado, que parecia um cara bem de vida. Eu ficava na sala, claro, onde tinha um sofá muito transado", relembra Bevilacqua.

Depois do acidente e da separação do "namorado carioca", e devido às dificuldades para sobreviver apenas com a atividade de escritor, Noll conseguiu terminar a graduação em Letras apenas em 1979 – cinco anos depois da retomada dos estudos. O objetivo era possibilitar uma carreira acadêmica, como professor, mas com exceção de um breve período no curso de Comunicação da PUC Rio, entre 1975 e 1978, da coordenação de oficinas literárias na Universidade Estadual do Rio de Janeiro (UERJ) entre 1994 e 1995 e de algumas classes como convidado no curso de Escrita Criativa da PUCRS, já nos anos 2000, a atividade nunca deslanchou. A penúria havia voltado.

A diretora Nara Keiserman reencontrou Noll, já quando havia se transferido definitivamente para o Rio casada com o ator José de Abreu, no apartamento que João alugava na avenida Bartolomeu Mitre, no trecho da Gávea. "O apartamento não tinha móveis. O João escrevia com a Olivetti no colo e se alimentava de caldo Knorr. Só isso: caldo Knorr. Era, provavelmente, final de 1981, talvez início de 1982. Lembro que eu recém havia chegado ao Rio e nem sabia direito onde era a Bartolomeu Mitre. Passamos uma tarde juntos e me pareceu que ele estava muito mal, triste, muito triste. Amargo. Estava amargo", diz ela.

Depois, em 1986, novo reencontro: "Eu me separei do Zé e tivemos então um novo namoro. Dessa vez foi mais forte, um namoro mais oficial mesmo, de frequentar a casa, de sair com os filhos, saíamos para jantar aos finais de semana, frequentávamos o Baixo Gávea, que estava no auge. Mas da mesma forma que da outra vez, se foi [nesse mesmo ano João voltou para Porto Alegre]. Nos encontramos também algumas vezes em Porto Alegre, absolutamente por acaso. Numa das vezes o achei muito esquisito, estava numa praça de alimentação de um shopping. Parecia nervoso e desconfortável de eu sentar com ele à mesma mesa, então não insisti. Em outra ocasião nos encontramos no Mercado Público, dessa vez parecia bem, conversamos, tomamos café juntos".

Nem a bem-sucedida adaptação do conto *Alguma coisa urgentemente* para o cinema, em 1984, melhorou a situação financeira de

Noll. *Nunca fomos tão felizes*, dirigido por Murilo Salles e produzido por Marisa Leão, foi um sucesso de bilheteria para os parâmetros do cinema brasileiro, porém insuficiente para tirar João da pobreza. O filme, que teve 170 mil espectadores, foi financiado pela Embrafilme e pela produtora de Luís Carlos Barreto – que embolsaram também a bilheteria. Salles lembra que Noll deveria ter entre 2% e 3% da renda líquida pelo contrato relativo aos direitos de adaptação. Pouco, mas ainda assim capaz de gerar uma grana polpuda para os padrões do escritor – a preços de hoje, um público de 170 mil espectadores poderia se transformar em uma arrecadação bruta superior a R$ 7 milhões. Considerando uma renda líquida de 50% desse valor, uma fatia de 3% significaria algo como R$ 100 mil.

Só que a Embrafilme não prestava contas, a relação contábil com a empresa sempre foi caótica e, dessa forma, ficou impossível saber quanto o filme faturou de fato – a informação era essencial para servir como base de determinação da renda líquida. "Apesar da boa relação que eu e o João tivemos durante toda a produção, ficamos mais de dez anos brigados depois da estreia do filme porque ele achou que o estávamos roubando. Ele praticamente não recebeu nada da Embrafilme, mas acreditava que eu tinha ficado rico com o filme", conta um perplexo Murilo Salles.

A adaptação surgiu, mais uma vez, pela intervenção de Gláucia Camargos. Salles recorda que em 1980 estava desenvolvendo um roteiro original, de modo ainda muito incipiente, quando ganhou um exemplar de *O cego e a dançarina* da amiga. "Foi presente de aniversário [Salles nasceu em 2 de outubro]. Nunca tinha ouvido falar nele, mas o livro simplesmente me arrebatou. Lembro que li em dois dias e liguei logo em seguida para a Gláucia. Encontrei o João poucos dias depois e ofereci a ele a elaboração de um roteiro, que deveria narrar a história de um filho e de um pai, este ligado de alguma forma ao combate à ditadura. Ele foi à minha casa, conversamos muito, mas acabou rejeitando o convite porque estava envolvido demais com a escrita do seu primeiro romance [*A fúria do corpo*, 1981]. Alegou que ficava muito possuído e que não teria como se dividir em dois projetos. Então indicou o conto *Alguma coisa urgentemente*, que se aproximava muito do meu argumento", narra o cineasta.

A primeira reação foi de decepção com a recusa; contudo, depois de ler e reler a história muitas vezes, Salles decidiu partir para a adaptação – o roteiro do escritor Alcione Araújo, na verdade, é apenas inspirado no conto, usa elementos narrativos, ambientação, clima, porém não tem relação direta com a história original. "Mesmo assim, o João gostava muito do filme", rememora Salles, que teve versões em inglês e francês e recebeu diversos prêmios, entre eles melhor filme da crítica, melhor roteiro (Alcione Araújo) e melhor fotografia (José Tadeu Ribeiro) no XII Festival de Cinema de Gramado e melhor filme (júris oficial e popular) no XVII Festival de Cinema de Brasília, além de roteiro e montagem (Vera Freire). Depois de superado o episódio financeiro, Salles e Noll chegaram a discutir a possibilidade de adaptação do romance *Canoas e marolas* [1999] para o cinema, mas o projeto nunca foi adiante.

°o°

O filme de Salles proporcionou outro encontro crucial na vida de Noll, com a jornalista e produtora Alice Urbim. Então dona da Viva Produções junto com Lídia Valter, um dos clientes da empresa era justamente a Embrafilme, que contrataria a dupla para promover o lançamento de *Nunca fomos tão felizes* em Porto Alegre. O ano era 1984 e o filme fez sua pré-estreia nacional na cidade em julho, com plateias praticamente cheias. Em reportagem do jornal *O Globo* de 27 de agosto de 1984, véspera da entrada em cartaz no circuito comercial do Rio de Janeiro, Salles se mostrava eufórico com a performance em Porto Alegre em quase dois meses de apresentações. "Foi meu momento de maior felicidade desde que eu fiz o filme, isso me provou que ele toca mesmo as pessoas", declarou o diretor na época à repórter Helena Salem.

Noll, na mesma reportagem, se rasga em elogios a *Nunca fomos tão felizes*. "Há uma identidade enorme entre o conto e o filme. O clima do filme é também de alguma coisa urgentemente. Há uma insuficiência de ser na vida do garoto, ele não tem condições de conhecer porque existe um vazio muito grande permeando a relação dele com o pai. Quando cheguei ao Rio, há 15 anos, o que norteava o momento político era a questão da segurança, tanto para o sistema quanto para os opositores. E eu me senti muito sem pai, muito sem referência política e existencial", declara Noll ao jornal.

O filme recém havia ganhado o Leopardo de Bronze no Festival de Locarno (Suíça) e vinha de exibições, como convidado, em festivais importantes como Biarritz (França) e Huelva (Espanha).

Em uma carta datada de 30 de abril de 1984, Noll descreve o momento de euforia – e de esperança – pelo qual passava por ocasião do sucesso de *Nunca fomos tão felizes*, até então apresentado em sessões fechadas ou festivais no Brasil e no exterior. O filme, nessa época, acabara de ser selecionado para a Quinzena dos Realizadores do mítico Festival de Cannes, ao lado de *Memórias do cárcere*, de Nelson Pereira dos Santos. "Fico tonto de emoção ao pensar que terei meu nome presente diante de artistas e intelectuais de dezenas e dezenas de países. E mais do que o nome, um filme que se originou da minha cabeça, que partiu das minhas emoções. Isso é demais para um cristão que começou a publicar suas coisinhas há apenas quatro anos", confessa aos pais.

Mais adiante, o escritor menciona que a repercussão positiva de *Nunca fomos tão felizes* também mudou o rumo da negociação com o diretor Hector Babenco para filmar *A fúria do corpo*. Babenco iria ao Rio poucas semanas depois assinar "um contrato digno" com João, "claro que em presença dos advogados de ambos", como anunciou na carta. "Sinto se aproximarem muitas definições importantes para minha carreira nos próximos meses. Torçam e rezem!", pede aos pais. Apesar da compra dos direitos ter sido sacramentada, o romance nunca seria filmado.

Noll, como informa a carta aos pais, retornara havia pouco de um roteiro familiar em Porto Alegre e ainda guardava na bagagem, conforme ele diz, "gosto de mãe e pai". "E isso me faz bem. Um bem imenso, como se eu estivesse bebendo a paz da vida", escreve. Os agradecimentos emocionados se estendem também às irmãs e ao irmão. "Aliás, os dias em Porto Alegre me trouxeram um lindo reencontro com tantos da família. Inesquecível pra mim sentir o entusiasmo pelo sucesso do meu trabalho por parte da sólida Alice, da rejuvenescedora Cilinha [Maria Ecila], do Edi, Fabro, Simone, César... E da Ane [Anelise], que mesmo numa rápida passagem estava aí, presente num momento tão importante pra mim. Sem esquecer, é claro, o amigo-irmão Luiz e das duas Jus, a cunhada [Jussara] e a afilhada [Julia]."

João termina a carta falando de esperança em um tom francamente político – poucos dias antes, em 25 de abril de 1984, a chamada Emenda Dante de Oliveira, a qual previa eleições diretas a presidente, não conseguiu os votos necessários para ser aprovada pelo Congresso Nacional, o que resultaria na eleição indireta de Tancredo Neves à presidência no ano seguinte. No dia 10 de abril, mais de um milhão de pessoas participaram do comício pelas Diretas Já na Praça da Candelária, no centro do Rio. Três dias depois, 200 mil manifestantes participaram de um comício histórico em Porto Alegre reunindo Lula, Brizola, Ulysses Guimarães, Luís Carlos Prestes e Fernando Henrique Cardoso, entre outros. No dia 16 de abril, mais de 1,5 milhão de pessoas repetiram a dose no Vale do Anhangabaú, em São Paulo, no encerramento da campanha por eleições livres no Brasil depois de 20 anos de ditadura. Um dia antes da votação da emenda no Congresso, o general João Baptista Figueiredo decretou uma série de medidas de emergência em Brasília e deslocou tropas para ocupar a Praça dos Três Poderes e parte da Esplanada dos Ministérios, resultando em embates violentos com a oposição, em prisões e em censura à imprensa. "É na certeza de que o verdadeiro afeto existe que a gente consegue construir um pouco de esperança, mesmo que os donos do poder deste país insistam em postergar com armas a nossa já exausta esperança. Mas é preciso não esquecer: na união das pessoas, a luta continua! Um imenso abraço todo cheio de esperança em vocês dois, meu pai, minha mãe, e em todos", escreve Noll.

A jornalista Alice Urbim foi responsável pela sessão de estreia de *Nunca fomos tão felizes* em Porto Alegre, na noite de 9 de julho de 1984. "Murilo veio. João, que ainda morava no Rio, não. Eu sabia da existência dele, é claro, mas não o conhecia. E sabia que o irmão dele, o Luiz Fernando, era casado com uma grande amiga minha, colega da faculdade de Jornalismo [Jussara], que me falava muito do João. Uns dias depois do lançamento do filme em Porto Alegre, talvez uma semana depois, ele veio e, por conta da Jussara e do Luiz, saímos para jantar naquela mesma noite. A partir daí, surgiu uma sintonia. Logo que chegou de volta ao Rio, o João me escreveu uma carta me cobrindo de elogios, dizendo que tinha sido muito legal ter me conhecido, que eu era a melhor pessoa do mun-

do, independentemente das questões profissionais, aquele blá-blá-
-blá. Muito respeitoso, mas uma senhora cantada! E já foi avisando
que dia tal voltaria a Porto Alegre e que já tinha combinado com a
cunhada e com o irmão para que nos encontrássemos. Foi uma carta escrita à mão, difícil de decifrar porque a letra dele era horrível,
toda torta. Eu pensei logo, 'ai, que saco', mas passado esse susto
inicial veio uma baita amizade. Porque ele estava morando no Rio,
mas já nessa época dava sinais de que gostaria de voltar a viver em
Porto Alegre. Foi um período que ele começou a vir com mais frequência para cá, para palestras, coisas desse tipo. Ele estava muito
bem, eu estava separada [do jornalista e escritor Carlos Urbim] e aí
começou a rolar uma história entre nós. Eu também ia bastante ao
Rio, nos encontrávamos com frequência, a coisa começou a crescer
até que decidimos assumir um namoro", relata Alice.

Mas a situação ainda assim continuava muito difícil em termos
materiais para Noll, o que tirava a tranquilidade do escritor. Quando voltou dos Estados Unidos em 1982 e se separou de Maria Ignez, Noll perambulou por vários apartamentos no Rio. Na época
em que conheceu Alice, morava de favor com uma artista plástica
no Catete. A jornalista lembra que se encontrou com ele algumas
vezes, entre 1984 e 1985, nesse apartamento, até que ele decidiu se
transferir definitivamente para Porto Alegre, em 1986, para morar
com o irmão e a cunhada. A estadia foi curta, pois logo passou a
viver com a mãe após a morte do pai, no final desse mesmo ano.

Em um postal enviado do Rio de Janeiro no dia 23 de outubro
de 1984, Noll responde a uma carta enviada por Alice em que pedia
notícias suas. O autor escreve o nome de Alice e, logo depois, o nome
de Jill – personagem central de *Bandoleiros*, que iria ser lançado no
início de 1985. Diz Noll: "Alice-Jill: Por onde ando? Possessamente
metido na finalização de *Bandoleiros*. Jill está pronta. Estonteante-
mente linda. Sua alma? Nem sempre 'flor que se cheire', como todos
nós. E falando em saudade, aqui vai a minha... Beijos, João".

Jill não era mesmo flor que se cheirasse, como disse Noll a Alice.
A personagem entra em *Bandoleiros* apenas no terço final da narrativa, e ainda assim em poucas páginas, quando o norte-americano
Steve leva o narrador à sua casa de campo nos arredores de Boston
– como já mencionado, a realização do romance coincide com a esta-

dia do autor no programa para escritores residentes da Universidade de Iowa. Jill é apresentada como a namorada de Steve, "uma personalidade tão excitada que logo fui pensando tratar-se de mais uma louca". Quando ela chega na casa onde o protagonista tenta reanimar Steve de uma bebedeira seguida de um possível coma, provoca um desejo instantâneo no protagonista, que a seduz (ou é seduzido por ela, apesar da preocupação com o namorado), mas não consuma o sexo porque o outro homem agoniza no banheiro ao lado.

Jill é ruiva, "na pele muito clara do rosto alguma insinuação de sardas. (...) Apalpei um dos seios e percebi que Jill estava sem sutiã. Era daqueles seios de mulher dos trinta, nem caído nem empinado". O jogo erótico se estica até o prolongado beijo que trocam na beira de um fogão: "Demorado. Úmido. Anestesiante". Atordoado, o narrador se entrega a esse beijo – não sem antes jurar que "jamais entenderia essa coisa de Jill manter a libido acesa junto com o sentimento de dor" [por Steve]. "Por isso esse meu longo e demorado e eterno beijo em Jill: meu único exílio possível, ali, naquela cozinha de luz branca de uma casa nos arredores de Boston, enquanto lá fora a neve caía – ali naquele beijo nenhuma peste viria."

Perguntada se João se inspirou nela para compor Jill, Alice responde, enigmática: "Olha, é difícil dizer com certeza. Nunca falamos sobre isso. Mas acho bem possível".

°°°

A volta para Porto Alegre, depois de 16 anos de provação no Rio, era uma possibilidade aventada havia muito tempo por João. Antes mesmo do lançamento de *O cego e a dançarina*, em 1980, a hipótese era considerada, de acordo com relato da amiga Gláucia Camargos. Além do apoio familiar, inexistente no Rio, Noll sempre teve uma ligação muito forte com irmãos e sobrinhos – embora essa relação tenha sido marcada por conflitos e, em alguns casos, por aberto desentendimento. Mesmo assim, sempre houve proximidade. Para Luiz e Anelise, além dos pais João e Ecila, ele dedicara seu primeiro livro. As irmãs Alice, Cilinha e Anamaria foram homenageadas em seu segundo livro. Para a sobrinha Julia, sua afilhada, oereceu *Hotel Atlântico* (1989). Para o cunhado José Carlos Schultz, *Canoas e marolas* (1999). Para Luiz ainda dedicou *Rastros do verão* (1986), em que também lembrou Alice Urbim, e *A máquina de ser* (2006). Para os sobrinhos César e Janaína, *A céu aberto* (1996).

Em entrevista aos escritores Tabajara Ruas e Carlos Urbim e à professora e crítica Regina Zilberman em 1989, para a série *Autores Gaúchos*, do Instituto Estadual do Livro, Noll reconhece que procurava uma "reconciliação" com a sua cidade. "Meus livros têm se passado por aqui numa tentativa de encontrar alguma coisa. Acho que estou num processo de reconciliação. A minha relação de amor e ódio é muito forte, difícil. Isso tem a ver com o fato de talvez identificar Porto Alegre com a infância. Simone de Beauvoir dizia que toda infância é muito dramática. Preferia estar longe dessas raízes primeiras que, às vezes, são feridas muito expostas. É preciso voltar a olhar, estar em paz. Há uma certa compulsão para fugir daqui. É uma coisa muito pessoal, uma relação que só eu sei", diz.

Na mesma conversa, ele avança e fala da sua relação com o clima:

> *Tabajara Ruas: Tu gostas do calor, do trópico, daquela coisa que o Rio tem, não?*
>
> *João Gilberto Noll: É a minha antítese, preciso disso.*
>
> *Tabajara Ruas: Sempre achei estranho gostares de Carnaval, praia, essas coisas bem tropicais. Por outro lado, é difícil te imaginar um intelectual sisudo, de gravata, cercado de livros. No entanto, tratas mais de conflitos interiores que exteriores.*
>
> *João Gilberto Noll: Mas levar isso no dia a dia, com frio, é muito difícil, perigoso. Não é que eu goste de calor; sinto que me reequilibra. Uma coisa que custo a aceitar, mas que até pode ser um barato, é o hibridismo de Porto Alegre, entre ser uma coisa brasileira e não ser mais e estar voltada para o cone sul. Para quem viveu 18 anos no Rio de Janeiro* [na verdade, foram 16 anos, do final de 1969 a meados de 1986], *leva um choque ao reencontrar isso, porque a força da coisa tropical, também em termos estéticos, é um lance muito forte para mim. (...) Como qualquer intelectual brasileiro da classe média, um* studio *parisiense seria a imagem mais poderosa do meu desejo. Mas isso*

mudou muito. Poder pensar ao ar livre, caminhando no calor, é muito estimulante também, dá efeito.[13]

A saída encontrada pelo escritor para se concentrar no seu ofício em meio a esse turbilhão de emoções, e não tendo ainda moradia própria em Porto Alegre[14], foi se refugiar no Balneário Pinhal, distante 100 quilômetros da capital e onde o irmão Luiz e a cunhada Jussara tinham uma casa de veraneio. É lá que João se esconde para terminar o romance *Rastros do verão,* lançado no mesmo ano de seu retorno definitivo ao Rio Grande do Sul, em 1986, pela L&PM – única editora do estado a lançar um livro inédito de Noll. "Era onde ele se internava para escrever. Essa coisa me irritava bastante porque ele não queria falar com ninguém, passava a semana toda sozinho. Às sextas-feiras, eu me mandava para a praia e ali ficávamos o final de semana juntos", lembra Alice – a essa altura, já namorando oficialmente com João. Foi lá também que Noll escreveu *Hotel Atlântico* (1989).

Rastros do verão é uma espécie de armistício com Porto Alegre, a tão sonhada reconciliação, depois de tanto tempo longe da *sua* cidade. O romance todo, que não chega a 100 páginas, se passa na capital, especialmente no seu Centro Histórico. Estão lá o Mercado Público, a Praça XV de Novembro e seu Chalé que serve chopes e petiscos, a Rua Riachuelo (uma das mais antigas do traçado original da cidade, que nos primórdios se chamava Rua da Ponte), a Avenida Borges de Medeiros, a Praça da Alfândega e seus jacarandás, a Rua da Praia (a primeira de Porto Alegre), a Igreja das Dores e sua escadaria de 99 degraus. Na trama, um homem chega de ônibus à rodoviária, aparentemente depois de muito tempo longe da cidade, em uma terça-feira de Carnaval. Nesse périplo, encontra um garoto

---

13 *Autores gaúchos,* edição 23, página 8. Instituto Estadual do Livro, 1989.

14 Noll teve vários endereços provisórios em Porto Alegre antes de comprar o apartamento em que passaria a viver a partir de 2001, entre os quais uma quitinete emprestada pela cunhada Jussara, no Centro Histórico, um apart--hotel também na região central da cidade, em duas moradias do irmão Luiz Fernando e da cunhada – primeiro, um apartamento no bairro Santa Cecília e, depois, a casa do casal em Ipanema, na zona sul de Porto Alegre – e um apartamento cedido pelo fotógrafo Luiz Eduardo Achutti, no bairro Cidade Baixa, entre 1998 e 2001.

que passa seu último dia na cidade – em poucas horas ele vai embarcar para o Rio de Janeiro, a fim de se integrar à marinha mercante.

O editor Ivan Pinheiro Machado – o PM da editora gaúcha – lembra que chegou ao livro depois de procurar Noll para reeditar seu primeiro volume (*O cego e a dançarina*, 1980), que havia sido premiado e fizera uma boa carreira comercial no país, porém estava esgotado. "Meu pai [Antônio Pinheiro Machado Neto, mais conhecido como Pinheirinho] era do Partido Comunista Brasileiro e, dessa forma, participava de uma espécie de assinatura que a editora Civilização Brasileira, também de esquerda, mantinha com seus leitores: um valor mensal dava direito a uma determinada quantidade de livros. Uma forma criativa de sustentar o negócio. O editor Ênio da Silveira era amigo do pai, se conheciam das atividades políticas, e isso facilitou a negociação, porque a L&PM queria mesmo reeditar *O cego e a dançarina*, que eu tinha pegado numa dessas levas da assinatura, tinha lido e gostado muito, era um negócio moderno, uma novidade, bem no estilo do público que vinha formando a L&PM, um público jovem, contestador. O livro ainda estava com a Civilização Brasileira, mas o Ênio Silveira nos liberou porque não tinha mais interesse em publicá-lo. Então procurei o João, que estava em processo de transferência para Porto Alegre, e ele me falou dos originais de *Rastros do verão*. Li e gostei muito também, e acabamos contratando os dois livros", narra Pinheiro Machado. No contrato entre Noll e a editora, assinado em fevereiro de 1986, *Rastros do verão* é apresentado provisoriamente como *Adeus à paisagem*; a título de adiantamento, o autor recebeu 140 ORTNs (Obrigações Reajustáveis do Tesouro Nacional, que servia de indexação monetária em época de hiperinflação) divididas em duas parcelas iguais na assinatura do compromisso e na entrega dos originais. O valor correspondia, no início de 2021, a cerca de R$ 3 mil.

Logo na chegada a Porto Alegre, o narrador de *Rastros do verão* descreve um passeio pelo Centro, deserto devido ao Carnaval. "Peguei uma avenida que levava ao centro. Lia a placa de ferro pregada na parede: Avenida Júlio de Castilhos. Essa avenida está igual, pensei. Havia um profundo silêncio. Eu não via pedestres nem carros. (...) Eu continuava a caminhar, passava por um cinema com um título de filme pornográfico. Desde quando esse cinema aqui?, comentei baixinho. Passos depois eu vi o velho Mercado que beira a Praça Quinze. Pela Praça Quinze eu caminhava sobre restos de frutas, sentia consistências variadas sob os pés, esmagava uvas de dias atrás. Ninguém passava. Poucos ônibus descansavam em seus terminais." É, sem dúvida, o mais porto-alegrense dos livros de Noll.

As edições, além disso, são das mais caprichadas do catálogo de Noll, com capas do ilustrador Caulos – um dos mais importantes cartunistas brasileiros dos anos 1970 e 1980, que dividiu a coluna *Gip gip nheco nheco* com o escritor Ivan Lessa em *O Pasquim* e era o principal desenhista de humor do então poderoso *Jornal do Brasil*. Caulos, mineiro de Araguari batizado como Luiz Carlos Coutinho, também havia publicado pela L&PM um pioneiro livro de cartuns ecológicos chamado *Só dói quando eu respiro* (1976). A relação da editora com Noll, entretanto, durou pouco: ainda durante a vigência do contrato, em 1989, Pinheiro Machado soube, através de uma entrevista do escritor publicada no jornal *Folha de S. Paulo*, que a Rocco relançaria o romance *Rastros do verão*, o que de fato ocorreu em 1990, e ligou para o dono da editora, Paulo Roberto, que confirmou a informação. "Desde então a relação [com Noll] melou", conta o editor da L&PM. "Não houve ruptura, nada. Tampouco processo, o que poderia ter rolado. Mas a gente se perdeu. Relação de editora com escritor é que nem namoro: quando um não quer, não tem contrato que segure", completa Pinheiro Machado.

Com Alice Urbim, nos poucos dias que passava em Porto Alegre, costumava frequentar teatros, cinemas e shows. Na época, ela era dona de uma produtora cultural, então os convites para espetáculos se multiplicavam. Os finais de semana na cidade eram agitados e invariavelmente terminavam no Lugar Comum, lendário restaurante localizado na rua Santo Antônio, no bairro Independência, que reunia uma intelectualidade de esquerda em Porto Alegre. Ou no andar de cima, onde, a partir de 1986, funcionou a Sala Jazz Tom Jobim – do mesmo dono do Lugar Comum, Jair Quevedo, mas que tinha uma proposta mais sofisticada de bar com boa música, boa comida e, principalmente, boa bebida. "Se alguém queria nos ver, era lá", sentencia Alice.

A jornalista também destaca que João parecia estar constantemente concentrado no seu entorno, em busca de cenas ou personagens para seus romances. "Era muito observador, isso era notável. Muitas vezes eu percebia esse processo dele de descobrir uma narrativa, uma potencialidade em alguma cena ou pessoa que estivesse diante de nós, então era nítido quando ele processava os estímulos exteriores. Muitas vezes eu notava que ele não estava mais na conversa comigo, apesar de continuarmos conversando, para se deter no diálogo ou na cena da mesa ao lado. Ele saía de si mesmo, era uma coisa incrível. Era como se estivesse desenhando mentalmente uma cena para aproveitá-la mais tarde, quando pudesse escrevê-la. No *Rastros do verão*, eu vejo coisas que nós vimos juntos", diz.

Mas nem sempre a coisa era assim, tão romântica. Alice lembra que, quando João escrevia, tinha que se isolar completamente. "Nunca escreveu comigo, quando passava os finais de semana na minha casa em Porto Alegre. Nunca. Nunca me mostrou nada também, nem pediu a minha opinião. Eu sabia o que ele estava escrevendo, conversávamos sobre isso, mas ele separava muito as coisas. E tinha uma outra coisa: quando eu ia para Pinhal, nos finais de semana, ele me esperava, nós saíamos para comer, íamos para a beira do mar de noite, olhar a lua, uma coisa bem adolescente. Mas em outras vezes ele encarnava um personagem, ficava exercitando aquele alter ego de forma compulsiva, incorporava esse personagem", relembra.

João Gilberto Noll, porém, ou talvez por isso mesmo, sempre foi mantido a uma distância segura do que Alice considerava sua família, o que de certa forma irritou o escritor e acabou abalando a relação. "Nunca o aproximei dos meus filhos, nunca saímos juntos com eles. Em primeiro lugar porque eu não queria. Não por ser ele, não queria com ninguém. E o João ficava indignado com isso, porque no fundo sabíamos que nós não iríamos a lugar nenhum. Eu achava muito bacana a nossa história, eu adorava sair com ele, conversar com ele, estar com ele, só que ele não era a pessoa que eu queria para sempre, entende? E chegou um ponto em que a convivência se tornou difícil porque o João tinha um gênio insuportável. Tinha oscilações de humor muito grandes, a ponto de não parecer a mesma pessoa. Era ciumento e possessivo, não gostava quando alguém que nos encontrava perguntava do meu ex-marido. Ficava muito puto. E mais ainda quando encontrávamos o Carlos

[Urbim], mudava radicalmente de humor", descreve.

As oscilações de humor eram um problema para a harmonia do casal. Alice conta que João até queria ser simpático, mas não conseguia. "Queria saber aonde eu ia, a que horas voltava, por que tinha demorado tanto. Em outros momentos, às vezes em intervalos pequenos, conseguia ser muito carinhoso e atencioso. Deixava bilhetes pela casa. Conseguia ser uma boa companhia, um parceiro mesmo", avança. Também a relação com os dois filhos de Alice, então crianças, se tornou um fetiche. "O João gostava muito que eu contasse coisas cotidianas dos filhos. Não acho que ele quisesse se colocar no papel de pai, mas exalava uma curiosidade sobre os procedimentos familiares. Eu sentia que ele tinha uma curiosidade incomum com a paternidade", revela.

Isso levou, naturalmente, à questão familiar. "O João achou que podia ter um lar, uma casa, comigo. Eu deixei claro, porém, que isso nunca ia acontecer, nunca iria morar com ele, de jeito nenhum. Quando achei que estava entrando numa fria emocional, decidi sair. No fundo, acho que tudo que o João queria era estabilidade emocional. Uma necessidade de estar com alguém, já que era uma pessoa muito solitária. Ele queria ter um casamento estável. Queria ter uma família. E ele batalhava de verdade pelas pessoas", conta.

E o preconceito sempre rondou a vida de João, afirma Alice. Quando um dos filhos dela soube do antigo namoro da mãe, surpreendeu-se: "Mas ele era gay!". Em outro episódio, um cinegrafista também perguntou à jornalista, com certa surpresa, sobre o romance dos dois, alegando que havia conhecido "muitos namorados do escritor". "Eu também", respondeu Alice. Ela descreve, além disso, um diálogo que os dois tiveram numa noite, em que essas questões sobre sexualidade vieram à tona:

– João, as pessoas às vezes me questionam sobre estarmos juntos, sobre a tua sexualidade, entende?

– Entendo. Mas tu te incomoda com isso?

– Não.

– Nem eu.

Rastros do verão é dedicado à Alice Urbim e ao irmão de Noll, Luiz Fernando.

Com Alice em Balneário Pinhal (1985)

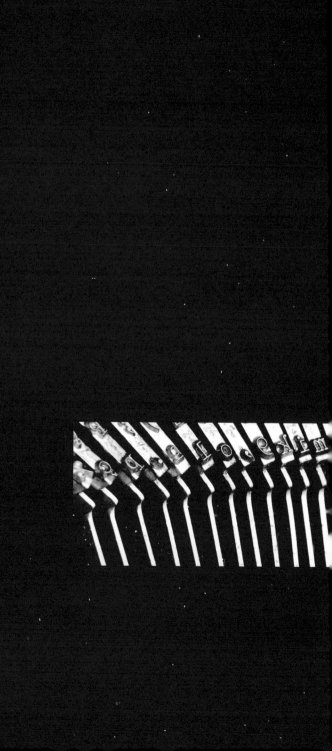

Berkeley, 1996

SOBERBA, EXÓTICA, INESQUECÍVEL, LINDA.

João Gilberto Noll não economizou exclamações, todas absolutamente superlativas, para descrever o impacto que sentiu ao se deparar com a cidade de São Francisco, quando desembarcou por lá em outubro de 1996 a convite da Universidade da Califórnia (UCLA) para passar um mês como escritor-residente no campus de Berkeley – do outro lado da baía de Okland, a poucos quilômetros da cidade que o enfeitiçaria. Era a segunda viagem importante de Noll como resultado de sua atividade de escritor, isso quase 15 anos depois da estadia em Iowa, em 1982. Mas, diferentemente da cidade do meio oeste norte-americano, com sua vocação agrícola e seu alunado conservador, quando não reacionário, e sua universidade vocacionada para as lides agrárias, São Francisco fazia parte de um complexo mítico dos Estados Unidos, com sua efervescência cultural, seus redutos gays, livrarias, universidades, tecnologia, história. A combinação de elementos extraordinários encantou o escritor, que alcançava o auge de sua carreira – dois anos antes havia faturado seu segundo Jabuti com o romance *Harmada* [1993], e acabara de escrever *A céu aberto*, que lhe renderia o terceiro Jabuti, no ano seguinte.

Em cartão-postal que enviou à irmã Anamaria, que o abrigou no Rio de Janeiro na juventude, menos de uma semana após chegar a Berkeley, Noll descreve a felicidade que sentia ao viver em um hotel ao lado do campus da UCLA, "cercado de livrarias, falando sobre meus livros para estudantes americanos, tudo me estimulando, me inspirando". O cartão, datado de 14 de outubro, termina com "São Francisco é soberba!" No mesmo dia envia postal para o irmão Luiz, em Porto Alegre, contando que a vida em torno do campus "é fascinante. Tudo inspira". Dois dias depois apenas, escreve novamente para o irmão:

> *Berkeley, 16/10/1996*
> *Deu saudades da Janaína e da Julia.*
> *Brava gente. Esta é uma das entradas do campus, muitos e muitos bosques, esquilos, belos passeios. Moro quase na frente daí. À noite, os velhos pirados da era hippie ficam por aí tocando violão, jogando tarot (cartas), discursando a esmo, restiolos da Hell's Angels. Inesquecível. Beijos, João.*

Dois dias mais tarde, novo cartão-postal para o irmão narrando, dessa vez, a rotina em Berkeley e as idas diárias a São Francisco: "Vou todas as tardes para S. Francisco: exótica, linda! Choveu, e começou a esfriar barbaramente. Com o outono as folhas ficam arruivadas e viram um tapete. Penso na Julia [sobrinha] aqui, curtindo e aprendendo inglês. Ela ia adorar. Abraços em todos, João. PS: Neste momento, 9 graus".

A saudade da família, a quase obsessiva necessidade de se comunicar (ele escreveria cartões para vários amigos na estadia californiana) contrastavam com o entusiasmo, com as aulas, com a atmosfera de entrega, a disponibilidade: tanta que a temporada de estudos acabou sendo estendida por todo o ano de 1997 depois de um breve retorno de Noll ao Brasil, como informa novamente à irmã Anamaria no dia 29 de março, já na Califórnia. Escreve ele: "Ana: Estou adorando a experiência aqui. Me convidaram para 2 novos cursos no 2º semestre [a partir de setembro] e eu aceitei c/ prazer. Meu endereço: 1563, Arch St, Berkeley, CA 94.708 USA. Abraços em todos e em ti. Beto".

A primeira estadia na UCLA se estendeu de 10 de outubro a 11 de novembro de 1996. Na mesma semana surgia *A céu aberto* – romance que conta a saga de um garoto em busca do pai em um front de guerra, para quem pretende levar o irmão doente. O livro teve uma calorosa recepção, a ponto do crítico Bernardo Ajzenberg proclamar Noll, em resenha na *Folha de S. Paulo* de 9 de novembro de 1996, como o Samuel Beckett brasileiro, "não o dramaturgo autor de *Esperando Godot*, mas o romancista de *Malone morre*. (...) Aquilo que já habita suas obras anteriores, a saber, um texto seco, sem filosofices ou psicologia barata, o deslocamento ágil de tempos verbais, a economia em barroquismos, tudo isso se junta, neste novo livro, a um esmero na escolha e ordenamento de palavras que leva o conjunto do texto a uma limpidez próxima da poesia".

A céu aberto é um livro bastante controverso, mesmo em se tratando de João Gilberto Noll, e que apresenta um escritor sem medo de abordar temas difíceis e delicados, como a transexualidade e o incesto. Por vezes, é francamente obsceno – embora jamais possa ser classificado como pornográfico. Na apresentação do livro, a Companhia das Letras já adverte aos leitores que a prosa "estranha e oblíqua" de Noll não deixará ninguém indiferente. "Num planeta de livros domesticados e previsíveis, [Noll constrói] um ecossistema absolutamente autônomo e regido por leis próprias". De fato, a sinopse do romance não dá conta da sua riqueza: esse jovem que pretende levar o irmão doente para entregá-lo ao pai no front de uma guerra inominada une-se a uma mulher que é seu próprio irmão trasmutado em fêmea e, após desertar, embarca clandestinamente em um navio, onde é mantido em uma espécie de cativeiro sexual pelo comandante da embarcação. "Eram assim os meus dias ali, numa clausura toda enferrujada de maresia, gelada muitas vezes, com as paredes descascando de umidade, eu tendo um sobressalto quando aparecia uma ave sobre o mar, sinal de terra à vista, de uma ilha desabitada quem sabe, onde eu pudesse ficar", narra o protagonista.

Em um dos trechos mais dilacerantes do livro, Noll se vale desse mesmo protagonista para expressar palavras que caberiam perfeitamente bem em uma confissão dele mesmo, quando se pergunta se aqueles guerreiros o aceitariam como um dos seus: "Não, pois eu era um homem só e como tal deveria seguir – esta ideia me bateu como um choque na cabeça. Que exército irá querer incluir em suas fileiras um homem como eu?, alguém que não sabia bem a idade e que dava atenção a poucas coisas além do encaminhamento do irmão, que no mais ficava à toa, sem planos para o futuro, às vezes com acentuada amnésia, em certas ocasiões com vontade de morrer, em outras com uma alegria tão insana a ponto de chorar de dor, então... sendo um homem escandalosamente desimpedido das urgências do mundo, quem iria me convocar para a guerra onde cada um deve dissolver seu andamento próprio em nome da faina de vencer... e a indagação mais grave: que mulher, que filhos, que grandes amigos eu deixaria no cotidiano normal a sofrer a minha falta ou a dourar minha imagem acomodando na memória a vaga urna de um herói... quem me convocaria com uma biografia assim... hein?". Depois de fugir do comandante, o homem sem nome de *A céu aberto* tenta recomeçar a vida em um porto desconhecido até ser confundido, ou quem sabe ser ele mesmo, com um perigoso terrorista internacional, autor de um atentado no tal porto.

A comparação com Beckett, por isso, não é descabida. Embora não haja qualquer referência à obra do autor irlandês nas centenas de entrevistas que deu ao longo da vida, nem citações de livros seus nos romances que escreveu, Noll usava abundantemente os recursos de *non sense* nas suas ficções e não tinha a menor preocupação com a verossimilhança. "Eu já era um homem apaixonado, ainda mais por saber que aquele corpo percorrera um itinerário tão tortuoso para chegar até ali. Dentro daquele corpo de mulher deveria existir a lembrança do que ele fora como homem, e boliná-lo como eu fazia naquele instante deixava em mim a agradável sensação de estar tentando seduzir a minha própria casa, onde eu encontraria meu irmão quem sabe em outro momento. Não, o meu irmão não morrera naquele corpo de mulher, ele permanecia lá esperando a sua vez de voltar, eu beijava um pedaço de seio à mostra e desamarrei a camisola e disse que queria um filho dela e disse que não queria um filho dela porque estava bom assim sem filho nem nada, para que uma criança entre nós dois se uma outra poderá ressurgir daí na pele do meu irmão?", diz o protagonista. Também tem humor – não um humor desbragado, mas melancólico, como no episódio no qual o narrador conversa com um de seus botões.

Quando chegou a Berkeley, Noll já havia terminado *A céu aberto* e vinha de uma experiência docente exitosa na Universidade Estadual do Rio de Janeiro (UERJ), que lhe salvara a pele depois de mais um período crítico, de extrema penúria. Vivendo em Porto Alegre desde meados de 1986, sem trabalho, com poucas perspectivas de futuro, morando de favor em casas de parentes e amigos, escrevendo em bares, Noll voltou para o Rio no final de 1993, mas as coisas novamente não deram certo por lá – ele continuava sem conseguir viver de sua opção pela literatura. Até que a maré mudou. Tudo começou com a antropóloga Tatiana Lins e Silva: amiga de longa data de Noll, ela também conhecia o professor, poeta e crítico literário Italo Moriconi, que em 1994 coordenava o programa de pós-graduação em Letras da UERJ.

"A Tatiana Lins e Silva um dia me ligou perguntando se eu conhecia o Noll. Pessoalmente não conhecia, mas tinha muita admiração por ele, que havia sido saudado pelas principais figuras da minha formação acadêmica, que foram a Heloísa Buarque de Holanda e o Silviano Santiago, além da Flora Süssekind, como um grande talento. Eu já havia lido e até escrito sobre o Noll. Mas não o conhecia pessoalmente. A Tatiana então me alertou, alarmada, de que o Noll estava passando por extremas dificuldades, me disse que estava completamente duro, que estava sem dinheiro algum e praticamente me obrigou a encontrar uma solução. A Tatiana chegou a usar a expressão 'morrer de fome' em relação ao Noll. Eu era um simples professor de literatura e, embora fosse coordenador de pós-graduação, não tinha poder nenhum na universidade. Mesmo assim, fui no Departamento Cultural e apresentei uma ideia antiga que eu tinha, de criar um programa de escrita criativa ou de escritor-visitante. Falei para mim mesmo: é agora. Aí vendi o peixe, falei do Noll e disse que tínhamos uma ótima oportunidade de criar um programa nesses moldes, muito adotado já em universidades do exterior, mas que era uma experiência pioneira no Brasil. E conseguimos. Tivemos muita sorte de ter uma Reitoria naquele momento que comprou a ideia, ousada e humanitária, de acolhê-lo", recorda Moriconi.

Tatiana Lins e Silva conheceu Noll quando estava casada com o cineasta Carlos Brajsblat, que havia escrito uma adaptação do romance *Hotel Atlântico* (1989) para o cinema com a intenção de filmá-lo – o projeto foi atropelado pelo Plano Collor (1990) que, entre outras coisas, criou o Programa Nacional de Desestatização, o qual extinguiu a Embrafilme. Os dois ficaram amigos e o casal, que já estava separado, chegou a acolher Noll em algumas oportunidades na segunda temporada no Rio – o escritor morou durante dois meses no apartamento de Carlos, no Jardim Botânico, quando voltou a viver na cidade. "A situação dele era impressionante, era de fato muito delicada. O Noll estava à mercê da escrita, estava decidido a apenas escrever, independentemente das consequências. Em relação às coisas do cotidiano, portanto, não pretendia ser nem um pouco pragmático", explica Tatiana.

Noll morou com a antropóloga também em um curto período no apartamento dela no Leblon, antes do convite para dar aulas na UERJ: vivia no quartinho da empregada, em um espaço minúsculo, e dormia no chão, segundo relato dela. "Ele não tinha cama", lembra a amiga. Conhecidos desde o final dos anos 1970, quando Noll ainda morava no apartamento da rua Redentor, Brajsblat cita que o amigo travava batalhas diárias pela sobrevivência. "Era uma luta permanente, a sobrevivência era um estorvo para o João", diz o cineasta. O imóvel do bairro Jardim Botânico era pequeno, então Noll se obrigava a passar muito tempo na rua, "perambulando", como descreve Brajsblat. Sempre munido de um bloco de anotações, costumava parar no bar Paz e Amor, em Ipanema, para escrever. "Em casa nunca o vi escrevendo", narra o cineasta. Ele também menciona que Noll não compartilhava nada do que produzia e falava muito pouco sobre seu trabalho ou de coisas pessoais. "Era muito recatado", define. Depois desse período, e já vinculado à UERJ, Noll passou uma temporada no apartamento do também cineasta Maurice Capovilla, que filmaria *Harmada* em 2003 e estava trabalhando em Fortaleza, no Centro Cultural Dragão do Mar – o apartamento fica próximo do mirante do Pasmado, em Botafogo, e tem uma vista deslumbrante para a enseada.

A instabilidade financeira, claro, afetava o humor de Noll. Tatiana lembra de um acidente prosaico nessa época, de um tombo a caminho de um ônibus, que afetou o antebraço e o ombro do escritor. "A muito custo consegui levá-lo a um ortopedista. Mas a forma como o João tratou esse médico foi a pior possível, o João não gostou da prescrição, não queria fazer o tratamento. Estava insuportável", recorda a amiga.

Na UERJ, entretanto, Noll passou a receber um salário equivalente ao de professor em tempo integral, ou seja, um ótimo ordenado para os padrões dele. Moriconi afirma que foi, seguramente, a primeira oficina literária feita pelo escritor em uma universidade, o que lhe abriu muitas portas – para Berkeley, dois anos depois, para Londres, para Bellagio, Chicago, Madison, Campinas. "Durante muitos anos o Noll conseguiu sobreviver graças aos cursos que ministrou no exterior. Na UERJ, ele tinha que simplesmente fazer uma oficina literária: ia à universidade uma vez por semana e dava uma aula com duas horas de duração, que podia ser frequentada tanto pelos alunos da Letras quanto de qualquer outro curso. Nenhum compromisso mais", registra o professor. O vínculo se manteve durante dois anos, entre 1994 e 1995. "O Noll desenvolveu uma maneira própria de dar suas aulas, estabeleceu quase que um ritual. Aula é maneira de dizer, porque sempre dissemos a ele que não queríamos nenhum didatismo, não se tratava de um programa acadêmico, era um espaço de vivência literária. O Noll desenvolveu um grupo que parecia uma pequena seita, umas oito ou dez pessoas que escreviam e respiravam literatura. Alguns fizeram carreira literária, o poeta Silvio Barros entre eles", completa.

Moriconi continua: "Eu já conhecia a literatura dele, já tinha lido e, inclusive, escrito sobre ela, uma resenha de *Rastros do verão*. *A fúria do corpo* era um dos livros que eu mais gostava, depois inclusive pude observar que a literatura dele mudou muito, foi se tornando cada vez mais seca, foi se depurando". Depois, Noll escreveria o prefácio do livro de Italo Moriconi *Quase sertão* (poesia, 1996). "Nas entranhas dessa dramaturgia de pelos e poros arde um dos mais imodestos sopros de sexualidade da atual poesia brasileira. Tudo se esbugalha, tudo se ramifica e, o mais estranho, tudo convalesce na poética de Italo, como se esse canto despedaçado escavasse além do próprio drama, para encontrar uma espécie de fonte extinta de purificação", escreve na apresentação. "Foi muito generoso da parte dele, era muito atencioso com seus colegas. Na época o Noll ainda não era o que se tornaria depois. Porque ele já era um escritor conhecido, mas acabou tendo um *upgrade* muito grande a partir dos anos 1990 justamente por essa carreira no exterior. Berkeley realmente foi o impulso, fez com que a rede de contatos dele aumentasse muito", explica. "Depois o encontrei novamente em Porto Alegre, quando eu estava trabalhando sobre a obra de Caio Fernando Abreu, no meu pós-doutorado [em 2002, que resultaria na edição do livro *Caio Fernando Abreu: cartas*], o que o deixou um pouco enciumado. O Noll tinha restrições ao trabalho do Caio, achava que ele tinha enveredado por um caminho fácil, não diria comercial porque no Brasil, em termos de literatura, isso não existe, mas algo assim. Bem diferente da opção dele, de uma construção que exige mais do leitor".

Alguns anos antes, os dois se encontraram no Rio e foram tomar chope no bar Veloso, no Leblon. "Chegando lá, havia a maior roda de samba, uma balbúrdia daquelas, e o João ficou furibundo, pois detestava lugares muito movimentados ou barulhentos", conta Moriconi. "Ele nunca se abria, nunca falava de coisas pessoais, nossos papos sempre giravam em torno da literatura. Também nunca falava da família, dava até a impressão de que não tinha. Aparecia apenas essa obsessão pela literatura. A mim parecia que o João emanava um sofrimento interior muito grande. Essa geração teve a utopia, o sonho, de viver do ofício da escrita. E o João optou por um lugar quase que impossível, que é ser um escritor de vanguarda e querer viver disso. A fantasia do escritor total. Era uma conversa extremamente difícil porque ele tinha muitos silêncios longos. A expressão que me ocorre é de um sujeito travado. Eu até escrevi sobre isso: que nas obras do Noll há dificuldade em equacionar, por exemplo, a questão sexual, que havia uma espécie de trava nele sobre isso, uma dificuldade imensa de pensar isso. Nunca se percebia qual era a questão subjetiva. A glória da literatura, ou de uma parte da literatura dele, que era tematizar esse esvaziamento do sujeito, essa 'desidentidade', de outra parte revelava algum tipo de impasse mais profundo. O Noll não queria contar uma história, coisa que o Caio fazia muito bem, mas por quê? Será que seria capaz de contar uma história? Na minha opinião, é uma obra calcada na textualidade. Numa textualidade bastante sofisticada. Tem mais a ver com um Beckett mais radical, sem, talvez, o humor do Beckett. Eu tenho uma atração estética imensa pela obra do Noll, mas ele se restringe a círculos mais sofisticados mesmo, foge daquele êxtase do grande público."

°o°

A importância de Berkeley, e por extensão de São Francisco, na vida e na carreira de Noll é tamanha que cinco anos depois resultaria naquele que é considerado por muitos críticos como seu melhor romance. Noll já era um cinquentão quando chegou à Califórnia e, mesmo assim, ainda vivia emaranhado em solucionar problemas prosaicos, como ter um endereço fixo ou uma ocupação rentável que lhe garantisse a sobrevivência. *Berkeley em Bellagio* (2003) se inicia assim: "Ele não falava inglês. Quando deu seu primeiro passeio pelo campus de Berkeley, viu não estar motivado. Saberia voltar atrás? Não se arrependeria ao ter de mendigar de novo em seu país de origem? Fingir que não pedia refeições, ou a casa de veraneio de um amigo em pleno inverno para escrever um novo livro – ah, quando os pinguins chegam à costa daquele extremo sul do Brasil, o vento passa destelhando e uma voz noturna chama, chama pelo desaparecido infante...". Noll não estaria falando dele mesmo em *Berkeley em Belagio*?

Italo Moriconi, que assina a orelha do romance, acredita que sim. Escreve ele: "A maestria invulgar de João Gilberto Noll, aqui demonstrada na utilização estética da oscilação entre um 'ele' e um 'eu', fornece talvez o mais sofisticado exemplo, em nossas letras recentes, *da exploração contemporânea dos limites entre ficção e realidade, no espaço de uma escrita do eu ameaçado de extinção e necessitado de redenção* [grifo meu]." Mais adiante, como que para referendar a tese, esse mesmo narrador de *Berkeley em Bellagio* se pergunta se estava chegando aos Estados Unidos de fato ou se, ao contrário, já estaria voltando "ao Sul do planeta, para aquela falta de trabalho ou de aceno de qualquer coisa que lhe restituísse a prática do convívio em volta de uma refeição, sob um endereço seguro (...)". A identificação é tamanha que protagonista e autor moram na mesma rua na cidade californiana.

O crítico Marcelo Rezende, em resenha na *Folha de S. Paulo* de 9 de novembro de 2002, também pontua essa exposição "explicitamente pessoal" de Noll no romance. Diz ele, sobre o recém-lançado *Berkeley em Bellagio*, que "o desacordo com o cotidiano é uma fatalidade para o autor, que também é um personagem (...) Seu romance parece se articular em torno de duas possibilidades – ou riscos: o quanto pode esconder, ou quanto ele pode revelar de si mesmo", escreve.

Causava espanto que Noll, prestes a completar 56 anos quando do lançamento do romance e com uma obra literária consolidada, não conseguisse viver com um pingo de dignidade a partir de sua arte. Mas era verdade: o convite para a estadia de um mês na Califórnia, estendida depois para todo o ano de 1997, pegou Noll em outro de seus tantos momentos difíceis – o vínculo com a UERJ havia terminado e não poderia ser renovado; voltar para Porto Alegre, portanto, parecia a decisão mais sensata a tomar. Mas o encantamento com a paisagem da costa oeste norte-americana e o astral de São Francisco, apesar da crítica ao puritanismo do país, duraram pouco.

Em 1998, porém, novo alento: a convite da *Folha de S. Paulo*, passou a escrever dois textos semanais de ficção (segundas e quintas) para o suplemento *Ilustrada*. É a oportunidade, conforme a apresentação do jornal, de começar a mostrar a um público mais numeroso a poética e a estética que renderem a Noll prêmios e elogios da crítica. "O que será do texto sem o leitor? Acho que essa relação é extremamente erótica. A grande utopia de Walt Whitman era que o leitor pudesse tocar no tecido do texto. E quanto mais leitores tocando no tecido do texto, mais prazeroso e completo é o ato literário", afirmou em reportagem do dia 24 de agosto desse mesmo ano. O nome da coluna, definida como "instantes ficcionais" pelo próprio Noll, era *Relâmpagos*.

A reportagem prossegue na apresentação. "Nessa 'prosa vertical' para jornal, [Noll] tratará de temas como as paixões mal resolvidas, a vontade de poder, a carência afetiva, a impossibilidade amorosa e a solidão. 'Coisas que dizem respeito à vida cotidiana da grande maioria das pessoas', diz. Sua narrativa, porém, é metafórica", adverte a *Folha*, como se estivesse falando da estreia de uma novela televisiva. "Meus textos geralmente têm muita ação, só que uma ação um pouco descabida dentro dos parâmetros do cotidiano. Não há essa relação tão automatizada entre as coisas que acontecem", define Noll.

Treinador de almas foi o título da primeira dessas ficções:

> *Dois sonâmbulos crispados frente a frente sob a luz que pisca. Esboçam um duelo arrastado, sem desfecho. Chego ali aos seus ouvidos e reverbero o trêmulo estalo do osso que me mantém a guarda. A alguns passos, o porto se esvai. Só eu percebo que o mar se adensa em volta. Os dois inermes diante das cicatrizes não mais que adivinhadas. Disfarço o chiado de algum empedernido inverno no meu peito. Sou duro, exemplar. Antes que o barco também se dissolva, a pomba prateada do Divino desprega-se de um golpe da bandeira da proa e entra esfomeada pelo roxo do raio. Antes que minha mão se desmanche, faço o sinal da regra entre os dois gladiadores, já esquecidos da luta. Agora, um segundo raio esclarece a minha posição ali, sim, de treinador de almas.*

"Eu quero ter o direito também de fazer pequenas liturgias, pequenos momentos de elevação a partir desse barro da história. Não acho que o homem seja anjo, mas é bom a gente exercitar esse desejo de superação, de transcendência", justificou nessa estreia. Os textos eram sempre curtos, de até 130 palavras. A coluna teve vida relativamente longa em se tratando de uma prosa árida como a de Noll, sendo mantida até dezembro de 2001. No final de 2003, virou a coletânea *Mínimos, múltiplos, comuns,* que reuniu 338 desses textos. O livro recebeu o segundo lugar na categoria Contos do Prêmio Jabuti em 2004 e o primeiro lugar do Prêmio Academia Brasileira de Letras (ABL), também na categoria Contos, no mesmo ano.

Berkeley em Bellagio foi concluído na comuna italiana que também dá nome ao romance, ao norte de Milão, próxima à fronteira com a Suíça, onde Noll passou pouco mais de um mês a convite da Fundação Rockefeller entre março e abril de 2002. A premiação recebida por ele permite que artistas, e também pesquisadores da área científica, concluam seus trabalhos na paradisíaca vila medieval, às margens do lago de Como e cercada de bosques e picos nevados. O livro contém toda essa atmosfera francamente burguesa, em que os jantares, no centro cultural da Fundação Rockefeller, que abriga os artistas e cientistas premiados, exigiam à época paletó e gravata dos homens.

Uma das irmãs de Noll, Anamaria, esteve com ele em Bellagio durante essa estadia, justamente no dia em que o escritor completava 56 anos. "Ele foi convidado porque já era bastante conhecido e famoso. O lugar é muito bonito, paradisíaco, mágico, um dos locais mais lindos que já vi na vida. O castelo, como eles chamam, fica em frente ao lago, e no horizonte se vislumbra a Suíça. À noite o Beto era bastante solicitado para cantar, especialmente pelos norte-americanos, que queriam ouvir Bossa Nova [uma dessas cenas é narrada no romance], e o quarto em que ele dormia tinha abrigado o John Kennedy [outra passagem relatada no livro]. Tem uma plaquinha na porta do quarto informando isso. Meu irmão foi muito bem recebido. Penso que foi um dos momentos mais felizes e importantes da vida dele", lembra.

Mesmo que o clima fosse bastante receptivo e amistoso, o romance tem pesadas críticas a esse mecenato supostamente desinteressado e muita autoexposição, que coloca o protagonista sem nome de *Berkeley em Bellagio* na pele de um escritor porto-alegrense às voltas com a conclusão de seu novo romance, financiado pela própria Fundação Rockefeller – escritor esse que recebeu choques insulínicos na adolescência, em um sanatório, e que tinha sérias dificuldades de relacionamento pessoal e escolar. Marcelo Rezende, da *Folha de S. Paulo*, observa que tanto autor quanto narrador "parecem tomados, ansiosos em comunicar, gritar algo, mas o que poderia ser objeto dessa angústia, exatamente?".

A pista mais eloquente está em uma entrevista que Noll concedeu aos jornalistas Cris Gutkoski e Eduardo Veras em março de 2002 para o suplemento *Cultura*, do jornal *Zero Hora*, poucos dias antes de embarcar para Bellagio. A entrevista, publicada no sábado, 9 de março, foi diferente de outras tantas que Noll daria ao longo da vida – a pós-graduandos, jornalistas, estudantes, amigos escritores – porque já de cara estampou o seguinte título na capa do suplemento: "Noll serena os tormentos". Que tormentos seriam esses?

O texto de apresentação da entrevista explica: o escritor acabara de comprar um apartamento em Porto Alegre, depois de morar praticamente toda a vida adulta de favor na casa de familiares – nos últimos anos, se abrigava no apartamento da mãe no bairro Floresta de sua infância. A cidade, portanto, passaria a ser, finalmente, seu porto seguro. Nas duas páginas dedicadas ao escritor no miolo do suplemento, entretanto, o tom era bem outro, a começar pelo título interno, disposto em quatro linhas, dito pelo próprio Noll: "Às vezes você escreve para não ter que matar". De fato, quando embarcou para a Itália, em 20 de março de 2002, a produção de *Berkeley em Bellagio* já estava adiantada – Noll trabalhava no livro, lançado em meados de outubro, havia pelo menos um ano e meio, desde o início de 2000. A jornalista Cris Gutkoski lembra as circunstâncias do encontro: "A entrevista foi capa do [caderno] *Cultura*, capa do jornal, inclusive, e teve boa repercussão. Ele agradeceu muito, depois, por escrito, disse que aquilo funcionou para reapresentá-lo para a cidade que amava, como morador do Centro Histórico, dono, enfim, de um apartamento. Alguém com trabalho, com emprego, na época ele escrevia para a *Folha de S. Paulo* [na verdade, o contrato com o jornal paulistano havia acabado em dezembro do ano anterior]. Foi a primeira casa própria dele [comprada em 2001, após a morte da mãe]. Tenho a impressão de que o Noll passou boa parte da vida brigando por cada almoço ou jantar", relata a jornalista.

Cris continua: "Lembro que ele estava nervoso, se encolhia muito para falar, e lá pelo meio da entrevista veio uma resposta bombástica. Fiz a pergunta banal, 'por que você escreve?', e ele respondeu que 'às vezes a gente escreve pra não ter que matar alguém'. Isso foi para o título, claro, eu soube na hora que isso iria parar no título, e penso que nenhuma resposta depois disso foi tão importante. Mas lamento que não tenha feito a pergunta seguinte, não consegui perguntar quem, enfim, ele gostaria de ter matado. O pai, a mãe, um tio? Um padre, um médico, um estranho completo? Uma prima da adolescência? A ficção do Noll aborda o abuso de várias formas, sexual, inclusive. É um tema muito delicado", associa a jornalista.

A entrevista que ocupou duas páginas do suplemento apresentava um Noll solar, com uma camisa floreada em tons roxos, calça em matiz claro, mocassim azul sem meias e posando para fotografias em frente a um muro decorado com uma pintura multicolorida; as imagens, do fotógrafo Paulo Franken, foram feitas dias depois da conversa com os jornalistas. Noll acabara de desfilar na Marquês de Sapucaí em um carro alegórico da escola de samba Caprichosos de Pilares, cujo enredo era uma homenagem aos 230 anos de Porto Alegre – quase uma irônica provocação a Noll: "Deu pra ti. Tô em alto astral. Tô com Porto Alegre, tri legal". Na alegoria, o autor estava ao lado da dupla Kleiton & Kledir. Na foto interna da entrevista, o geralmente austero escritor está em um minimercado próximo ao seu apartamento escolhendo frutas.

A desconstrução da imagem clássica de Noll tinha lá suas razões: além da bolsa da Fundação Rockefeller, a qual resultaria na conclusão de *Berkeley em Bellagio* [que até a realização da entrevista ao jornal *Zero Hora* se chamaria apenas *Berkeley*], o escritor tinha outros três projetos de adaptação de seus romances para o cinema – dos quais dois foram concretizados – e também manifestava intenção de voltar a escrever para teatro, o que havia tentado em 1993 com a montagem da peça *Quero sim*, sem muita repercussão. Além disso, como já mencionou a jornalista Cris Gutkoski, havia recém-comprado seu primeiro apartamento em Porto Alegre, que lhe garantiria uma "âncora", como ele define na entrevista. "Agora estou vivendo um momento muito feliz, de estar aqui, ancorado. Eu precisava disso", diz aos jornalistas.

Na bucólica Bellagio (2002), no dia dos seus 56 anos

Eduardo Veras, coautor da reportagem, lembra que Noll estava muito inspirado e até eufórico com a perspectiva de ter, enfim, alguma estabilidade material. "Ele tinha ganhado uma boa grana com o contrato do romance *Canoas e marolas* [1999, encomendado pela editora Objetiva]", declara o jornalista, professor de História da Arte na UFRGS, "e queria muito falar sobre essas possibilidades, de ter segurança material na sua cidade com a compra de um apartamento. Ele estava muito contente", relata. Mas Veras também lembra um detalhe que lhe chamou a atenção: Noll falou com os jornalistas em uma espécie de transe, movendo o corpo reiteradamente e fechando os olhos enquanto relatava suas conquistas. "Teve um pouco disso sim, a entrevista foi um pouco teatral", recorda. Além de teatral, demorada. "Havia um clima estranho. Era bonito de ver o Noll naquela euforia, mas era muito estranho também", diz. Noll ficaria conhecido por usar a mesma espécie de transe nas suas leituras dramáticas, em eventos públicos ou mesmo em sessões privadas.

De fato, Noll repete alguns bordões que já usara em outras conversas com jornalistas, cita aspectos que passaram despercebidos em *A céu aberto* (1996) – a guerra sem inimigos precisos que norteia o romance, além do atentado terrorista no final do livro, passara a ser uma realidade a partir do ataque às Torres Gêmeas poucos anos depois, em 2001 –, mas avança em pelo menos dois pontos importantes e originais em relação à cidade que ora amava, ora odiava: vingança e a recusa ao politicamente correto. "Os teus erros e as tuas deformações, é isso que é preciso levar para a literatura, do contrário fica tudo politicamente correto. Quero personagens escrotos, porque também sou escroto, todo mundo é escroto às vezes na vida. Não faço ficção para anjos", responde a uma questão sobre tema e linguagem.

Em outro trecho, confrontado com a dicotomia "erotismo ou destruição", Noll faz duras críticas à poesia de lavra concretista, incluindo aí João Cabral de Melo Neto ("o poema como artefato, como máquina, por que fazer essa faxina tão aguda na linguagem?") e defende uma prosa "sem espartilho", mais diluída ou líquida em termos de linguagem, como ele define, "(...) a linguagem como ponte. Escrever é muito erótico. Como também pode ser destrutivo, o contrário do erótico: às vezes você escreve para não precisar matar ninguém na vida. Vai sublimar na escrita. Eu sinto muito o sentimento de vingança. Essa animalidade da sobrevivência, de precisar fincar os dentes", reflete. Mais adiante, Noll completa o raciocínio: "Quero me vingar de não poder dar visibilidade ao que se é. O indivíduo me preocupa e essa questão é política, ela não é escapista. O indivíduo está muito depauperado hoje, muito uniformizado", argumenta.

Noll manteve contatos frequentes, após a entrevista, com o jornalista Eduardo Veras. Iam ao Café do Museu de Arte do Rio Grande do Sul (Margs) juntos, o escritor fazia perguntas sobre o mercado da pintura e da escultura, depois passou a enviar textos para o suplemento *Cultura*, que o jornalista editava, alguns chegaram a ser publicados, até que poucas semanas depois – Veras não sabe precisar quantas – o escritor formalizou a ele o interesse em ter uma coluna fixa no jornal *Zero Hora*. Veras não se recorda das bases da proposta, mas admite até a possibilidade de que Noll tivesse oferecido os textos de graça. "Entusiasmado, intermediei um contato com o diretor de redação do jornal na época, mas a reação dele foi desastrosa: além de não mostrar nenhum interesse em ter uma coluna do Noll, mesmo que semanal, me passou a nítida impressão de que sequer sabia de quem se tratava", relata. A reação foi um e-mail indignado do escritor, dirigido diretamente ao diretor de redação, acusando-o, entre outras coisas, de ser homofóbico.

Poucas semanas depois, esse jorro de inconformidade voltou a se manifestar em forma de conflito aberto – e com a mesma acusação de homofobia: em julho de 2002, Noll decidiu protestar junto à direção da TV Educativa do Rio Grande do Sul, na época governado pelo petista Olívio Dutra, por ter sido preterido em dois projetos de livros seus na série de teledramaturgia *Histórias do Sul*. Com três roteiros de filmes em andamento nesse ano, dos quais dois foram filmados (*Harmada*, dirigido por Maurice Capovilla em 2003, e *Hotel Atlântico*, de Susana Amaral, em 2009), Noll tinha expectativa de que alguma das propostas da diretora Marta Biavaschi (*Rastros do verão* e *Canoas e marolas*) fosse acolhida pelo edital que iria selecionar cinco romances de autores gaúchos para serem levados à TV. Para surpresa de João, o projeto da diretora escolhido pela emissora foi do romance *As parceiras*, de Lya Luft, publicado em 1980 e que marcou a estreia da romancista no cenário nacional. A reação de Noll, dessa vez, foi explosiva.

Em longuíssimo e-mail datado do dia 5 de julho para o então diretor de programação da emissora, Carlos Carmo, o escritor acusa a TVE de intolerância homofóbica devido à natureza de sua literatura e, de quebra, faz um longo desabafo sobre as dificuldades de sobrevivência em um momento em que a paciência do escritor parecia se esgotar com as constantes barreiras impostas a ele pelo "limbo conceitual-ideológico-auto-proclamado-progressista" do Estado. Se poucos meses antes o clima era de euforia e de "serenar os tormentos", agora se revestiu de revolta por, segundo ele, não ter seu valor artístico reconhecido. "O que preciso dizer", escreve Noll ao diretor da TVE, "porque calar aqui seria conspirar contra a minha própria sobrevivência mental e minha cidadania, é que a maldição do meio cultural, sobretudo dos órgãos culturais, que tentam impingir essa marca ao meu trabalho e atividade de escritor, traduz uma visão obsoleta e quase sempre ressentida", ataca Noll.

De formação marxista, como ele mesmo dizia, e tendo participado, mesmo que indiretamente, da resistência à ditadura oriunda do golpe de 1964, Noll tinha ótimas expectativas na área da cultura em relação ao primeiro governo petista no Estado – o partido já governava Porto Alegre desde 1989 – e tecia frequentes elogios à conduta da prefeitura da capital. Entretanto, os critérios de seleção, ou a falta deles, de acordo com ele, foram demasiados para o escritor. "Me refiro principalmente à filosofia estética do grupo cultural no poder estadual – intolerantes porque eu não represento o gaudério nem a cavalo nem a pé, estou imerso enquanto autor, que é o que interessa aqui, nos desvãos da alma urbana, sem programas líricos e/ou corretamente políticos ou de cantor do como era verde o meu vale dos interiores das plagas que não voltam mais – ou seja, não estou comprometido com a manutenção de ideologias e mitologias gauchescas retrógradas, num momento em que o desemprego e a falta de perspectiva anímica campeiam por nossas esquinas das grandes cidades", escreve um indignado Noll.

A seguir, culpa a emissora por destratá-lo nos bastidores, e até mesmo em entrevistas ao vivo, "porque ninguém entende direito se o meu universo pode ter aceitação no meio dos telespectadores, presumo, e me debato perguntando: é um universo homossexual, não é? Porque também pode pintar uma relação outra em minhas fabulações, é difícil de rotular, então partem para ojerizar (sic) a própria pessoa do autor: seria louco, egocêntrico, intratável, inclassificável", acusa ele, em tom irônico. E depois, como que no grito de *Berkeley em Bellagio* intuído pelo crítico Marcelo Rezende, assegura que continuará vivendo e escrevendo em Porto Alegre, "cidade que amo, pois nasci e me criei aqui, como talvez tantos de vocês aí por esses corredores rancorosos".

Para completar: "O que sei dizer é que vivendo já há muitos anos em Porto Alegre (me afastei da cidade um bom tempo), nunca consegui aqui (e não faltou procura) uma relação onde eu entrasse com minha força de trabalho e alguma entidade privada, ou governamental, entrasse com a possível grana da minha subsistência diária, só isso, a imprescindível práxis da cidadania. Claro, por muitos anos não tive as três refeições diárias, não tinha teto, morava de favor aqui e acolá, geralmente [em] casa de parentes. (...) Reitero que continuarei a viver aqui (consegui até comprar um apartamentozinho com a minha escrita e suas derivações) e de agora em diante farei desse isolamento provocado pela intolerância de vocês uma força a mais para o meu trabalho. Quer dizer: tudo aquilo que está proporcionando me manter vivo [sic], comendo, lendo, ouvindo CDs e morando (já não sou sem-teto) vem de outros estados do Brasil ou de fora do país."

O e-mail, no qual, além do desabafo, Noll anuncia também o romance que estava prestes a lançar, foi encaminhado por ele para dezenas de pessoas da cena cultural de Porto Alegre, incluindo escritores, jornalistas, diretores de teatro e cinema, artistas de várias áreas. O escritor classifica *Berkeley em Bellagio* como um livro "verticalmente crítico, senão anárquico, em relação a essas forças internacionais" que diz sustentá-lo – a tal crítica ao "mecenato desinteressado", já mencionada anteriormente. E termina a longa carta avisando, "com lealdade", adverte, que faria um artigo para os jornais discorrendo sobre o que acabara de denunciar. O tal artigo nunca foi escrito – e, se foi, nunca se tornou público, nem há qualquer referência sobre essas críticas a não ser nos e-mails recebidos pela comunidade cultural porto-alegrense.

Coube ao coordenador da comissão de seleção do projeto *Histó-*

rias do Sul, cineasta Guilherme Castro, responder a Noll em e-mail do dia 8 de julho:

> *Sr. João Gilberto Noll,*
> *Escrevo em meu próprio nome não para lhe dar uma resposta, pois o conteúdo das mensagens que temos recebido vai além de respostas possíveis. Escrevo apenas para que saibas meu nome e sobrenome (Guilherme Castro) e para que tenhas o meu endereço eletrônico. Quanto às respostas possíveis de serem dadas, penso que se resumem em uma simples: quando a Comissão de Seleção do Projeto Histórias do Sul se reuniu, eu tinha apenas uma certeza: erraríamos. Como escolheríamos cinco textos entre os autores gaúchos? Quantos, plenos de méritos, ficariam de fora? Mesmo com esta terrível certeza, procuramos fazer o melhor possível. Ajudou-nos muito a qualificada participação dos integrantes da Comissão de Seleção, formada por representantes da Fundacine, do Banrisul, da Associação Profissional dos cineastas, do Sindicato das produtoras, do IEL e da Câmara Rio-Grandense do Livro, além da TVE. Todas as decisões da Comissão foram unânimes, após muita reflexão e conversa. E ainda assim, erramos. Mas se eram apenas cinco, qual seria a solução?*

"Ele ficou muito chateado e botou a boca no trombone. Na época não existiam redes sociais, então ele disparou e-mails para todos os seus contatos nos acusando de preconceito. O e-mail foi enviado para todos os seus contatos. Era assim que os debates aconteciam. Ponderamos que concursos e editais são assim, infelizmente, e que a decisão da Comissão era soberana", lembra o cineasta e professor Guilherme Castro. O projeto *Histórias do Sul* era uma produção de teledramaturgia da TV Educativa que selecionava projetos de obras literárias de autores gaúchos, por meio de edital, para serem transpostas à teledramaturgia. Na primeira edição, em 2001 [para realizações em 2002], foram selecionados cinco projetos de produtoras e equipes diferentes com textos de Dyonélio Machado (direção de Saturnino Rocha), Simões Lopes Neto (direção de Pena Cabreira), Luis Fernando Verissimo (direção de Gustavo Spolidoro), Sérgio Faraco (direção de Diego de Godoy) e Lya Luft (direção de Marta

Biavaschi). "A série de teledramaturgia", prossegue Castro, "foi ótima, teve grande visibilidade, com muita mídia e promoção. A TVE ainda dava picos de dez pontos ou mais de Ibope, muito porque a TV por assinatura estava bem no início. Acho que nossa resposta foi boa, pois o Noll se acalmou," completa.

Ledo engano. O escritor e jornalista Rafael Guimaraens, que foi suplente na comissão julgadora, mas participou de algumas das discussões sobre a seleção, acabou experimentando a ira do escritor contrariado. "Ele passou a me evitar nos eventos públicos, chegou a me hostilizar. Quando cruzávamos por acaso na rua, passava reto e não me olhava. Dizia que tinha sido preterido por ser gay, por ser, segundo suas palavras, uma bicha velha e maconheira", completa Guimaraens. Alguns anos antes, como já foi mencionado aqui, Noll dedicara o poema *Nesta praça* (1995) ao jornalista, de quem se considerava amigo. Os dois nunca mais se falaram.

Em outra mensagem, já em réplica à resposta de Castro, e também distribuída para dezenas de contatos seus, Noll vai além e parte para o deboche ao ameaçar "se dilacerar" em praça pública. "Sim, agora cheguei ao limite, não quero mais permitir que me atirem nas sombras aqui na terra, darei meus gritos de denúncia, meus uivos, se [for] preciso, não recalcarei no meu silêncio em solidão plena, antes do fim que está próximo, sim, me dilacerarei em praça pública, a TVE será obrigada a mostrar o ato na Esquina Democrática e tudo estará consumado, o som e a fúria, o horror da burocracia do Estado que acha que pode dispor *ad aeternum* de avaliações soberanas do trabalho dos artistas, sempre, sempre para reconsagrarem os que ajudam a construir as mitologias hoje da classe média, a mais *reaça* dos galpões tropeiros", escreve. Um João verdadeiramente aos pedaços.

O diretor de teatro, ator e psicanalista Julio Conte foi um dos intelectuais de Porto Alegre que recebeu as mensagens. Amigos de longa data, ambos se conheceram nos bastidores do sucesso teatral *Bailei na curva*, argumento, roteiro e texto final de Conte, em uma de suas primeiras temporadas – de muitas – no Theatro São Pedro, em Porto Alegre. Noll apareceu nos camarins depois da encenação, bastante encantado com a montagem. "Logo de cara me chamou a atenção que ele falou na tristeza da peça, numa espécie de melancolia, que de fato existe no texto, é claro, apesar de ser uma comédia, mas que pouca gente mencionava", lembra Conte. Era 1986, ano de lançamento de *Rastros do verão* e do primeiro (de muitos) retorno de Noll a Porto Alegre. O escritor passou a frequentar os ensaios do grupo do diretor, trocava ideias sobre teatro [iria escrever a peça *Quero sim*, em 1993] e, em determinado momento, até procurou Conte para propor a ele um tratamento psicanalítico – o momento, como lembra ele, era bastante delicado. "Ficamos dois meses conversando muito sobre a vida, sobre arte, mas não estabelecemos um tratamento formal, não houve contrato, nem pagamento, foi mais um encontro de duas pessoas com preocupações estéticas", registra. "Uma das coisas que manteve a sanidade do João, na minha opinião, foi ele se dedicar à literatura", sintetiza o diretor. "Tinha um lado mórbido muito pronunciado, contra o qual tinha que lutar constantemente." Conte, em 2018, dirigiu uma adaptação do volume de contos *Mínimos, múltiplos, comuns* (2003), que Noll não chegou a ver pronta – apesar de ter participado de algumas sessões de leituras dramáticas e do processo de escolha dos textos.

Noll até se desculpa, na mensagem ao amigo, pelos eventuais excessos que possa ter cometido na carta enviada ao diretor da TV Educativa, porém acaba reiterando as críticas e ampliando a visão de um verdadeiro "universo paralelo" a vigorar no Estado. "Se o tom for excessivo, descomunal, se for confuso para quem não estiver dentro da pororoca, para mim isso não é o essencial. Às vezes é preciso espernear mesmo, tu sabes. Diante de uma cidade que só sabe te dizer não para tentativas de mostrar e desenvolver o teu trabalho (reitero que nunca tive a clássica relação, pelo menos capitalista, que é a [relação] ainda vigente, que eu saiba, de produzir em Porto Alegre em troca de um retorno material), onde tudo esbarra, esbarra sempre em mil coisas, por questões homofóbicas, porque não sou herdeiro da retomada ficcional da genealogia da comunidade sul-riograndense, seja lá isso o que for, eu pessoalmente não tenho muitas certezas a respeito de coisas assim, sempre o persistente espírito [da geração] de 30, a questão rural em primeiro lugar, enquanto eu desejo, enquanto escritor, recuperar, não sei se consigo, é óbvio, a imagem do destituído de identidade das artérias de Porto Alegre."

O desabafo termina com outra afirmação peremptória: "A questão", escreve Noll a Conte, a respeito de sua pecha de maldito em sua própria cidade, "é que moro aqui e já não suporto esse isolamento, fabricado uma parte por mim, mas muito também pela *mais avarenta cidade do mundo* [grifo meu] para quem não reza exatamente como exigem certos grupos".

Não obstante a opinião desconcertante, *Berkeley em Bellagio* é dedicado à cidade de Porto Alegre.

°₀°

A repórter Cris Gutkoski recebeu o desabafo enviado por Noll à sua lista de amigos. Ela conta: "Eu respondi o e-mail sobre a TVE. Estava na correria, na [cobertura da] campanha eleitoral de 2002, e dei uma resposta curta, algo assim: 'Noll, calma, o apresentador do principal telejornal da TVE consegue errar a entonação de cada sílaba de cada palavra de cada frase'. Acho que ele riu, e a resposta também foi curta. 'Cris, eu te amo'. Fino, hein? Era um homem fino. Mas eu fiz o possível para consolá-lo, na hora: esculhambei a TVE e a comunicação petista num governo que respeitei muito. Mas quem não consegue escolher nem um âncora direito, vai conseguir reconhecer valor na obra do Noll?", destaca a jornalista.

Berkeley em Bellagio também foi dedicado a ela e ao seu colega, Eduardo Veras.

°₀°

O livreiro Gustavo Ventura Gomes também foi homenageado no romance, além de ter inspirado um dos 338 textos de *Mínimos, múltiplos, comuns* (2003). Leitor inveterado, Noll costumava visitar a livraria de Ventura – a Ventura Livros, em plena Rua da Praia. Na parede, um imenso retrato de Walt Whitman decorava a loja. "Ele estava sempre comprando. Normalmente, telefonava e depois vinha buscar. Mas às vezes, quando estava caminhando pelo Centro, só entrava mesmo, para olhar. Ele caminhava muito", registra o livreiro, um dos mais tradicionais de Porto Alegre.

O conto se chama *A presença*:

Se passasse na rua da Praia, entrava na livraria Ventura. Lá ficava o poeta [Whitman] com aquelas crianças em volta. Dessa vez a fotografia não estava ali. No instante de se dar conta da ausência, aproximou-se um homem a lhe pedir uns trocados. Sem trabalho, não tinha para a condução. Ele, sem querer, desconversou. "E Walt Whitman, você leu"? Pois era o poeta preferido do desempregado. Sentia falta do retrato dele com as crianças, ali. E apontou para o claro na parede. Foi quando um trovão cortou o fio da tarde. Eles já estavam ilhados.

O retrato de Whitman, informa Ventura, nunca saiu da parede da livraria enquanto a loja funcionou, até 2014.

°o°

Foi nessa época, na virada do século, que Noll se aproximou também de uma nova geração de escritores que surgia em Porto Alegre, especialmente o núcleo que fundou a editora Livros do Mal. Os dois primeiros autores e fundadores da editora tiveram a ideia de enviar os livros de estreia – *Dentes guardados*, de Daniel Galera, e *Ovelhas que voam se perdem no céu*, de Daniel Pellizzari – a um grupo seleto de críticos, jornalistas e autores como forma de potencializar a festa de lançamento, em outubro de 2001 em um dos bares mais undergrounds de Porto Alegre: o Garagem Hermética.

"O Noll era um de nossos autores preferidos, éramos fãs dele, mas na verdade eu não me lembro de tê-lo visto até então em Porto Alegre. Eu tinha 22 anos, na época não havia redes sociais, mal havia internet, então nosso esforço de divulgação incluiu esse pacote de livros. Conseguimos os endereços de pessoas influentes, de críticos ou escritores que nos interessavam, entre eles do Noll, e arriscamos. Tivemos poucos retornos, três ou quatro pessoas, lembro que o [escritor] Fausto Wolf me telefonou para agradecer. O Noll não se manifestou. Na noite do lançamento, bem cedo, com a sessão de autógrafos recém começando, vimos ele entrar no bar com aquele jeito contido. Foi o Pellizzari que o reconheceu, me avisou que o Noll estava na fila esperando sua vez de pegar nossas assinaturas. Foi muito marcante, extraordinário, dois autores estreantes serem prestigiados por um escritor como ele, já naquela época bastante conhecido e respeitado. Ele nos disse que tinha gostado muito dos livros, conversamos alguns minutos, mas foram comentários muito breves. O Noll ficou pouco tempo, se retirou alguns minutos depois, não me lembro de tê-lo visto conversando com mais pessoas pois era um pessoal muito jovem, da nossa geração, ele obviamente não devia conhecer ninguém", relembra Daniel Galera.

Em maio de 2002, Noll também prestigiou o lançamento do livro *Vidas cegas*, do escritor Marcelo Benvenutti – igualmente pela Livros do Mal. "Foi em outro bar. Os editores haviam convidado ele, que chegou bem tímido, me cumprimentou e fez algumas perguntas rápidas. Já o Galera e o Mojo [apelido de Pellizzari] pareciam que iam pular em cima das mesas de alegria por ele ter ido lá", lembra Benvenutti. Poucos dias depois, em junho de 2002, Galera recebeu por e-mail os originais de *Berkeley em Bellagio* e um pedido do escritor para que avaliasse o romance – João enviou o livro para dezenas de pessoas, às quais pretendia dedicar a novela. "Respondi que era um honra ter recebido o livro, que eu leria e daria minha opinião, sim, mas menos de uma semana depois ele me enviou outra mensagem, num tom absolutamente indignado, me acusando de ser indiferente com seu livro, dizendo que eu era arrogante, que estava ignorando o pedido de avaliação de um colega escritor, foi um e-mail muito, muito agressivo. Claro, fiquei abalado, como eu era um autor iniciante imaginei que tinha cometido uma gafe, que deveria ter lido imediatamente e respondido a ele, me senti muito mal. Não respondi a mensagem. Não sabia como responder. Não sabia o que responder. Dois dias depois, outro e-mail. Dessa vez, com um candente pedido de desculpas. Noll alegava que estava passando por um momento delicado, reconhecia que havia sido injusto, em outras palavras se retratava pela agressividade da mensagem anterior. Não guardei esse e-mail, Noll tampouco mencionou que momento delicado seria esse, mas me chamou a atenção a oscilação de humor em tão pouco tempo", relata. No começo de 2003, Galera enviou a Noll os originais de seu primeiro romance – *Até o dia em que o cão morreu*, que também seria publicado pela Livros do Mal – e pediu que o escritor fizesse a apresentação. Noll demorou menos de uma semana para enviar a "orelha", que constou na primeira edição. "É um texto lindíssimo, não havia uma vírgula sequer para corrigir. Até então, tínhamos nos visto apenas uma vez, no lançamento da editora. Mas o João fez uma leitura muito sensível do meu romance, foi incrível, surpreendente mesmo, como compreendeu o que eu queria dizer."

"Eis o romance possível para a novíssima geração. Eis os traços minúsculos e sombrios de um protagonista atordoado por sua inadequação diante de um mundo sem a mínima predisposição para o clímax, como se a crista dos dias pudesse comportar tão-só a paralisia do olhar num andar panorâmico de um prédio de Porto Alegre", escreve Noll. E depois pergunta: seria *Até o dia em que o cão morreu* um romance? "Daniel Galera aqui parece jogar com o gênero, afastando-se de suas premissas assim que a narrativa pede um corte cinematográfico, às vezes brusco, de um capítulo curto a outro mais breve ainda. São contos? Não importa na leitura deste tocante livro o bizantinismo teórico. Importa que nesta ficção o camuseano autor oferece um testemunho único dentro de sua geração, único porque responde a uma demanda aguda do nosso tempo numa sociedade periférica: ou seja, a história de um jovem que se exaure antes da maturidade, se exaure pela ociosidade massacrante, sem saída à vista, se exaure porque o amor lhe confere apenas soluços secos, gozos avulsos. (...) Eis um livro, eu aposto, que será lido pelos que emergem na idade adulta com toda a sofreguidão."

Noll e Galera se encontrariam muitas vezes depois disso, ao acaso, nas ruas e nos cinemas de Porto Alegre, em eventos literários em outros centros urbanos do país e do mundo, quando conversavam brevemente sobre livros, produção literária, leituras, tendências. "Nunca atravessávamos a membrana fina do superficial", lembra o escritor, "não me lembro de ter dividido mesa de bar com ele, não interferíamos na intimidade um do outro, procurávamos tornar essas conversas agradáveis para os dois", sintetiza. Galera conheceu a literatura de Noll por meio da biblioteca do pai, ao ler um volume "bastante manuseado" do romance *A fúria do corpo* (1981). Esse volume migraria posteriormente para a biblioteca do próprio Galera, que levou o livro para seu ídolo finalmente autografá-lo em 2016, na festa de 70 anos do Noll realizada no espaço cultural Aldeia – que abrigava a livraria Baleia, onde o escritor fez suas últimas oficinas literárias. Na última vez em que se viram, poucos dias antes da morte do escritor, Galera e Noll não se falaram. "Eu caminhava por uma rua do Bom Fim [bairro tradicional de Porto Alegre, que originariamente abrigou a comunidade judaica da cidade], não sei se a Fernandes Vieira ou a Felipe Camarão, cheio de sacolas e com o cachorro pela guia, quando o enxerguei no fundo de um café, sozinho. Tenho certeza que ele me viu também, mas eu estava carregado demais para parar e lembro que sequer acenei para ele. Passei e segui meu caminho. Fiquei imaginando o que o Noll teria pensado naquele momento e, quando soube que havia morrido, me arrependi de não ter parado", lamenta Galera.

°○°

Outro autor desta nova geração da virada do século que se aproximou de Noll foi o escritor Edson Roig Maciel – que assina sob o morfônimo Migracielo. Ambos se conheceram em junho de 2007, em um prosaico supermercado no Centro Histórico de Porto Alegre. Eram vizinhos, Maciel havia recém-publicado seu primeiro livro, de contos, *A extinção da primeira pessoa* (2007), e Noll recebeu com "simpatia" a oferta de um exemplar feita pelo autor estreante que derivou para um café e para, como diz Maciel, uma amizade acalorada. "Abordei-o pela primeira vez por acaso, na fila do supermercado. Eu o conhecia de vê-lo na imprensa, mas já tinha lido *Lorde*. Ele foi receptivo e passamos a nos encontrar para uma série de conversas; a amizade se formou. Trocamos originais: eu li uns trechos do *Acenos e afagos* enquanto ele ainda o estava escrevendo e fiz comentários; posteriormente, quando terminei de escrever meu primeiro romance, *Sveglia* (2010), Noll leu o manuscrito e gostou muito. 'Um universo absolutamente transfigurado, acrescenta mesmo', ele me disse. Também me colocou em contato com alguns editores que ele conhecia, para me ajudar a publicar", narra Maciel.

"Nessa época [entre 2007 e 2010] foi quando tivemos mais contato, pois eu também morava no Centro. Éramos vizinhos e tomávamos cafés, ou em bares do Centro ou nas nossas casas. À noite, na Cidade Baixa, principalmente, mas também em botecos ali na Rua da Praia, era cerveja ou chope. Cheguei a cozinhar uns macarrões também lá em casa. Eu morava na Demétrio Ribeiro e ele na Fernando Machado [ruas paralelas, separadas por apenas um quarteirão]. Uma vez, convidado para a FLIP [na edição de 2008], Noll ia participar de uma mesa com [cineasta argentina] Lucrecia Martel e estava incomodado porque não tinha visto nenhum filme dela. Como ele não tinha DVD e, por sinal, também não tinha o menor traquejo com tecnologias, me pediu para assistirmos lá em casa a um filme dela, que peguei em uma locadora. Assistimos a *O pântano* [2001] e, ao final, ele comentou, visivelmente satisfeito: 'É, tem uma assinatura...'. Era cinéfilo de carteirinha, estava sempre nos cinemas ali do Centro, embora uma vez tenha me confessado que não se importava tanto com o filme, mas que o ritual da sala de cinema era como um pequeno sonho, uma pequena pausa virtual na correnteza das horas diárias", relembra Maciel.

As conversas entre eles, ainda segundo o autor, envolviam sempre a literatura e a extrapolação do "sentir-se vivo" nessa direção, na direção da escrita. "Eu sempre fui, e sigo sendo, bem radical nessa direção. E o João também me inspirou muito para isso, daí nossa afinidade. Acho que se perde muito tempo de vida (literalmente) útil numa civilização como a nossa, exteriorizante, um tanto entontecida ao cultivar valores que colocam em segundo (ou derradeiro) plano a experiência contemplativa que gera a arte, a detenção atenciosa ao instante e o cultivo do êxtase existencial. Pelas minhas conversas com o Noll, acho que ele também entendia um pouco as coisas nessa direção", projeta.

Mas, mesmo a bordo de uma amizade acalorada, Maciel reconhece que sabia pouco, quase nada, da vida pessoal do amigo. "Para mim, o Noll está sobretudo nos livros (o Noll profundo) e nas entrevistas (o Noll pensador, um insuperável filósofo da existência). Na vida, pelo menos a meu ver, ele era mistério puro. Com várias camadas e muita densidade humana", define. Sobretudo um mistério metafísico: "Ele gostava dessa palavra e se referia a si mesmo como um escritor metafísico, circundando com opacidade e translucidez uma busca de cunho, digamos, espiritual, e que contrastava e balanceava incrivelmente bem com a 'fúria do corpo' presente constantemente no plano cênico das ficções dele". Maciel também lembra que Noll "não gostava nada" do rótulo de autor psicologista e, citando *A paixão segundo GH*, de Clarice Lispector, rebatia: "Pois cadê a psicologia de uma mulher na frente de uma barata?"

A vida era uma coisa que Noll também gostava de interpretar, conforme o amigo. "Era um tema recorrente nas nossas conversas: a vida, o estar vivo. Gastávamos muito latim, e também muitos silêncios, em torno disso", rememora. Em uma entrevista que Maciel fez com o escritor em 2008, e que está anexada à sua dissertação de mestrado em Literatura Comparada, defendida em 2009, Noll aproxima vida, amor e morte de forma sintética:

> *ERM – O que é o amor?*
> *JGN – Amor são momentos agradáveis, muito comunicativos, às vezes sem precisar falar. São trocas: trocas de pele, troca de assuntos, troca de sabores. E vale a pena. Arrisco dizer que sem amor não é possível viver. Porque a gente quer ser o outro um pouco, quer fundir com o outro, não é? O sentimento de fusão é uma coisa muito vital para a natureza humana: embarcar em outro corpo, porque o seu já é insuficiente. Claro que aí o amor e a morte se emparelham, porque na medida em que você se insere no outro, você perde as suas características, o seu eu. O amor e a morte sempre estiveram nessa mira de coisas bastante dialéticas e tensas entre si. Os franceses dizem inclusive que o orgasmo é uma pequena morte.*[1]

Na mesma entrevista, Noll fala abertamente da questão sexual – coisa que era bastante incomum em suas conversas públicas, talvez porque Maciel não exercesse papel de jornalista naquele momento e o registro do encontro não tinha como objetivo ser publicado. Falando sobre o personagem recorrente de seus romances, o escritor diz que seus livros estavam ficando [a entrevista foi realizada em 2008] cada vez mais homossexuais. "Sempre foram", admite Noll, "mas havia mesclas. Mulheres, enfim. E agora não. Agora são realmente casais de homens, e acho que é um passo significativo. Talvez isso tenha vindo de meus estágios nos Estados Unidos e na Inglaterra, onde a cena gay tem outra postura. As pessoas se beijam na rua quando se encontram. Isso mexeu muito comigo. Numa

---

1 *Sveglia, a produção de um romance.* Dissertação de mestrado em Literatura Comparada de Edson Roig Maciel. UFRGS, 2009.

ocasião briguei publicamente com Porto Alegre por não haver aqui um lugar onde homossexuais possam se beijar."

°○°

Ainda assim, Noll nunca cogitou viver fora do país – nem mesmo diante dos impactos que lhe causaram tanto Berkeley quanto Londres. O narrador de *Berkeley em Bellagio* até imagina o quanto poderia ser bom optar por viver definitivamente nos Estados Unidos com um bom salário de professor de cultura brasileira. Tudo devaneio. "Aposentado no futuro iria duas, três vezes ao Brasil a cada ano, traria de lá um garoto bronzeado de Copacabana, sempre existiriam garotos bronzeados em Copacabana prontos para ir aos States com um homem maduro; esse garoto poderia vir a ser seu secretário bilíngue, salário que faria o rapaz esquecer a pobreza; ele já seria então bem mais, seria sim seu assessor, seu amante, santo, se não fosse aquele que o mataria ao final, durante o sono, sem que ele jamais viesse a saber – rígido, frio como aquela pedra à beira do riacho que corria manso pelo bosque de Berkeley (...)."

Mas, apesar do desejo delirante do personagem, o tom do romance é bastante crítico em relação à cultura e à vida nos Estados Unidos, cujo protagonista caracteriza como "um outro reino, miraculosamente impessoal, nada demandante, em conformidade com as linhas da Golden Gate que os dois costumavam acompanhar das colinas de Berkeley, ao entardecer: elas se cobriam pouco a pouco de uma mortalha de neve, apagavam-se simplesmente, sem desejo ou mágoa". Dos alunos, duvidava do interesse deles em relação aos temas da cultura brasileira, "quadros de miséria afastados de seus cotidianos quase principescos", e os acusava de simularem um "interesse mais que suficiente para lhes render êxitos a mais em seus currículos de agentes não importa de que instituição, secreta ou não, agentes da bandeira que fingiam amar sobre todas as coisas, mesmo que tentassem às vezes molestá-la em minha presença, afetando visão crítica para me mimar". Nesse, e em vários outros pontos do romance, a narrativa alterna primeira e terceira pessoas de forma aleatória, de maneira a provocar mesmo a identificação das cenas com o próprio autor.

Em certo ponto, a descrição poderia até mesmo caber nesta biografia: "Quem seria esse homem um tanto taciturno a encontrar estátuas, quadros clássicos pela frente para impressionar americanos, colunas, obeliscos, homens seminus, mulheres fartas, gestos largos, quem era mesmo esse homem nascido em abril em Porto Alegre, no hospital Beneficência Portuguesa, às seis da manhã, criado no bairro Floresta, sem poder imaginar que um dia estaria aqui neste castelo, ao norte da Itália, perto de Milão, na chamada – jocosamente ou com sarcasmo – 'Catedral' americana (...)".

Também é, seguramente, como se percebe de modo cristalino, um romance engraçado – o livro de Noll que, talvez, contenha mais humor. Os colegas do personagem-autor na estação paradisíaca de Bellagio, a "cúpula de *scholars*", como diz o protagonista, são descritos como professores pedantes, preconceituosos, alienados e beberrões – especialmente em relação ao único participante naquela comunidade que tem como língua nativa o português. "Fui para perto de um grupo que ouvia atentamente a fala da poeta tcheca toda liquefeita em vinho a relatar sua amizade estreita com João Paulo II. (...) Tudo eu ouvia como sempre ouvia os cortesãos da Fundação, pegando pedaços, nacos de frases, logo me desinteressando, às vezes retornando para verificar se daria para lastimar mais tarde ter passado ao largo do assunto que poderia render mais romances, mais contos, mais novelas, quem sabe dessa vez um poema dramático à *la* T. S. Eliot (...)."

Alguns anos mais tarde, em Londres, durante quatro meses, Noll foi escritor-residente no King's College. Era 2004 e ele teve um novo impacto: vivendo em um bairro periférico da metrópole, entre imigrantes de origem árabe, e com tão pouco dinheiro quanto no Brasil, o escritor usa no livro que surgiu dessa experiência – *Lorde* (2004) – toda a angústia por mais uma vez se sentir estrangeiro, ou estranho, para os outros e para si mesmo. Mais uma vez, o protagonista é um escritor oriundo de Porto Alegre e que tem imensa dificuldade em se adequar ao mundo real. Além de não compreender claramente os motivos que o levaram a Londres, o protagonista também reconhece que necessita do auxílio recebido não por prazer, mas por uma questão de sobrevivência. "(...) sim, a pura verdade vinha de que eu não tivera escolha. Então eu vim", diz o personagem. Noll foi o primeiro autor brasileiro agraciado

Rua do subúrbio de Hackney, em Londres, na qual Noll morou durante quatro meses com uma bolsa do King's College.

Assim como em *Berkeley em Bellagio*, em *Lorde* o protagonista também parece entediado com a rotina de palestras, cursos, viagens. E não se furta a debochar abertamente da oportunidade, "sim, vou passar uma temporada em Londres, representarei o Brasil, darei o melhor de mim – o quá-quá-quá surfava na minha traqueia sem poder sair, entende?", narra o personagem. E também está cansado de ser tratado como um objeto exótico, a ponto de querer – literalmente, como ocorre no romance gestado em Londres – assumir outra identidade, outra vida: quando se olha no espelho, depois de uma noite de sexo com um inglês de nome George, o protagonista-autor vê apenas um: o outro. "Tudo já fora respondido. Eu não era quem eu pensava. Em consequência George não tinha fugido, estava aqui", diz.

Em 2010, quando Noll passou o segundo semestre do ano na Universidade de Campinas (Unicamp) como convidado do Programa Artista-Residente, relembrou para o periódico da instituição a estadia em Londres.

> *Tenho participado de vários programas como este da Unicamp* [Noll ministrou oficinas e fez conferências no Instituto de Estudos da Linguagem, além de iniciar a elaboração do que seria seu derradeiro romance – *Solidão continental*, publicado em 2012]. *Em 2004, passei quatro meses em Londres, a convite do King's College, e também escrevi um livro. Morei num bairro de imigrantes, com muitos árabes* [no burgo de Hackney, para onde também é levado o personagem do romance], *e o livro se chama* Lorde *– um título irônico, já que não se trata de um lorde mas de um homem sem nome, sem feições, como vários outros personagens meus. Ele é uma mancha perambulando pelas ruas à procura de alguma coisa que não tem ideia do que seja, e fugindo de outras que também não consegue nomear.*

Noll diz, na mesma entrevista, que reconhecimentos desse tipo dão alento ao escritor, "é um estímulo enorme. Agora, os prêmios que mais considero são os que envolvem algum dinheiro, pois dedico uma parcela considerável da minha disponibilidade à literatura e qualquer ajuda material vem bem". O escritor admite que fez uma opção "enlouquecida", já que sua literatura "não é de consumo, não é best-seller, não sou um autor que possa viver da venda de livros".

Lorde deu a Noll o Jabuti de melhor romance em 2005, quinto de sua carreira – além de outro Jabuti, o sexto, de romance publicado no exterior, pela norte-americana Two Lines Press, em 2020. Fortuna? Nenhuma.

°○°

Os primeiros problemas de saúde começaram a se intensificar um pouco antes disso, por volta de 2008. Diagnosticado desde os anos 1980 com depressão e transtorno bipolar, Noll também descobriu que sofria de hipertensão e passou a tomar uma batelada de remédios – de lítio a vasodilatadores, incluindo inibidores de DPP-4 para o tratamento do diabetes e também vitaminas, analgésicos, relaxantes musculares. A primeira emergência grave, ocasionada justamente pelo excesso de medicamentos, deixou todos em alerta.

O irmão Luiz Fernando não sabe precisar o ano, mas o caso se deu entre 2008 e 2009 – antes da residência literária em Campinas, portanto. João consultava um psiquiatra que era considerado "relapso" pela família; o médico aumentou a dose de lítio para combater o transtorno bipolar do escritor e provocou um efeito-cascata devastador nele, que, devido aos efeitos colaterais da medicação, perdeu o controle sobre a dosagem e potencializou ainda mais os danos ao organismo, notadamente ao sistema nervoso central. Os efeitos mais conhecidos de dosagens inadequadas de lítio, segundo a literatura médica, são justamente lentidão cognitiva, dificuldades de memória (não tóxicos) e tremores grosseiros e ataxia, além de convulsões (tóxicos). Uma reação, naturalmente, pode levar à outra. Foi o que aconteceu.

"O psiquiatra era um charlatão, depois nos demos conta disso. Como calculou mal a dosagem, o João passou a sofrer os primeiros efeitos da prescrição, que são a sonolência e a perda de memória, e começou a se atrapalhar muito na administração dos remédios. Como eram muitos, tinha que ter disciplina. Então, ele não sabia se tinha tomado, se tomava de novo, às vezes não tomava por vários dias. Às vezes tomava todos juntos. No momento mais grave desses efeitos, passou a esquecer de trancar a porta do apartamento e deixava o fogão ligado com frequência, um horror", detalha o irmão. A inconstância no uso do lítio levou ao segundo efeito colateral, dessa vez tóxico: tremores severos e perda de equilíbrio, a ponto de impedi-lo de tomar uma simples xícara de café. "Ele ligou uma tarde para a Jussara e avisou que estava se sentindo mal, não conseguia parar em pé. Ela conseguiu chegar rapidamente ao apartamento dele, levou-o na emergência do Hospital Mãe de Deus e lá a advertiram para que o internassem imediatamente, porque a situação era grave e perigosa e poderia resultar em algum desfecho trágico", recorda. Como o plano de saúde do escritor na época ainda estava no período de carência, a permanência não foi autorizada.

A solução, então, foi improvisar uma "internação doméstica" na casa do irmão, na zona sul de Porto Alegre: a cunhada Jussara passou a acompanhar Noll todas as manhãs, até o hospital, para o tratamento – sem internação – até que a intoxicação estivesse superada. O processo durou cerca de duas semanas. "Qualquer problema que o João tinha, ele recorria a nós. Mas não era uma pessoa fácil, principalmente se alguém mandasse ele fazer alguma coisa. E, ainda mais, se esse alguém fosse mulher. Mas nesse caso ele concordou que tudo o que eu dissesse para fazer, ele iria fazer. Nós levantávamos cedo [o irmão Luiz ainda trabalhava em uma agência bancária], tomávamos café, nos arrumávamos e íamos para o hospital. Aí ele era levado para o tratamento, fazia o que tinha que fazer e eu ficava esperando. Caminhava, lia. Ao meio-dia eu buscava ele, a gente descia para o restaurante do hospital e almoçava. Depois ele voltava para o tratamento e ficava até à noite, quando nós voltávamos para casa. Isso durou, se me lembro bem, mais de 15 dias. Conversávamos muito, ele me contava histórias. Sempre tivemos uma ligação muito forte, desde que o Luiz me levou a primeira vez ao Rio para conhecê-lo. Nunca reclamou, nunca achou ruim minha companhia nesse período, mesmo que não fosse nada fácil para ele", conta Jussara.

Outro episódio da mesma gravidade ocorreu poucos anos depois, em 2012, quando Noll teve então uma crise de hipoglicemia – ele media o nível de glicose no sangue diariamente, em casa, com um glicosímetro – e também foi parar na Emergência do mesmo hospital, com tonturas e confusão mental que o prenderam por uma semana. Como é sabida a relação direta entre os níveis sanguíneos de glicose e as doenças cardiovasculares, a crise causou preocupação na família. O episódio, entretanto, foi provocado novamente pela má utilização dos medicamentos, já que uma das causas da hipoglicemia pode ser a ingestão de doses maiores que as recomendadas. Dessa vez a internação foi não apenas autorizada, mas exigida.

O irmão conta que, depois desses dois episódios de internação por emergências médicas, ele e a esposa promoveram "uma limpa" na farmácia doméstica do escritor, no apartamento da rua Fernando Machado, para evitar ou prevenir novos acidentes. "Eram gavetas e mais gavetas cheias de cartelas. Tinha medicamento espalhado por todo canto do apartamento", afirma Luiz Fernando. Eles também elaboraram um painel completo, que foi exposto na parede da cozinha de casa, com os medicamentos e a dose necessária a cada dia, para evitar novas intoxicações.

Funcionou. Mas o sinal amarelo de João já começava a piscar.

Em Porto Alegre, 1999

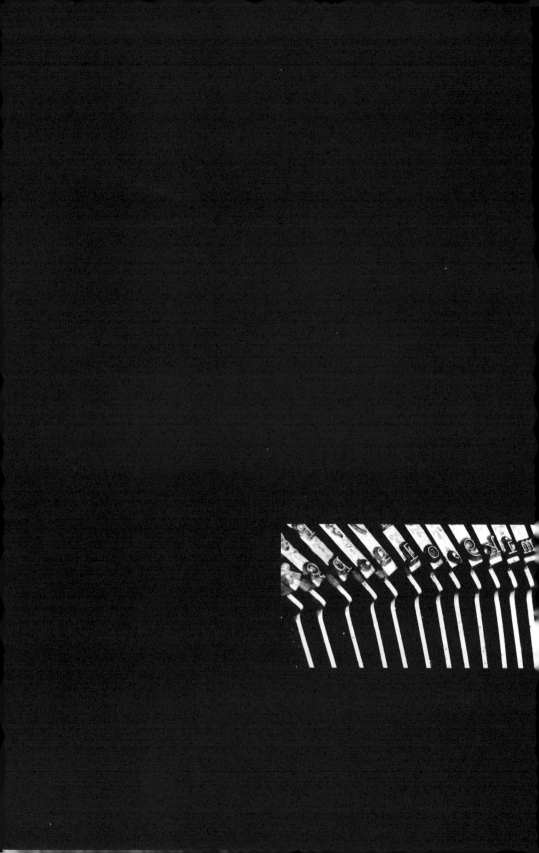

Porto Alegre, 2016

O E-MAIL QUE ENTROU NA CAIXA DE MENSAGENS do jornalista e fotógrafo Gilberto Perin, no dia 6 de fevereiro de 2016, convidava-o para um café no final da tarde do outro sábado, 13, no elegante bairro Moinhos de Vento, em Porto Alegre. Perin havia escrito no dia anterior ao amigo João Gilberto Noll, que andava ausente havia uns bons meses, período em que fora a Paris e também passara duas temporadas em Florianópolis, em momentos distintos, trabalhando no romance que não conseguiria terminar. Ao longo dos últimos 30 anos, os amigos que se conheceram nos longínquos anos 1980 sempre se mantiveram por perto, apesar das "bolhas diferentes", como define o jornalista – e dos encontros espaçados, sem nenhuma urgência. Nesse dia, porém, dois fatos chamaram a atenção do fotógrafo: Noll marcara o encontro com ele, respondendo a seu convite, para dali a uma semana, o que contrariava muito o estilo objetivo do escritor; e demorara mais de 24 horas para responder à provocação de Perin. Parecia pouco, mas em se tratando de Noll, eram sinais inequívocos de que algo diferente estava ocorrendo.

Os dois artistas se conheceram em 1986, quando Perin atuava em uma produtora de filmes publicitários de Porto Alegre e se deparou com a narrativa caudalosa de *A fúria do corpo*. Ele lembra: "Fiz uma associação entre as imensas frases do romance com uma longa sequência de câmera. O Noll mesmo definia *A fúria do corpo* para mim como um livro 'barroco, transbordante, com frases quilométricas'. Pensei então em traduzir isso num curta-metragem onde um dos trechos seria lido, exatamente como estava no livro, ao mesmo tempo em que um longo plano-sequência percorreria o corpo de um ator. Eu não conhecia o Noll, mas tomei coragem e combinamos uma reunião. No dia e hora marcados, ele chegou à produtora, ouviu a ideia com aqueles olhos sempre atentos que ele tinha, falou pouco e disse que topava, sim. Que o plano-sequência proposto tinha tudo a ver com o longo trecho escolhido por mim. O curta nunca foi produzido, infelizmente, mas a partir dali ficamos amigos."

Uma amizade "nolliana", como faz questão de frisar Perin: no clima do escritor, respeitando os distanciamentos não intencionais determinados por ele, as conversas cheias de silêncios, os encontros bissextos. "Não era daquelas amizades de se falar toda a semana, de sair para beber frequentemente. Não. Mesmo porque o Noll sempre teve uma vida literária muito ativa fora do Rio Grande do Sul. Fomos a alguns cinemas juntos e a poucos espetáculos de teatro. Mas no lançamento dos livros dele eu sempre estava. Lembro que pelo menos uma vez entrei no [cinema] Capitólio e avistei o Noll na plateia, mas não cheguei nem a conversar com ele. Ele dizia que gostava de ir ao cinema sozinho. Esses encontros espaçados talvez tenham a ver com a nossa personalidade, com temperamento e essas coisas que eram muito semelhantes entre nós com respeito aos tempos, distâncias e solidões de cada um", avança Perin.

Na dedicatória do livro *Harmada*, na sessão de lançamento do romance em Porto Alegre, no dia 5 de agosto de 1993, Noll definiu direta e claramente a amizade entre ambos.

> *Para Gilberto Perin, um amigo meio oculto, mas real. Abraço, João Gilberto Noll.*

Nos últimos anos, entretanto, os encontros foram ficando ainda mais espaçados. Noll, a partir do final dos anos 1990, havia iniciado um período de muitas viagens, especialmente pelo Brasil – mas também por França, Inglaterra (onde morou por um breve período), México, Equador, Israel, Alemanha, Estados Unidos. Agendas literárias, ou seja, não eram viagens de lazer. Em 2015, entre janeiro e fevereiro, o escritor vai por três semanas a Paris e passa também alguns dias no Uruguai – "as viagens me renovam", conta ao amigo em e-mail de 12 de abril. Em agosto de 2015, Noll lamentou para Perin, também em mensagem, que perdera a exposição de fotografias do amigo, que ficara dois meses em cartaz em Porto Alegre.

> *Qua, 26/08/2015 12:56*
> *Caro Perin:*
> *Fui hoje ver a tua exposição na Prefeitura e desoladamente soube que ela tinha encerrado na sexta-feira. Nesse tempo fui a Paris, fiquei um mês em Florianópolis trabalhando no meu próximo livro, e assim a coisa foi ficando fora de POA. Mas uma moça que estava lá me recomendou que visse o teu site. É o que farei. Abraços, Noll.*

Na resposta, Perin informa que lhe reservara um livro sobre a mostra e que lhe encaminharia o volume em seguida, era só combinar quando – mas o escritor não lhe respondeu. Nada de encontros presenciais.

Somente seis meses depois o fotógrafo lhe enviaria uma nova mensagem querendo notícias do amigo, que andava sumido:

> *Friday, February 05, 2016 10:44 PM*
> *JGNoll, como vai?*
> *Você está em Porto Alegre? (e o nosso cafezinho?)*
> *Um grande abraço.*
> *G.*

Noll só respondeu no dia seguinte:

> *Sat, 6 Feb 2016 11:09:39 -0200*
> *Perin, como vai?*
> *Que tal um cafezinho no Café do Porto no sábado que vem, dia 13, às 5 horas?*
> *Diz aí. Um grande abraço, Noll.*

No café daquela tarde de 13 de fevereiro, como perceberia Perin, muita coisa havia mudado. O amigo lembra que encontrou Noll "mais feliz do que nunca" e que o entusiasmo com a vida foi algo que lhe chamou a atenção. Gilberto Perin detalha esse encontro: "A vida dele tinha mudado e eu poderia ter percebido isso se tivesse olhado atentamente as mensagens que trocamos. Cheguei ao café e ele já estava na mesa que escolhíamos quando estava livre, a terceira perto da parede, no lado esquerdo da entrada. Conversamos sobre assuntos gerais, perguntou sobre as minhas fotografias, que ele gostava 'pelo tom cinematográfico que elas têm', perguntei como tinha sido a viagem [a Paris]. 'Pois é, é isso, foram ótimas' e logo falou da novidade, que não era sobre algum novo livro. 'Eu encontrei alguém que está me fazendo muito bem', me disse calmamente. Falava de uma maneira que demonstrava estar feliz, coisa que não era fácil de perceber naqueles olhos sempre atentos. 'É uma mulher muito legal, me faz muito bem, tenho ficado mais tranquilo. Ela me apoia muito nas minhas coisas e eu nas dela, claro. Mas ela tem uma compreensão da intimidade e da minha forma de ver as coisas que me deixa muito à vontade. Ela tem dois filhos com os quais consigo me relacionar muito bem, eles são carinhosos comigo. Magali e eu nos encontramos num curso que eu dei aqui em Porto Alegre, a gente se aproximou e está dando certo'. Noll me contou que tinha ido a Paris com ela [há cerca de um ano] e que tinha sido uma das melhores viagens dos últimos tempos."

Se houve outros assuntos nesse dia, Perin não lembra. O café, longo e emotivo, teve como tema dominante a nova vida de Noll. "Chamou muito a minha atenção, o João não era de fazer confissões desse tipo, mas era como se não pudesse evitar, como se não pudesse esconder, tivesse que falar do namoro, da viagem recente que haviam feito a Paris, da ótima relação que estabelecera com os filhos da namorada, gêmeos, de como se sentia bem ao lado dela. Ele estava descobrindo o bem que podia lhe fazer essa estabilidade emocional. O bem que a tranquilidade da relação estava fazendo a ele. Antes de nos despedirmos, eu abri uma sacola de papel que tinha trazido e entreguei o meu livro *Fotografias para imaginar* – da exposição de quase um ano antes que ele perdera. Gentilmente, pediu-me para que o levasse no nosso próximo encontro, pois depois do café iria se encontrar com Magali e com os filhos dela para irem ao cinema."

Foi a última vez que os dois amigos se viram. Noll, portanto, nunca receberia o livro de Perin.

°○°

Magali Koepke e João Gilberto Noll se encontraram em 2013 no Studio Clio, centro cultural de Porto Alegre que, a partir de 2010, passou a abrigar cursos, oficinas e eventos envolvendo o escritor, como o lançamento do seu último livro, *Solidão continental*, em 26 de setembro de 2012. Foi em um desses programas, depois do lançamento do romance, que a psicoterapeuta Magali se encantou com o jeito contido e silencioso do escritor, que ela mal conhecia

– mas que já havia visto algumas vezes "em encontros fortuitos com amigos e amigas comuns", especialmente na Feira do Livro de Porto Alegre e no café dos cinemas Guion, no centro comercial Nova Olaria. Mais uma vez, não há precisão sobre a data, mas foi certamente no segundo semestre de 2013. As oficinas de Noll no Studio Clio se estendiam por várias semanas, sempre mesclando leituras e práticas narrativas em turmas com dez, quinze alunos. No curso em que Noll e Magali se conheceram, o objeto de estudo era "dar alma à correnteza", tendo como ponto de partida os livros *A paixão segundo G.H.,* de Clarice Lispector, *São Bernardo*, de Graciliano Ramos, e *Lavoura arcaica*, de Raduan Nassar. O curso se estenderia de 28 de agosto a 4 de dezembro de 2013, em encontros semanais de duas horas.

Os dois começaram a se relacionar nesse período impreciso, em mais um momento particularmente difícil na vida do escritor, que passava por uma séria crise em relação à literatura e mostrava sinais de cansaço com a falta de perspectiva – especialmente econômica. *Solidão continental*, que a princípio se chamaria *Virilidade*, já havia sido publicado e não fora bem recebido pela crítica; desde então, Noll tentava desenvolver um novo livro sem se entusiasmar muito com nada do que estava produzindo, a ponto de ter apagado arquivos inteiros de seu computador, mais de uma vez. Além disso, o escritor sempre viveu modestamente, muitas vezes no limiar da pobreza, porém agora era diferente: ele andava cansado de transitar por workshops, oficinas, cursos, palestras que, em geral, pagavam pouco e lhe exigiam muito. E, por incrível que pareça, finalmente acreditava ter encontrado a *sua* família. O amigo Gilberto Perin, é bom lembrar, mencionou que no último café entre ambos, quando João falou do namoro com Magali, se referiu aos filhos gêmeos dela como sendo do casal. "Temos dois filhos com quem conseguimos nos relacionar muito bem", disse na ocasião.

Tratava-se de um relacionamento muito franco, mas que demorou para se definir. Magali é reticente em revelar detalhes importantes sobre a vida cotidiana do casal, porém confirma que os dois viveram uma história de amor até a morte de Noll. "Saíamos juntos, às vezes apenas só nós, outras vezes com os meninos. Convivíamos bastante, mas não diariamente", diz. Ou seja, nunca dividiram o mesmo teto. Por quê? Segundo ela, Noll nessa época andava muito angustiado, "não estava sentindo firmeza no que escrevia", e volta e meia passava algumas temporadas – duas semanas, três semanas – na pousada da irmã Maria Ecila, em Florianópolis, porque "achava muito difícil escrever em Porto Alegre". E Noll precisava de isolamento absoluto para criar.

E, vale registrar, o último romance não havia impressionado. Pelo contrário: foi visto com bastante reserva pela crítica, a ponto de ser classificado como "chocho" e "entediante" pelo crítico Alfredo Monte em resenha para a *Folha de S. Paulo* de 16 de outubro de 2012 – menos de um mês depois do lançamento do livro em Porto Alegre. "Longe de ser o passo adiante num novo caminho, *Solidão continental* é um brutal retrocesso. Como leitor habitual de Noll, tive a sensação de ser o funcionário de fábrica batendo o ponto e chafurdando na rotina entorpecedora", escreveu. A crítica é severa e avança para classificar o romance como "insatisfatório". "No melhor da sua produção, o escritor gaúcho pegava o leitor de jeito com a contundência desse mundo descampado dentro do coração dos seus protagonistas. Agora, ele irrita por conta da complacência com que o dilui", arremata Monte.

Não foi uma voz solitária. A crítica de Luiz Guilherme Barbosa na edição 151 do jornal *Rascunho*, de novembro de 2012, oscila entre o tédio ("A impressão é que João Gilberto Noll escreve sempre o mesmo livro") e a incredulidade ("Algumas cenas parecem anotações para uma performance"). O escritor Rafael Bán Jacobsen, em texto para a revista eletrônica *Amálgama* de abril de 2013, diz que o enredo "vaporoso e tresloucado" de *Solidão continental* é de fazer "os olhinhos de David Lynch brilharem". E avança: "Os mais recentes livros do autor são compostos por somas de episódios vividos por essa eterna personagem [homem brasileiro de meia-idade e sexualidade exacerbada], somas nas quais, a exemplo do que ocorre na operação matemática, não importa a ordem dos termos. (...) Se é verdade que um escritor escreve sempre o mesmo livro, a característica principal de Noll talvez seja não fazer o menor esforço para mascarar essa verdade." Jacobsen conclui que "há muitas arestas e hiatos, e pouca lógica, nesse universo que alguém [o crítico Alfredo Monte, o mesmo que havia demolido o livro poucas semanas antes] já definiu como 'realismo demencial'. E assim é, mais uma vez, em *Solidão continental*", descreve Jacobsen.

"Ventava na Randolph Street e eu me perguntava até onde iria a vaga disposição de procurar. Uma lembrança rondava pelas têmporas. Esperando o sinal abrir para pedestres, esfreguei-as disfarçadamente", inicia-se o romance. De fato, há uma notável repetição de fórmulas em *Solidão continental* – e isso não envolve apenas o protagonista-padrão de Noll, a essa altura já bastante reconhecível pelos seus leitores. Mais uma vez esse personagem vaga por uma cidade estrangeira sem encontrar sentido nessa procura de algo vago e incerto. Em *Berkeley em Bellagio* (2002), Berkeley e o campus universitário da UCLA. Em *Lorde* (2004), Londres e o aeroporto de Heathrow. Em *Solidão continental*, a Chicago da Randolph Street. Novamente há um hotel, também um hospital, um namorado que ficou para trás, um funcionário (garçom, porteiro) sedutor, o protagonista vive (mal) de escrever e as informações pessoais batem perfeitamente com as do próprio Noll: assim como em *Berkeley em Bellagio*, no último romance o protagonista mora na mesma rua em que o escritor vivia em Porto Alegre.

Existem também fartas referências pessoais, embora cifradas. No caso de *Solidão continental*, há as lembranças de Bruce Swansey (Bill Stevens, no romance), que Noll conheceu em Iowa (1982) e que foi o pivô de sua separação da jornalista Maria Ignez Estrada. "Eu nunca o esquecera de fato. Fora minha paixão calada por todos esses anos. Não sei se paixão exatamente, mas a paixão pela paixão. Um caso mal resolvido, estancado por razões geográficas. Eu precisara voltar para o Brasil, desfazer um casamento com uma mulher que até então tinha sido a mulher da minha vida. Com o combinado que dali a duas semanas voltaria para Los Angeles, onde o americano morava, mesmo que eu não tivesse trabalho nos Estados Unidos (...) Vinte e oito anos atrás [Noll está escrevendo em 2010], duro, já sem emprego no Brasil, eu recebi de Bill uma passagem de avião para encontrá-lo em Los Angeles e ali ficar. Como eu me mudaria de país para viver à mercê dos dotes financeiros de quem eu tinha conhecido há um mês?"

O problema maior de Noll, entretanto, era de outra ordem – muito embora as críticas, em geral reticentes, quando não francamente negativas, tenham causado uma enorme insegurança no escritor. "Nesse período em que passamos juntos ele estava sendo muito solicitado, dava muitas entrevistas, eram muitas atividades fora da rotina literária, da produção ficcional mesmo. Mas a maioria sem remuneração, não é? Volta e meia alguém solicitava um texto, um artigo, uma colaboração periódica, mas diziam logo que não podiam pagar nada. Ele estava já num momento... ele se sentia humilhado, essa é a verdade. Não sentia tristeza, não. Era humilhação mesmo. O João não queria mais escrever, ele não queria mais ter que trabalhar. Não queria ter a obrigação de ter que sobreviver disso, de artigos mal pagos, de colaborações. Estava fazendo um esforço danado pra escrever mais um livro. Até precisou se desfazer de itens da sua biblioteca, nessa época, do seu acervo pessoal, no período mais difícil, para poder sobreviver. Ele vendeu muitos dos seus livros", confidencia Magali.

Tratava-se de uma rotina pesada para ele, avesso a badalações e com a saúde dando sinais de fragilidade – além de diabetes, havia detectado hipertensão: Noll passou a viajar de oito a dez vezes por ano para festivais, feiras, oficinas, pelo Brasil inteiro, além do exterior. Entre 2009 e 2014, vai a Madri, Barcelona, Salamanca, Santiago de Compostela, Londres, Chicago, Madison, Cidade do México, Lisboa, Buenos Aires, Frankfurt, Tel Aviv, Boston, Rhode Island. As produtoras pagavam passagens e diárias, mais um cachê, insuficientes, todavia, para permitir ao autor uma vida digna, mesmo que modesta, nos intervalos entre um evento e outro. "Era um momento em que ele estava mal financeiramente. Muito mal mesmo. Não tinha dinheiro nem para ir ao cinema, que ele tanto gostava. E naturalmente ficava muito deprimido com isso. Ficava intranquilo", admite a última namorada.

Com o amigo e escritor Paulo Scott – de quem admirava o romance *Habitante irreal* (2008), que considerava o melhor livro brasileiro da década entre 2001 e 2010 – esteve em Londres em 2014 para uma conferência na embaixada brasileira. A agenda previa também um evento literário em Charleston, no interior da Inglaterra, num roteiro apertado que incomodou o escritor. "Depois do evento em Londres, ele nem saiu da embaixada para celebrar com os convidados porque no dia seguinte tinha que viajar cedo [para Charleston]. O Noll estava se sentindo bem cansado", relata o amigo. Também dizia que havia perdido todo o pudor em revelar o que realmente sentia e como de fato era – incluindo questões afetivas e de orientação sexual.

Poucos anos antes, em 2010, Noll apostou em livros para o segmento infantojuvenil como forma de ampliar o público leitor. O editor Adilson Miguel, da Scipione, conta que conversou com o autor durante o Fórum das Letras de Ouro Preto (MG) em novembro de 2008, quando pressentiu o interesse de Noll no segmento. "Em nosso encontro seguinte, Noll veio me falar que estava estimulado a escrever para o público jovem. Gostei do que ouvi, mas encarei a declaração com certo ceticismo. Tivemos ainda outros encontros e, ao final do evento, combinamos que ele me enviaria um original. A história ainda me parecia improvável, mas eu estava animado. O fato é que o projeto avançou e em menos de três anos tínhamos três livros publicados", conta Miguel no livro *Canção de amor para João Gilberto* (2019).

Sou eu! (2009) relata o encontro de dois garotos em um dia de verão entre o fim da infância e "o limiar de um mundo novo", de acordo com o narrador, como em uma espécie de rito de passagem. *O nervo da noite* (2009), por sua vez, discorre sobre a procura de um adolescente por sua identidade ao se deparar com o medo de enfrentar uma noite sozinho em uma casa abandonada. As duas pequenas novelas são ilustradas por Alexandre Matos.

Em 2010, sai *Anjo das ondas*, nova aventura adolescente, dessa vez mais extensa, onde um jovem dividido entre Londres (onde vive a mãe) e Rio (onde mora o pai) busca a descoberta da sexualidade. Assim como nos livros para público adulto, as novelas juvenis estão repletas de referências pessoais e de personagens em busca de alguma coisa difusa e indefinida. "Noll costumava dizer que o personagem presente em sua ficção era sempre o mesmo. Inclusive nesses livros, nos quais ele aparece entre a juventude e a inserção no mundo adulto. Para ele, a literatura não tinha nada a ver com sensatez ou pedagogia. A adolescência, nessas horas, é tratada sem qualquer estereótipo, como uma fase instável e dolorosa da vida. O que de fato importa é a humanidade e a solidão desses indivíduos", completa o editor.

A agente Valéria Martins, que trabalhou com Noll a partir de 2008, tinha a incumbência de colocá-lo no mercado: "O Noll me dizia: 'Ó, estou sem dinheiro, me manda pra umas feiras de livro aí!' Mas era difícil uma feira tradicional querer ele, o Noll não era um espetáculo midiático como esses eventos procuram, ficava lendo daquele jeito particular dele", conta. "Eu sentia que ele tinha muitos problemas financeiros, então eu tentava arranjar eventos literários, coisas mais acadêmicas. O Noll detestava ir nessas feiras, detestava. Mas cada uma rendia lá alguma coisa, três, quatro salários mínimos, então tinha que ir", revela a agente.

E havia as oficinas, que também rendiam pouco mas eram absolutamente necessárias. Apenas no já citado Studio Clio, entre janeiro de 2012, data do primeiro programa de ensino, "Dar alma à correnteza", e setembro de 2016, início do último curso chamado apenas de "Escrita criativa", foram oito workshops que reuniram cerca de 70 alunos. "Encontrei o Noll por acaso, na rua, ele frequentava uns botecos ali na esquina da República com a José do Patrocínio [bairro Cidade Baixa, tradicional reduto boêmio de Porto Alegre]. Eu me apresentei, falei de minha admiração por ele e marcamos uma reunião para dali a alguns dias no café que funciona no Studio Clio. Nossa conversa durou umas três horas. A relação começou com a apresentação do filme *Hotel Atlântico* (Susana Amaral, 2009), seguido de um debate com a presença dele", recorda o professor Francisco Marshal, idealizador, curador e administrador do espaço cultural que também se localiza no bairro Cidade Baixa. Na verdade, como comprova a documentação do Studio Clio, a primeira atividade de Noll no centro de arte foi alguns dias antes com o lançamento do livro *Anjo das ondas* (2010) na noite de 19 de julho de 2010. "Era um cara de uma doçura, de uma gentileza, notáveis", pontua Marshal.

O professor acompanhou algumas das oficinas no Studio Clio e, particularmente, um programa de concurso literário comissionado por um sindicato do Rio Grande do Sul em que foram realizados encontros de iniciação, com inscrições gratuitas, para candidatos interessados em participar. "Foi impressionante. Eram umas seis ou sete pessoas, um público bem pequeno, que ficou absolutamente impressionado com a forma como ele dramatizava as leituras, com uma carga de angústia e afetividade sem similar. Era a principal característica de todas as oficinas do Noll: ele criava um ambiente estético de grande intensidade, com resultados às vezes muito complexos", narra Marshal.

As participações em eventos literários se intensificaram justamente a partir dessa época, na última década, quando Noll viajou à Espanha e à Inglaterra para realizar palestras em universidades. A primeira viagem internacional, em 1982, para Iowa, foi sucedida da residência em Berkeley, quase 15 anos depois, em 1996, e da viagem para Londres, ao King's College, em 2004. A partir de 2009, porém, os convites começaram a se suceder – o que coincide com o trabalho dedicado da agente Valéria Martins. "Nos aproximamos durante a quarta edição do Fórum das Letras de Ouro Preto (MG), em 2008. Eu ainda trabalhava na [editora] Record e ele era autor nosso, portanto já nos conhecíamos. Mas a distância. No Fórum, sentamos juntos na sessão de encerramento e fomos ficando amigos. Só mais tarde, quando saí da editora para abrir meu próprio negócio, é que acabei representando-o. Mas nunca fizemos um contrato de agenciamento literário nem nada parecido", revela

A partir dessa primeira experiência no Fórum, Noll ficou assíduo do evento. Um ano antes, em 2007, ele já havia sido convidado para o Festival de Inverno da Universidade Federal de Minas Gerais (UFMG), realizado na cidade histórica de Mariana em julho daquele ano. Assim como em outras dezenas de ocasiões, encontros fortuitos acabaram virando grandes amizades. "O primeiro contato que tive com ele foi subindo uma escada durante essa edição do Festival de Inverno de 2007. O João ia dar uma oficina numa sala, eu ia dar em outra. Eu esbarrei no pé dele, subindo a escada, sem querer, e o João acabou tropeçando, quase caiu, foi um negócio muito perigoso. Mas aí a gente se apaixonou, sabe?", relembra o professor e editor Gustavo Cerqueira Guimarães. A partir desse encontro, Noll passaria a ser objeto de estudos e a confidências do novo amigo – a tese de doutorado de Cerqueira é sobre a espacialização do sujeito em Noll e no poeta português Al Berto. "Passamos aquela semana toda juntos, bebendo, fumando, nos divertimos muito. A gente colou mesmo, depois nos ligamos muitas vezes, trocamos e-mails, em outubro ou novembro do mesmo ano, não lembro direito, ele me visitou em Belo Horizonte. Ele gostava muito de cantarolar *Mucuripe* [de Belchior]. Era muito bonito, tinha uma afinação incrível", recorda o amigo.

Os laços com Valéria Martins, todavia, só se estreitaram profissionalmente a partir da tradução de *Bandoleiros* para o hebraico, em edição publicada em Israel, em 2013, pela Zikit Books e com tradução do escritor Michal Shalev. A tradução teve financiamento da embaixada do Brasil em Israel. Em fevereiro desse mesmo ano, Noll foi um dos autores lusófonos convidados, juntamente com os portugueses José Luís Peixoto e Lídia Jorge, e os angolanos Frederico Júnior, Gociante Potissa e Nelson Pestana, para a Feira Internacional do Livro de Jerusalém. "Nossa relação profissional começou com essa editora de Israel, que queria traduzir um livro dele", lembra Valéria. Depois, ela negociou também traduções para editoras da Macedônia e da Itália, além do ingresso no mercado dos Estados Unidos a partir das edições da Two Lines Press – uma pequena casa editorial com sede em São Francisco (Califórnia) especializada em traduções. A primeira edição foi do romance *O quieto animal da esquina*, em 2016, traduzido por Adam Morris – PhD em literatura latino-americana pela Stanford, Morris traduziu também Hilda Hilst para o mercado norte-americano. A ele se seguiram *Hotel Atlântico* (2017), também em tradução de Adam Morris, e *Lorde* (2019) e *Harmada* (2020), ambos com tradução do brasileiro Edgar Garbelotto. Apesar da excelente repercussão, as traduções não resolveram os problemas financeiros de Noll. "Eram contratos pequenos, de editoras literárias que pagam pouco mesmo. Mas ele sempre aceitou, sempre fez questão de valorizar esses trabalhos", conta Valéria.

O quieto animal da esquina tem uma curiosa apresentação por parte da editora: "Remanescente dos filmes de David Lynch e escrito no estilo pós-moderno distinto de Noll – um mundo estranho de superfícies aparentemente sem causa e efeito racionais –, *Quiet creature on the corner* é um mistério existencial bizarro com implicações profundas. Escrito durante a transição da ditadura militar para a democracia no Brasil – e capturando a sensação desconectada daquele mundo em rápida mudança –, a *Quiet creature...* é uma novela misteriosa e abrupta, articulando escolhas que parecem arbitrárias e inevitáveis. Como Kazuo Ishiguro [escritor japonês que ganhou o Nobel de Literatura em 2017], Noll nos leva de forma profunda à mente de uma pessoa que sempre perde algumas informações cruciais. Ele está se movendo em direção a uma resposta ou está tão perdido como sempre?", escreve a editora. "O Noll só não gostou do título: preferia *animal* a *creature*. Mas não ficou brabo, não. Não brigou com ninguém", brinca a agente.

O tradutor brasileiro de Noll, Edgar Garbelotto, salienta que a entrada do autor no mercado norte-americano é um marco. "A Two Lines é uma editora pequena que só publica traduções, uma coisa muito rara nos Estados Unidos. Se aqui no Brasil quase metade dos lançamentos é de obras estrangeiras, lá, para se ter uma ideia, esse percentual de traduções não chega a 5%, das quais apenas cerca de 1% são obras de literatura. Ou seja, vai reduzindo isso até chegar no Noll e a gente vê a dimensão desse fato. Ele tem um público crescente nos Estados Unidos", diz. No catálogo da Two Lines Press, o escritor figura como seu único autor latino-americano.

Radicado em Chicago há mais de 20 anos, Garbelotto lembra que a tradução de *Lorde* foi cercada de bastante rigor – teve, por exemplo, revisão da professora Elizabeth Lowe, que é uma das mais célebres tradutoras de Clarice Lispector para o inglês. "A primeira coisa que li do Noll, *Acenos e afagos* (2008), me impressionou muito. E, ao mesmo tempo, me deixou maravilhado. Descobri que era possível escrever daquele jeito *queer*. Mas não tinha ideia de que poderia traduzi-lo tanto tempo depois. Só quando falei com a agente dele [Valéria Martins], um mês após a morte do Noll, é que soube da predileção do autor pelo *Lorde*. O desafio foi enorme porque exigiu não só uma compreensão da trama, mas do próprio universo da linguagem dele, que explora muito essas subjetividades em seus livros. E o inglês é uma língua muito objetiva. Então, em vários trechos eu gostaria de ter tido acesso ao Noll para receber sugestões, para perguntar se a minha interpretação estava certa daquele jeito. Porque a beleza dele é justamente a ambiguidade, a capacidade que ele tinha de gerar sentidos diversos com a linguagem. Houve algumas dificuldades sim, especialmente nas frases intermináveis do Noll, que foram sanadas com um vasto trabalho cooperativo entre colegas tradutores do Brasil e dos Estados Unidos", explica.

Na contracapa da edição norte-americana de *Lorde*, o romance é apresentado como um "inquietante" espaço entre identidades e um "perturbador" retrato da nossa fuga de dentro para fora. "*Lor-*

de constrói uma história completamente original sobre as formas poderosas, e muitas vezes difíceis, de luta para a descoberta de novas versões de nossas personalidades. Com cenas de cair o queixo e sensuais, e com imagens grotescas, o renomado autor brasileiro João Gilberto Noll nos sussurra novas e impressionantes visões de nós mesmos e as profundas transformações que perpassam toda a nossa vida", infoma o texto.

°o°

Noll sempre viveu modestamente: ganhava dois salários mínimos de aposentadoria e tinha um apartamento de um quarto no Centro de Porto Alegre, comprado em novembro de 2001 e que foi financiado pela Caixa Econômica Federal. A pequena parte que recebeu de espólio quando a mãe morreu, no ano 2000, ele usou para sobreviver, segundo Magali. "Eu cedi a ele um cartão de crédito vinculado ao meu, como dependente. Ele usava quando ia sair comigo e com os meninos, para simbolicamente poder pagar a conta. Era um artifício nosso, mas só usávamos nessas situações mesmo. Nos últimos meses de 2016 e em 2017 ele estava muito abatido. Além da penúria, teve problemas sérios com um plano de saúde, que alegava uma dívida antiga contra ele. A dívida, segundo o João, tinha sido quitada, mas como ele não havia guardado os comprovantes, não tinha como provar nada. Então, ficou muito preocupado, era um valor alto", recorda a namorada.

A venda dos livros também não ajudava. A agente literária Valéria Martins reconhece que a curva financeira dos romances não era boa – assim, adverte ela, "como de todos os autores de alta literatura". Mas, ainda que não vendessem, traziam "imenso prestígio" à editora. Por exemplo: dos 19 livros do catálogo do autor, nada menos que oito foram adotados oficialmente por universidades reconhecidas do país entre suas leituras obrigatórias, incluindo USP, UFRJ, Unicamp, UFRGS e UFMG. São eles: *O cego e a dançarina*, *Bandoleiros*, *Hotel Atlântico*, *Harmada*, *Lorde*, *Acenos e afagos*, *Rastros do verão* e *Romances e contos reunidos* – uma edição da Companhia das Letras que juntou a produção de Noll até 1997.

Analisando as planilhas dos livros mais conhecidos do autor é que se percebe o tamanho da enrascada. No segundo trimestre de 2017 (31 de março a 30 de junho), por exemplo, logo após a morte do escritor, *A fúria do corpo* vendeu 29 exemplares, segundo relatório da editora Record – última detentora de contrato com Noll. O documento aponta que o valor computado a título de direitos autorais para um dos seus romances mais celebrados somava R$ 104,31 – correspondente a uma fatia de 10% da venda total de R$ 1.043,31. Descontado do adiantamento transferido a ele, sem data informada, o saldo devedor de Noll para a Record em relação a esse livro somou R$ 773,22 apenas no segundo trimestre de 2017.

No caso de *Bandoleiros*, outro romance dos mais celebrados de Noll, o saldo no mesmo trimestre de 2017 foi de quatro unidades vendidas, com um borderô referente a direitos autorais de R$ 17,96 e um saldo negativo do autor para com a editora, por conta de adiantamentos, de R$ 3.021,66.

No total dos 10 livros sob contrato da Record no segundo trimestre de 2017, João Gilberto Noll (ou seus herdeiros, no caso) teria direito a R$ 64,27 referentes a 15 exemplares vendidos do romance *Acenos e afagos*, que não tinha saldo em haver por parte da editora. Todos os outros nove livros renderam apenas abatimento de dívida referente a adiantamentos. No relatório, a diretora administrativo-financeira da Record informa textualmente que "até a presente data [20 de setembro de 2017], os adiantamentos das obras zeradas não foram recuperados [pela editora]". O saldo devedor em relação ao trimestre foi de R$ 19.628,02. No trimestre anterior, primeiro de 2017, o panorama é muito semelhante, com um valor a repassar para Noll de R$ 49,11.

Mesmo assim, a agente não desistia. "Nossa ação mais ousada foi levar uns livros que não estavam no contrato da Record para a Cosac Naify [que fechou em 2015]. Ele dedicou *A máquina de ser,* livro de contos que havia saído em 2006 pela Nova Fronteira, ao Bernardo Ajzenberg, que trabalhava na editora, e o livro estava esgotado. Aí pediram um relatório e fizemos um dossiê enorme, com tudo do Noll. Fui a São Paulo, conversei com eles, demoraram, demoraram, até dizer que não podiam. Porque o Noll queria ganhar muito. Na época [2008] era uns R$ 30 mil. Não toparam. A partir daí começamos a trabalhar juntos. Um pouco antes dele morrer abordamos a Alfaguara, com aquele mesmo relatório da Cosac. Também pensaram, pensaram e nada", conta Valéria.

"A última vez que o vi aqui no Rio [em 2016] ele estava muito magrinho. As conversas eram lentas e cheias de silêncios, que eu não tentava preencher com nada. Era uma meditação. Fomos na *Folha Seca* [tradicional livraria da rua do Ouvidor, centro do Rio], ele viu alguns livros dele nas estantes e se animou. Depois, em novembro desse mesmo ano, no Festival do Conto, em Santa Catarina, ele foi o autor homenageado, a convite do jornalista Carlos Henrique Schroder. Foi um momento divino, porque chovia potes naquela noite e mesmo assim o auditório estava cheio para vê-lo. A entrevista foi muito interessante também, depois ele respondeu perguntas da plateia. A irmã [Cilinha] e o cunhado [José Carlos 'Carlinhos' Schultz], que moram em Florianópolis, além dos sobrinhos, estavam lá", relembra. A família, entretanto, soube da programação pelos jornais: Noll não os avisou de que estaria na capital catarinense.

°○°

Uma das crises de criatividade que passaram a acometer Noll foi acompanhada de perto, em meados de 2015, pelo cunhado José Carlos Schultz. Ele conta que João estava com um computador novo, um equipamento muito bom, mas se atrapalhou e não conseguiu usar e nem passar os arquivos do antigo para o novo. "Então levei ele numa assistência técnica que eu usava aqui na Lagoa da Conceição. E quando conseguiram transferir os arquivos, ali estava a primeira frase do romance, que não tinha nome: 'Abri a janela e vi lençóis brancos pendurados ao vento'. Ele me disse que era o começo do livro, pediu para fechar o arquivo e não falamos mais no assunto. Ele estava meio enroladão nessa época", lembra Carlinhos. "Não dava nem pra conversar muito com ele, andava incomodado mesmo. Tenho a impressão de que estava incomodado com o livro", completa.

A irmã Cilinha recorda que João passou um mês na pousada de uma amiga no mesmo bairro da Lagoa da Conceição, na ilha de Florianópolis, e depois que o dinheiro acabou, passou mais uma semana na sua pousada, a poucas quadras de distância, empenhado no romance. Mas foi embora sem dar nenhum detalhe do que faria.

O irmão Luiz Fernando conta que a dificuldade com o computador, presente da namorada Magali Koepke em 2015 e cuja senha de acesso foi extraviada, fez com que o autor escrevesse as primeiras páginas do romance em uma caderneta moleskine que o acompanhava nas suas andanças. Mas, como a letra de Noll era bastante irregular, o escritor repassou todas as páginas para um caderno, dessa vez com a caligrafia legível. Assim que a senha foi recuperada, Noll começou a transcrever o que havia produzido para um arquivo digital – o arquivo resultou em 27 páginas impressas de folha A4, espaço duplo, tinta verde, 702 linhas. A frase que Schultz memorizou tem pequenas diferenças em relação ao original impresso: "Abri a janela e vi um lençol branco balançando com a brisa da manhã. Era meu primeiro dia naquele hotel e eu não sabia o tempo que deveria ficar nele".

O romance, que não traz nenhuma indicação de título, tem como cenário uma pousada supostamente localizada em alguma cidade pequena, cercada de campos e coxilhas. Na versão manuscrita, há uma diferença na primeira frase – suprimida no arquivo digital que foi impresso: "Abri a janela e vi *de cara* um lençol branco balançando com a brisa da manhã". A trama gira em torno de dois pares de gêmeas (Mara e Nara & Rúbia e Raísa), que aparentemente têm uma relação difícil com o pai – no primeiro caso, o padrasto (fica claro no texto que as duas irmãs foram adotadas) perdeu tudo e abandonou a família para morar em Florianópolis; no segundo, as filhas desejam matar o pai alcoólatra. No original, há a sugestão de que o narrador pode ser pai de uma dessas duplas de irmãs – ou até mesmo das duas, já que o jogo narrativo possibilita perceber semelhanças entre as histórias, que correm paralelas. E existe um espelho, onde o protagonista se olha logo que chega ao hotel e questiona por que a dona do estabelecimento o trata de forma tão reservada. O primeiro parágrafo diz assim:

Abri a janela e vi um lençol branco balançando com a brisa da manhã. Era meu primeiro dia naquela pousada e não sabia muito bem o tempo que eu deveria ficar nela. Se fosse por mim não estaria ali. Aliás, nem em lugar nenhum. É que chega um momento em que as relações se repetem e você tem a ideia de habitar um remanso inaugural onde as coisas todas estão por fazer e você precisa apenas de uma energia grande para pôr as oportunidades em marcha, e que, de fato, você as tem.

O narrador segue o padrão usado por Noll em vários de seus romances: é um homem de idade indefinida que se sente deslocado do mundo, considera-se foragido, "fugindo de onde as pessoas, de fato, precisavam de mim", e tem um dom, é um tipo de "mago", capaz de se transubstanciar em seus interlocutores. A dona da pousada – o narrador já notou – se mostra arredia com ele, nutrindo até mesmo uma espécie de "nojo" em relação ao personagem.

– Quem és, dona da pousada, por que és tão arredia diante de mim?
Essas palavras pronunciei na frente de um espelho do quarto, olhando-me como se fosse para ela, pois na verdade há tempo já não distinguia a minha pessoa de todas as outras: de tanto querer escapar de mim mesmo fui criando uma indistinção entre mim e os convivas, o que me deixava num silêncio obsequioso quando falava o oposto do meu pensamento.

E quando esse homem desponta no salão de refeições para o café da manhã, as gêmeas Mara e Nara, filhas adotivas da mulher, caem na gargalhada. O padrasto das adolescentes, o leitor fica sabendo, perdeu tudo e abandonou a família para ser barqueiro na Lagoa da Conceição, na ilha de Santa Catarina. Depois do estranhamento inicial, as irmãs, espantadas com o dom mágico do forasteiro, arrastam-no por vales e coxilhas até chegarem em um casebre em ruínas, onde está um velho deitado sobre uma esteira que pronuncia sempre a mesma palavra: "você!".

Paralelamente, a narrativa se desloca para o Leblon, no Rio de Janeiro, onde um narrador semelhante ao primeiro, mas mais velho que ele, também tem duas filhas adultas, Rúbia e Raísa, igualmente gêmeas, que o querem matar. O homem teve uma juventude atribulada, com aulas de piano e canto lírico forçadas pela família e um amor

Abri a janela e vi de cara um lençol branco balançando com a brisa da manhã. Era o meu primeiro dia naquela pousada e eu não sabia ao certo bem o tempo que eu deveria ficar nela. Se fosse por mim não estaria ali. Aliás, nem em lugar nenhum. É que chega um momento em que as relações se repetem e você tem a ideia de habitar um remanso inaugural, onde as coisas todas estão por fazer e você precisa apenas de uma energia grande para por as ~~coisas~~ potencialidades em marcha, o que, de fato, você as tem.

Mas agora eu estava olhando aquele lençol branco balançando com a brisa e me perguntava ~~como~~ as coisas tinham chegado àquele ponto. Eu me sentia um foragido, fugindo de onde ~~sempre~~ as pessoas, de fato, precisaram de mim.

— Quem és, dona da pousada, por que és tão amável diante de mim?

Essas palavras pronunciei na frente do meu espelho do quarto, ~~olhando-me~~ se fosse para ela, pois na verdade há tempo já não distinguia a minha pessoa de todas as outras: de tanto querer escapar de mim mesmo fui criando uma indistinção entre mim e os convivas, o que me deixava num silêncio obséquioso para que quem falava o gesto do meu pensamento.

frustrado por um colega de faculdade. "E mais não digo, porque mais não se pode dizer de tal fracasso", rememora. O velho é alcoólatra e acaba brigando violentamente com um amigo gay depois de uma improvável visita a uma gruta rupestre em plena Cidade Maravilhosa. Quando a cena volta para as gêmeas Nara e Mara, após a briga, que termina abruptamente, o personagem que só fala "você" agoniza até morrer no casebre para onde elas levaram o forasteiro – o narrador e as adolescentes cavam uma sepultura e o homem, no final do manuscrito, colhe rosas brancas de uma roseira vizinha ao túmulo e as deposita "sobre os dedos cruzados do velho".

A narrativa envolve um rol de possibilidades: além da hipótese de que o forasteiro seja o pai das gêmeas Nara e Mara, filhas adotivas da dona da pousada, há também a chance de que as duas histórias se encontrassem mais adiante à medida que os narradores têm características semelhantes e podem ser a mesma pessoa. A cena do enterro, que fecha o manuscrito incompleto, pode representar, simbolicamente, o destino do protagonista. Noll não deixou qualquer indicação de como poderia seguir a história. Também não mencionou a trama para ninguém. Nem o irmão Luiz Fernando, e nem a namorada Magali, as pessoas então mais próximas de João, tinham conhecimento do que o autor estava escrevendo.

A amiga Clarice Müller, a quem Noll dedicou seu último romance, *Solidão continental* (2012), percebeu a tensão que passou a tomar conta dele com a narrativa que não avançava. Os dois se conheceram durante a quarta edição da FestiPoa Literária, em 2011 – evento em que Noll foi homenageado. "Ele andava muito feliz na época. Uma coisa que até não era muito comum nele, mas o João resplandecia. Ele adorou a homenagem, a cerveja, aí nós começamos a nos dar muito bem", relata. Mas, com o passar do tempo, se tornou insatisfeito com a produção literária recente. "Ele me dizia", recorda Clarice, "que ficou muito difícil escrever, mas não entrava em detalhes. O que estava sendo difícil? De que natureza era essa dificuldade? Ele não falava. É até compreensível, pois ele não podia saber mesmo, não traçava um roteiro, não se mantinha preso a fatos. Então, devia ser a dificuldade de fluxo de escrita mesmo."

Magali se angustiava com a instabilidade emocional do companheiro, relacionada às dificuldades de criação. Ciente de seu valor, João era naturalmente orgulhoso em relação a questões monetárias. Pedir, se submeter, para ele, era algo impossível, segundo a namorada. "O João queria dar aulas, ponto. Ele queria ser contratado para ter tranquilidade em relação à subsistência, teve uma ótima experiência na PUCRS [a partir de 2014], mas lá sempre enrolaram ele, disseram que precisava ter titulação, mestrado, doutorado, essas coisas. Depois que ele morreu, numa homenagem que fizeram, alegaram que não sabiam [que ele queria dar aulas], que poderia ter ingressado com 'notório saber'. Um cara há tanto tempo na literatura, com tantos prêmios, não poder dar aulas de escrita criativa?", questiona Magali.

Ela diz também que nessa época os dois ficaram muito próximos e que testemunhou a alegria dele em participar de atividades com estudantes e pesquisadores da literatura. "Ele estava muito feliz. Muito. Ele queria muito dar aulas regularmente na universidade. Na PUCRS ou em uma outra qualquer. Mas, claro, não fazia pressão nenhuma. Não era dado a isso. Na época eu tinha uma amiga que era diretora do curso de Letras do campus de Lençóis, da Universidade Estadual de Feira de Santana, na Bahia. Montaram lá a Festa Literária Internacional da Chapada Diamantina, quiseram levar o João para ministrar uma oficina na primeira edição [em setembro de 2014, que acabou sendo a única edição do evento], mas não conseguiram justamente porque é uma instituição estadual. Então, ele estava gostando muito da experiência docente. Mas não tinha mais gás para ir atrás, alguém tinha que fazer isso por ele, e eu também não tinha tempo", explica.

°○°

Partiu do professor Ricardo Barberena o convite para Noll fazer as primeiras palestras no Instituto Delfos, espaço de documentação e memória cultural da PUCRS. Foi o pioneiro, em maio de 2014, de uma série que já levou à PUCRS mais de 70 escritores. Não era a primeira experiência docente: Noll havia lecionado na PUC do Rio entre 1975 e 1978 na disciplina de fundamentos científicos da comunicação – um universo muito distante do interesse do autor, calcado nas questões literárias e de linguagem. A ementa da disciplina transitava entre Herbert Marcuse e Umberto Eco.

Também havia sido professor auxiliar na Universidade do Vale do Rio dos Sinos (Unisinos), na região metropolitana de Porto Alegre, por um semestre no final de 2006, na primeira turma do extinto curso Formação de Escritores e de Agentes Literários. O quadro docente contou também com os escritores Luiz Ruffato, Moacyr Scliar e Armindo Trevisan, entre outros. A experiência terminou em fevereiro de 2007.

No Delfos, Noll esteve quatro vezes conversando com a comunidade universitária. Acabou se convertendo, nas palavras de Barberena, em uma espécie de "padrinho" do instituto. "Me lembro da primeira vez que ele entrou no Delfos, com aquele olhar profundo e, ao mesmo tempo, tranquilo e calmo. E com as suas pausas gigantescas. Pensei comigo: vai ser um fracasso! Os alunos, acostumados com *power point*, com aulas cheias de conteúdo, fonocêntricas, como iriam reagir aos silêncios, aos momentos de reflexão que eram tão característicos do Noll? Além disso, era um curso de 15 horas, três tardes cheias. Não tenho como medir quanto tempo de silêncio houve nesse intervalo, mas posso dizer que foi bastante. Só que ele acabou nos educando, devagarinho, a ler outros sinais dentro dessas pausas. O Noll tinha uma sabedoria única de, nas suas próprias falas, não dizer tudo, mas como que a impor esse silêncio. A turma acabou hipnotizada por ele, aplaudindo-o freneticamente", conta.

Foram encontros em que o escritor se revelou inteiramente para a plateia. "A expressão veio dele mesmo, que a usou muito nesse curso: o gozo, a premência, a agonia da linguagem. Ele estava falando de algo que é muito próximo da poesia. Ele dizia: 'Às vezes eu troco uma palavra só porque necessito de outra com duas sílabas'. Se formos pensar no romancista tradicional, na estrutura romanesca tradicional, essa afirmação é uma heresia. Mas o que o faz tão único na literatura brasileira contemporânea é justamente esse gozo, essa pulsão de escrever sem saber onde vai dar, e nos prender nessa estrutura labiríntica de frases absolutamente fascinantes que às vezes podem nem ter muita importância porque ele esvazia o enredo. O que interessa é a aventura da linguagem", descreve Barberena.

"Nós terminamos aqueles três dias de encontros destruídos. Muscularmente cansados. Porque ele quebrava toda a estrutura de comunicação mais óbvia do cotidiano quando vinha para a universidade. Com aquele silêncio, fazia um voo e nos obrigava a mergulhar em coisas muito profundas, que nos desalojavam. Era como se fosse uma pedrada. E logo depois aquele silêncio incômodo", continua o professor. E conclui: "Ele dizia ter vergonha do que escrevia". Mas no cotidiano, quando saía para jantar ou beber depois dos encontros com os estudantes e pesquisadores, não falava a linguagem libidinosa, de baixo calão, dos seus romances. "Ele não era um animal erótico, como se podia supor. Mas dizia que tudo que escrevia saía de baixo do tapete. 'É isso que nos faz humanos: os desejos mais fétidos', completava Noll. E isso estava tudo lá, na literatura dele", diz Barberena.

E confessa: "Uma noite, em meio a uma cervejada depois de um desses encontros, me lembro que ele teve a paciência de perguntar a cada um dos alunos sobre qual tema seria sua dissertação. Era um sujeito absolutamente interessado ao que ocorria em seu redor. Em outro momento, pegou na minha mão e disse, assim, do nada:

– Mas que maravilha que é estar vivo!"

O professor Antônio Hohlfeldt, amigo de Noll desde os tempos do Colégio Julio de Castilhos, justifica que a falta de titulação se tornou um empecilho intransponível para a efetivação de Noll como docente da PUCRS. Ele reconhece a qualidade literária do autor, a extrema empatia que provocava nos alunos, a determinação durante os programas de ensino. Mas, em termos institucionais, uma solução acadêmica se tornou impossível. "Eu li todos os livros do Noll e, na medida do possível, fui escrevendo sobre alguns desses romances ao longo da minha carreira de crítico. Então, posso dizer com total convicção que sua obra é importantíssima. Tanto que nos últimos anos apresentei ele ao professor Ricardo Barberena e aí vieram os convites para várias atividades lá no [instituto] Delfos. Palestras, conversas, até um laboratório. Tudo devidamente remunerado. O pessoal adorava ouvir o João, embora ele fosse complicado para falar, né? Pensa dois minutos antes de dizer uma frase, constrói, elabora muito antes de falar, mas o pessoal adorava mesmo assim, mesmo com os longos silêncios característicos dele. E ele também gostava muito. Era sucesso garantido anunciá-lo. Eu sei que ele tinha vontade de conseguir algum vínculo, até por uma questão de sobrevivência, estava num momento realmente difícil, mas a gente nunca conseguiu. Tentamos, mas nunca conseguimos. Até porque ele não tinha título nenhum. Para a instituição, isso era determinante", lamenta.

°°°

Era 2008: em Porto Alegre para uma atividade profissional de poucos dias, o escritor e crítico José Castello recebeu um telefonema de seu amigo João Gilberto Noll, que não encontrava havia uns bons anos. Como se tratava de uma agenda apertada, Castello não procurou o escritor – que ficou sabendo da presença do crítico na cidade pelos jornais.

A ligação, "meio que reclamando pelo descaso, mas numa boa", segundo Castello, foi para convidá-lo a almoçar no restaurante do centenário Theatro São Pedro, no Centro da capital gaúcha. Seria o último dia de atividade e, no meio da tarde, o visitante embarcaria de volta para Curitiba, onde vive. O que se seguiu, o próprio Castello faz questão de narrar: "João escolheu o lugar; João pagou o almoço; e foi ele que me convidou para acompanhá-lo ao restaurante. Era um dia de semana comum, o local estava bem vazio e nos sentamos em uma mesa de canto, absolutamente reservada. Não havia ninguém por perto. Mesmo assim, João permaneceu inteiramente mudo durante todo o encontro. Constrangido, quando eu tentava iniciar algum assunto com uma pergunta qualquer, ele escapava com um monossílabo. Sim. Não. Tentei, tentei e tentei, até que, derrotado, desisti. Não era, veja bem, em nenhum momento eu senti isso, má vontade da parte dele ou qualquer tipo de desconforto por estar onde estava. Nada disso. Mas resultou que passamos uma boa parte do almoço, a maior parte dele, eu diria, completamente em silêncio. No final, ele me abraçou, disse que tinha gostado muito de almoçar comigo e foi embora. Minha impressão foi de que o João queria, unicamente, *estar* comigo", frisa o autor do romance *Ribamar* (2010). "Cheguei a me perguntar", indaga Castello, estupefato: "Será que o Noll está morrendo"?

Não estava. O que aconteceu é que Noll apenas exercia o papel dele mesmo, como viria a descobrir algumas horas depois o amigo, ainda atônito pelo encontro inusitado que tivera com o escritor.

"Fiquei muito encucado com aquele almoço, muito. Teria sido uma despedida?, fiquei pensando. Quando cheguei em casa no final do dia, telefonei para o João imediatamente, disse-lhe que havia gostado muito do nosso encontro, mas que continuava sem entender por que o convite havia sido feito, já que tivemos um almoço silencioso e sem nenhum tipo de interação. Nenhum. Ele havia me arrastado para seu silêncio. E completei, angustiado: tem alguma coisa, João, que você não conseguiu me falar? Ele riu, respondeu que não havia nada que ele não tivesse conseguido falar e disse-me que eu continuava, mesmo depois de tanto tempo de amizade, sem entender quem ele era de verdade."

O episódio ilustra com precisão o universo absolutamente particular de Noll, que habitava, nas palavras de José Castello, um "mundo paralelo", onde qualquer tentativa de aproximação era tratada como invasiva. "Eu ficava sempre com a impressão de que ele estava se escondendo, fugindo pelas beiradas. O João tinha uma particularidade muito grande na sua maneira de lidar com e de perceber o mundo à sua volta. A sensibilidade dele, inclusive em relação à vida real, era muito ímpar, não era como em geral nós, homens comuns, percebemos. Ele tinha algo ali, um sentimento de ruptura, como se houvesse um abismo entre ele e os outros. Era muito nítido. E o João tinha consciência disso. Mas, mesmo com as dificuldades todas, e essa é uma das coisas mais bonitas no João, ele fazia um esforço enorme para se aproximar das pessoas que o interessavam. Era um sujeito afetuoso, muito amoroso. Sempre me ligava, mesmo sem esticar muito a conversa, quando eu escrevia sobre seus livros, ficava feliz e se sentia compreendido. O que ajudava a diminuir a sua enorme solidão", lembra o amigo.

Castello teve contato com a literatura de Noll a partir de *Hotel Atlântico* (1986) e só depois passou a se interessar pelos livros anteriores do autor. O crítico diz que nunca teve dúvida sobre a excelência da sua escrita, a ponto de considerá-lo o maior ficcionista brasileiro contemporâneo. "Disse e escrevi isso sempre que pude. E continuo a afirmar que o Noll foi um dos maiores do século 20, sem dúvida. Muito acima da média, muito. Mas ele toca em temas que incomodam – e nem todo mundo está disposto a mexer nessas coisas. Por isso acho que tenha sido tão injustiçado ao longo de sua carreira", garante.

Além da escrita incomum, tratava-se de um homem bastante incomum. O crítico o visitou em casa uma única vez, nos anos 1990, quando Noll morava em Copacabana durante a estadia como professor visitante de UERJ, entre 1994 e 1995. "Foi ele que me chamou para visitá-lo. O apartamento era uma zona completa, repleto de pilhas e pilhas de livros. Um apartamento pequeno, que me pareceu bem desconfortável. Nesse encontro, ele chegou, mas de forma muito abstrata, a reclamar da solidão, dizer que tinha se mudado para Copacabana com o intuito de tentar se aproximar das pessoas. É claro que o João precisava dessa solidão para criar, mas em alguns momentos ela se transformava numa coisa muito aflitiva. Era uma experiência radical. Ele tangenciou o tema, mas repito, tudo de forma muito abstrata, sem informações concretas. Outras vezes tentei entrar em conversas sobre a vida amorosa dele, se tinha alguém, se estava sozinho, se não seria bom ter alguém, mas não dava certo. Ele fugia, falava coisas vagas e deixava claro que não queria conversar sobre aquilo. É uma coisa totalmente irresponsável que eu vou dizer, mas eu vou dizer: eu estou convencido que de fato o João escondia algumas coisas de si mesmo. Porque é o seguinte: nas diversas entrevistas que fiz com ele, eu era o repórter literário e o Noll era o escritor consagrado. Ou seja, há um limite. Coisa que não há, por exemplo, numa conversa particular entre dois amigos, nos quais não ficávamos discutindo literatura – até porque não tenho muita paciência para isso. Então, os temas pessoais surgiam. Mas ele se desviava de todos."

Foi em uma dessas entrevistas que concedeu ao crítico e jornalista, talvez a mais célebre delas, em 2009, no encerramento da edição daquele ano do Paiol Literário [evento promovido pelo jornal *Rascunho* com apoio da Fundação Cultural de Curitiba e com o Sesi do Paraná], que Noll se referiu à literatura como sua "madrasta". E reforçou a amargura que começava a sentir, descrita anteriormente pelo professor e pesquisador Gustavo Cerqueira Guimarães. "Em nenhum momento quis desistir. Mas, realmente, renunciei demais pela literatura. Demais. Foi excessivo. Em termos materiais. Sou de um grande despojamento material. Um horror. Eu acho um horror. E me arrependo um pouco. Mas, como pude escrever tantos livros, esse horror se amaina um pouco. Eu morava no Rio de Janeiro. E, no início, o fato de eu ter deixado o Rio e ter voltado para o sul quase me enlouqueceu de tanta dor. Eu nem tinha consciência, na época, de que eu estava voltando para poder me doar um pouco mais à literatura. E foi o que aconteceu. Os livros estão aí. Mas fiquei muito indigente, humanamente falando. Indigente em todos os sentidos – claro, num país como o Brasil... Por isso é que eu chamo a literatura de 'minha madrasta'. Ela exigiu muito de mim", afirmou na ocasião.

"Na literatura do Noll, há uma voz que percorre, que escreve todos os livros dele. O resultado forma um conjunto maravilhoso, ele está o tempo todo escrevendo um mosaico. É exatamente isso que torna a sua obra maior que outras: a fidelidade a si mesmo, pela qual ele pagou um preço alto – inclusive pessoal, já que sua vida foi marcada pela penúria, pelas imensas dificuldades materiais. Não é qualquer um que tem essa coragem. Eu o considero um herói", arremata Castello.

"Todas essas coisas ele me contou", volta a lembrar Guimarães. Segundo o amigo, João andava cansado e chegou a recusar um convite da organização para voltar no ano seguinte ao Festival de Inverno da UFMG. Guimarães identifica não apenas um esgotamento físico nessa decisão, mas também uma resistência do autor em criar laços, em se deixar "consumir" por leitores ou, simplesmente, pelos muitos admiradores. "Ele concordava comigo sobre esse distanciamento, um receio de ser tolhido. Acho que não tinha muita confiança nas pessoas, era um hesitante. Também mencionava muito o período da internação, essa mágoa que ele tinha da família, isso voltava sempre. A expressão se alterava, ficava tenso. Era tomado de uma tristeza, de um desamparo. Isso aparece muito nos livros dele", completa.

Só depois Guimarães foi observar que João estava se transformando em um sujeito agressivo. "Às vezes ele tinha uma série de paranoias em que delirava, era muito exigente consigo mesmo. Ele não fazia concessões, eu acho que o Noll pagou um preço muito alto pela literatura dele, que não é banal. Essa coisa da agressividade me parece que tem a ver com isso, o cara deu a vida pelos seus romances. E não recebeu nada em troca", registra.

Em 2010, em um e-mail do dia 19 de maio enviado a Guimarães, Noll diz que estava organizando sua biografia. "Quem publicará esse momento terrível sou eu, pois estou escrevendo um livro de memórias", afirma ele na mensagem "em tom de ameaça" – Guimarães conta que o e-mail enviado por João era o ápice de uma troca de acusações entre ambos sobre o romance que haviam tido no passado. E que a informação sobre uma eventual autobiografia soou como uma bravata, uma espécie de aviso. "O caso [entre eles] entrará [na biografia] como a falta de compaixão de nosso tempo. É vil", completa a mensagem de Noll a Guimarães. "Mas depois ele me pediu perdão", alerta o amigo.

Nos arquivos do escritor, porém, não há qualquer referência a um livro de memórias. Nem anotações. Nem um suposto roteiro. Absolutamente nada.

°o°

As últimas aparições de Noll foram no final de semana antes de sua morte. Mais precisamente no sábado, 25 de março. Luiz Roberto da Silva, dono do Café Chaves, localizado na galeria de mesmo nome bem no Centro de Porto Alegre, foi um dos últimos a vê-lo com vida. "Ele vinha quase que diariamente aqui no café, entre 10h30 e 11h. Sentava-se sempre à mesma mesa, a maior da loja, para poder ler o jornal do dia com mais conforto. Nunca o vi escrevendo, nunca o vi pegar uma caneta e rabiscar alguma coisa. Nunca. Era só leitura. De jornal, às vezes algum livro. Ficava uma hora, um pouco mais, e depois saía. Tomava um expresso duplo, vaporizado, bem forte, ou um suco orgânico. Gostava muito do suco de tangerina. Às vezes vinha em outro horário, de tarde, com o irmão Luiz ou com as irmãs Maria Alice ou Anelise, mas aí tomavam vinho, cerveja. Algumas vezes almoçava aqui, mas não era frequente", detalha.

A discrição era uma característica, tanto que Silva só veio a saber quem de fato era aquele homem solitário muito tempo depois das primeiras aparições. As idas ao Café Chaves começaram por volta de 2001, quando Noll se mudou para o pequeno apartamento da Fernando Machado após morar vários anos com a mãe, no bairro Floresta da sua infância e juventude. "Eu não sabia quem ele era, só fui descobrir depois que começou a frequentar o café com mais regularidade", explica o comerciante. "Ficamos amigos. Ele nos convidava, a mim e a minha sócia, para eventos de lançamento, para sessões de autógrafos na Feira do Livro, onde estivemos algumas vezes. Fomos no aniversário de 70 anos dele [em 2016]. Conversávamos um pouco, mas sempre respeitamos os limites do João, que era mesmo muito calado e em geral ficava sozinho", afirma. Silva lembra que Noll tinha predileção por falar de suas viagens, contou de Londres, de Jerusalém, de Portugal. "Sempre muito educado, sempre bem vestido, tranquilo, com seu bonezinho. Muitas pessoas o reconheciam, perguntavam se era ele mesmo, nós confirmávamos, mas não se aproximavam, respeitavam o espaço dele", afirma.

No sábado, 25 de março de 2017, João esteve no café pela manhã depois de algumas semanas sem aparecer – o que motivou o empresário a tirar uma foto do freguês ilustre para registrar o momento. "Ele não vinha no café há vários dias, acho que mesmo semanas, não sei se estava viajando ou se andou doente. Tirei a foto para mostrar para minha sócia, a Juliana, que ele tinha voltado", relata Silva. Foi o seu último registro fotográfico. A foto, tremida e de longe, mostra Noll de cabeça baixa, concentrado na leitura do jornal, camisa roxa de mangas curtas, boné azul-claro, expressão serena, corpo magro e ombros proeminentes.

A garçonete Pâmela Hols, que atendia aos fregueses no café, também se aproximou de Noll. "Ele me viu lendo um livro uma vez aqui, num intervalo, e começamos a conversar. Foi em fevereiro de 2016, por aí. Mas eu nem sabia quem ele era, só fui descobrir depois que a Juliana me contou. Ele então me recomendou que eu lesse *O cego e a dançarina*. Eu nunca tinha lido nada dele. Comprei, adorei e levei para ele autografar. Era muito interessado, puxava assunto, perguntava o que eu andava lendo. Depois falou com pouco entusiasmo do livro que estava escrevendo, contou que até foi viajar porque não estava conseguindo escrever. Pra ver se fluía. Não disse para onde foi. Disse que conseguiu escrever alguma coisa, mas não estava muito empolgado. Disse que não estava fluindo, foi isso. Falava muito da irmã do Rio [Anamaria]. Que ele ficava mais alegre quando ia para lá. Tinha dias que ele estava muito fechado, não sorria, agradecia o café mas não dava nenhuma abertura. Outros dias ele estava melhor e aí a gente conversava um pouco. Notamos aqui no café uma diferença grande em poucas semanas, ele tomava o café mais devagar, andava com dificuldade, víamos que alguma coisa estava acontecendo. Andava mais cansado, mais devagar. Isso a gente notava. Dava sinais de que não estava muito bem. Mas nunca se queixou de nada", conta.

Juliana Severo, a sócia de Silva no Café Chaves, chegou ao local naquele sábado pouco depois de receber a foto, a tempo de encontrar o escritor. Ela diz que se encontrava com Noll, também com alguma frequência, fora do estabelecimento, especialmente nos cinemas Guion, no centro comercial Nova Olaria. "Conversávamos muito sobre os filmes que estavam em cartaz, ele me indicava alguns, falava de outros e às vezes advertia: 'Ó, nesse tu vai chorar!' Então, muitas vezes eu saía do cinema chorando mesmo e ele brincava comigo: 'Choraste de novo!'", registra a empresária.

Ela fala de um homem metódico, que usava sempre o mesmo estilo de roupa e sentia muita dificuldade com coisas simples, como trocar de mesa. "Ficava intranquilo quando a mesa de sempre estava ocupada. Quando vinha com o irmão ou com outras pessoas, aí gostava de sentar na janela", recorda. A comerciante perguntou-lhe uma vez, sobre o romance *Lorde*, se João havia realmente vivido aquilo que fora relatado no livro. "Se aquele homem de sobretudo era ele mesmo", lembra a amiga. João respondeu com um enigma: "Pode ser...". E a amiga revela, em seguida, que Noll parecia um pouco debilitado nesse último dia, um pouco deprimido. "Conversamos, mas sem muita intimidade. Ele parecia arredio. Numa comparação desse dia com uma foto que fizemos no aniversário de 70 anos do João, menos de um ano antes, a diferença é grande. Era bem visível para mim que ele andava debilitado", esclarece Juliana.

No mesmo sábado, mas à tarde, João encontrou-se com a namorada Magali Koepke no bistrô do Museu de Arte do Rio Grande do Sul (Margs). Conversaram, almoçaram e, depois, foram ver a mostra *RS Contemporâneo – Pensamentos Curatoriais* no Santander Cultural, a poucos passos do Museu. A mostra era uma estimulante reunião de 103 obras da artista visual Karin Lambrecht, entre pinturas e aquarelas, com curadoria de André Venzon. Magali lembra que João comentou muito, com evidente apreensão, sobre o crescente aumento da tensão política no conflito árabe-israelense naquele momento – Donald Trump havia assumido a presidência dos Estados Unidos em janeiro de 2017 e as primeiras providências para a paz na região não previam a criação de um Estado palestino. Depois disso, já à noitinha, foi cada um para sua casa.

No domingo, 26 de março, pouco saiu do apartamento. Alguns vizinhos relatam que o viram pela manhã, caminhando pela rua, sozinho. Depois se recolheu e não foi mais visto. Nenhum amigo informa ter estado com Noll nesse dia. Seu próximo compromisso público era apenas na terça-feira, 28 de março, à tarde, no espaço cultural Aldeia, para a terceira aula de sua oficina de escrita criativa.

A livreira Nanni Rios, que abrigava ultimamente as oficinas de Noll na livraria Baleia, dentro do espaço Aldeia, narra a saga para encontrar o escritor naquele final de março quente em Porto Alegre: "Ele andava animado, a procura pelo curso tinha sido grande, tanto que abrimos duas turmas naquela edição. Sempre pontual, o João chegava 30 minutos antes do horário da aula, marcada para 15h, e aguardava os participantes no café da Aldeia. Alguns alunos, inclusive, chegavam mais cedo também para aproveitar a presença do mestre com exclusividade, antes de dividi-lo com os colegas. O tom era sempre de deferência, sem exceção. O João vinha sempre a pé, apesar de caminhar devagar e de estar um pouco vacilante. E voltava para casa da mesma forma", descreve.

Mas naquela terça-feira (28 de março) ele não chegou. Nanni prossegue: "Eu tinha saído da loja no início da tarde, para um compromisso profissional, e no caminho vi uma chamada não atendida da livraria. Retornei e me perguntaram, com nítida preocupação, se eu tinha notícias do Noll, pois ele não tinha aparecido para o encontro daquela tarde. Os alunos estavam inquietos, ele nunca havia faltado – sequer se atrasado. Voltei imediatamente, cancelei a reunião que tinha, dispensei os alunos e prometi dar notícias assim que soubesse de algo. E aí começou a saga, que só terminaria na manhã seguinte [quarta-feira, 29 de março] com a confirmação da sua morte. Liguei para o Fernando Ramos, que veio imediatamente até a livraria para pensarmos no que fazer. Nas duas horas seguintes, de absoluta angústia, tentamos todo tipo de contato com ele e, depois, com alguém da família. Sem sucesso, pois só tínhamos um telefone fixo, da casa do irmão dele, que não atendia. Decidimos então ir ao apartamento do João, tocamos o interfone e nada. Falamos com pessoas que entravam e saíam, mas não havia informação sobre ele", continua.

Ninguém sabia ao certo quando o haviam encontrado pela última vez. Nos bares das redondezas, onde João era visto comendo ou tomando uma cerveja, também ninguém sabia. "Ficamos mais um tempo ali na frente do prédio, como quem esperasse inutilmente ele descer para nos receber", diz Nanni. A imprensa então começou a ligar para "confirmar" uma informação que ninguém sabia. "Voltei para casa, já de noite, e dormi um sono cheio de pesadelos. Acordei pouco antes das 7h da quarta-feira com o celular tocando. Atendi e, sem sequer me dar bom dia, um repórter do jornal *Zero Hora* me antecipou a notícia: 'O irmão do Noll postou no Facebook que o seu irmão faleceu. Você confirma essa informação?' Disse que não sabia de nada e dei um jeito de desligar. Meia hora depois, a notícia estava em todos os portais. O João morava só. Era comum encontrá-lo caminhando pelas ruas do Centro ou almoçando em algum restaurante vizinho a seu apartamento. No Beverly Hills, por exemplo. Naquela tarde, no velório, eu e o Fernando chegamos juntos. A cunhada [Jussara], que o conhecia há mais de 30 anos, estava muito emocionada, nos abraçou e agradeceu. 'Se vocês não o tivessem procurado, talvez o João estivesse lá até agora', nos disse."

Luiz e Jussara estavam em Florianópolis. A sobrinha Janaína, irmã de Julia, também. Quem conseguiu contato com a família foi o amigo Fernando Ramos, que mandou uma mensagem para Janaína – de quem era amigo em uma rede social. "O Fernando não tinha os telefones de ninguém, nem do pai, nem da mãe, meu, nada. Foi por meio de uma mensagem privada em uma rede social que ele conseguiu contato", conta a sobrinha Julia, afilhada de Noll. Janaína demorou a responder, era final de verão, praia. Quando soube que estavam à procura do tio, começou a ligar e, assim como já ocorrera com Nanni e Fernando, as chamadas não foram atendidas. No telefone fixo também: sem resposta. A sobrinha então entrou em contato com o pai, que estava em outra praia de Florianópolis, e explicou a situação.

Ramos e Noll iriam se encontrar na semana que estava começando para combinar os detalhes de uma oficina que o escritor daria em Caxias do Sul, distante cerca de 120 quilômetros de Porto

Alegre. Alguns dias antes, em 18 de março, os dois se reuniram num bar e a conversa girou em torno de compromissos literários, livros, eventos. Ramos lembra que o amigo estava abatido; na segunda cerveja, depois de ir ao banheiro, anunciou que iria embora – o que era incomum, pois ambos costumavam trocar ideias por horas a fio em botecos da cidade. Mas Noll acabou aceitando a proposta de tomar uma saideira, que acabou virando duas. De repente, do nada, sem responder à pergunta alguma, assim, como quem fala sozinho, Noll disse a Ramos: "Estou de saco cheio".

Perplexo, Ramos ainda perguntou a quê, ou a quem, Noll estava se referindo. "A tudo", respondeu-lhe. "Tá tudo muito careta, tá tudo muito errado", completou. Ramos encerrou a conversa por aí, temendo ser indelicado. "É claro que na hora não era possível fazer nenhuma relação com a morte dele, poucos dias depois. Mas agora é: havia uma insatisfação muito grande no ar, foi possível perceber isso perfeitamente", recorda. Nos últimos encontros, Ramos também se deparou com um Noll nostálgico do passado "feérico" que havia tido. "Era um adjetivo que ele usava bastante para se referir ao que tinha vivido, especialmente no Rio de Janeiro dos anos 1970. Lembrava muito da intensa atividade de repórter cultural que teve por alguns anos", relata.

A sobrinha Julia só percebeu que estavam ligando para ela no final da tarde, depois das 18h, porque estava em aula durante a tarde da busca. Quando soube da situação, foi até a casa dos pais, pegou a chave reserva do apartamento do tio e rumou até lá. Quando chegou, já eram quase 21h30. "Nessa altura, todos estavam assustados, embora tivéssemos aquela esperança de que ele, a qualquer momento, atenderia ao telefone e diria que tinha esquecido o aparelho em algum canto. Milhões de coisas me passaram pela cabeça, mas eu não pensava no pior. Na verdade, não queria pensar. Quando chegamos lá, eu e meu marido batemos na porta e ninguém respondeu. Mas quando entramos não houve dúvida do que havia ocorrido: a luz do quarto estava acesa, a televisão, ligada. O cheiro também era forte, o ar parecia carregado. Entrei no quarto e o vi caído de bruços, a cabeça voltada para a porta. Estava morto. Foi muito duro ver aquela cena", lembra a afilhada de Noll.

Ela conta que ficou transtornada, sem ação, ao ver o corpo. O marido dela, Marcelo, ligou para o Serviço de Atendimento Médico de Urgência (Samu), que chegou em poucos minutos. Enquanto a assistência não vinha, o irmão e a cunhada foram avisados em Florianópolis do que estava acontecendo. E imediatamente começaram a dolorida viagem de volta para Porto Alegre. Como as normas de notificação para mortes não violentas que ocorram em casa haviam sido alteradas na semana anterior, não era mais necessária uma autópsia – a não ser por um pedido expresso da família. "O quarto estava muito bem organizado, a carteira e os óculos um em cima do outro, sem sinal de violência. Para que submetê-lo a uma autópsia?", justifica a sobrinha. O corpo foi removido para o Hospital Vila Nova, na zona sul de Porto Alegre, para o atestado de óbito, que precisa ser lavrado por um médico ou uma médica. Aí já era madrugada. "Quando tudo se encaminhou para o velório, já de manhãzinha, eu consegui avisar o Lerina [Roger Lerina, então colunista de Cultura do jornal *Zero Hora*]", recorda Julia. A notícia, enfim, ganharia a cidade, o país.

A causa da morte de João Gilberto Noll não foi determinada. O atestado de óbito indica apenas que ocorreu às 23h35 do dia 28 de março de 2017.

°o°

Sem ter tido a chance de vê-lo novamente com vida depois do último encontro, no sábado, Magali Koepke publicou na edição 265 do *Correio da Appoa* (Associação Psicanalítica de Porto Alegre), com data de abril de 2017 (sem dia), um texto intitulado *Despedida*, aqui reproduzido na íntegra:

> *Foi num tropeço que ele se foi. Alguns disseram: Morreu trabalhando! Um tropeço e caiu do mundo. Com boca apequenada, mas de voz forte e grandes orelhas que escutavam com os olhos cada gesto, cada detalhe das feições do ser humano que se escondia naquela pessoa com quem interagia. Quando o assunto caía por demais na razão, dizia: cerebral.*
>
> *Assim se foi ele, irracionalmente num tropeço, mas nos deixando essa imagem como uma última assinatura, do que escapa ao cerebral,*

visível nos hematomas na face e crânio, e no sangue vermelho vivo que parecia ainda escorrer pelos olhos sob o delicado véu que o cobria em seu ataúde, assustando as crianças que também o velavam.

Escatologia, é sobre o que estou me debruçando para escrever, porque sempre nos remete à infância, não é?", foi o que me disse quando recomeçou a escrever seu último livro, que ainda não estava concluído. As crianças se ocupam o tempo todo disso, é seu tema preferido, dizia. José Castello, falando sobre sua escrita, menciona que autor e personagem se fundiriam num só corpo, porém não se tratava só da carne, mas da substância que a conserva viva, o sangue.

Uma palavra que João gostava de usar era coagulado. Ao tentarmos limpar o sangue de seu olho com o lenço, nada de sair, coagulara. Ele deu seu sangue à cultura humana, sobrevivia com parcos recursos financeiros, mas com uma riqueza subjetiva inigualável. Distribuía pérolas em suas oficinas, mas nem todos reconheciam a preciosidade das joias. Eram momentos de verdadeira catarse para muitas pessoas.

Recebia todos com silêncio e fala mansa. Permitia que o choro, que por vezes algum participante exibisse, fosse acolhido e respeitado como a substância necessária à escrita, a própria tinta. Não se intimidava com outros, sendo às vezes cortante, nada de gozo excessivo, não. Um dia lhe disse em tom bem humorado que suas aulas eram oficinas terapêuticas, que transformavam as pessoas que por ali passavam, que podia chamá-lo quase de terapeuta ocupacional, ou psicanalista fora de série. Concordou, com um sorriso sincero e feliz.

Era o que gostava de ouvir, que podia enriquecer as pessoas em sua subjetividade. Alguns questionavam seu método de ensino. Queriam objetividade, que ele fosse mais didático, entre queixas e comparações com outros professores. Porém, o nome da oficina já dizia: Subjetividade e Linguagem, *ou ainda* Dar Alma à Correnteza, *entre outros. Como disse nessa entrevista a José Castello*[1]*: "A literatura ou é a procura da autenticidade, ou vira belas-letras".*

A amarga ironia de Magali com a busca de "objetividade acadêmica" foi usada também pelo escritor e cronista Fabrício Carpi

---

1 *O livro das palavras – conversas com os vencedores do prêmio Portugal Telecom.* São Paulo, Leya, 2013. Organização de José Castello e Selma Caetano.

Nejar, ou apenas Carpinejar, para comentar a morte de Noll. Em um texto provocativo e duríssimo, um verdadeiro desabafo, publicado no dia 30 de março de 2017 no jornal *Zero Hora*, Carpinejar diz que Noll foi "assassinado" pela sociedade gaúcha. "Foi assassinado pela indigência cultural do Estado. Foi assassinado pelo total desprezo de nossas instituições pelos grandes artistas e narradores. Foi assassinado por ausência de incentivo e de apoio. Foi assassinado pelo orçamento imaginário da Secretaria Estadual de Cultura. Foi assassinado pela inanição do Instituto Estadual do Livro", diz o autor. E continua: "Em seu enterro na noite de quarta passada, na capela 9 do Cemitério João XXIII, havia menos de 50 pessoas para se despedir de um dos maiores escritores gaúchos de todos os tempos. Não apareceu prefeito ou governador, não apareceu ministro ou deputado federal, não apareceu presidente da Assembleia ou da Câmara Municipal. Os políticos não leem mais? É isto? É artigo de regimento interno? Não se decretou luto no Estado. Não existiu nenhuma mobilização popular. Não teve cobertura da imprensa no velório", reclama.

Em um dos trechos mais contundentes, Carpinejar afirma que Noll "morreu de solidão, nesta cidade abandonada às bestas, onde os livros são uma seita para pouquíssimos e corajosos". E termina dizendo que o escritor "morreu do nosso completo nada". No Twitter, assim que soube da morte do escritor, no dia 29 de março, Carpinejar foi ainda mais irônico: "Você não existe, João Gilberto Noll, não entendo como alguém que não existe pode morrer".

O irmão Luiz Fernando confirma que a família não recebeu nenhum telefonema, telegrama, mensagem de qualquer natureza, de autoridade pública do estado ou do país, cultural ou não, manifestando pesar pela morte do artista. Nem recebeu coroa de flores ou outra homenagem qualquer durante a cerimônia de despedida. O então secretário de Cultura de Porto Alegre, Luciano Alabarse, compareceu ao velório. Mas deixou claro para o irmão e para as irmãs que estava lá como amigo de Noll, antes de estar representando a autoridade pública. Alabarse dirigiu uma adaptação teatral de *Hotel Atlântico* em 1992, com a qual ganhou o prêmio Açorianos – a maior honraria cultural de Porto Alegre – de espetáculo e direção.

Nos Estados Unidos, porém, a morte de Noll gerou consternação e artigos na imprensa literária, que saudou seu trabalho e reivindicou novas traduções. Termos como "brilhante" e "sensação literária" caracterizaram o escritor.

Em uma mesa-redonda organizada pelo *Literary Hub* – um dos mais prestigiados canais eletrônicos de literatura norte-americano, com uma newsletter diária sobre o tema desde 2015 – apenas uma semana após a morte de Noll, o tradutor e editor Stefan Tobler comparou-o aos escritores satíricos George Saunders[2] e Gary Lutz[3], observando que "seus livros são amados no Brasil porque ele é um escritor ousado, que explorou experiências radicais e estados de espírito, incluindo colapso mental (*mental breakdown*)". E não apenas da mente, completa Tobler: "[Noll] é um escritor do corpo. Da escrita corporal, para usar uma frase. E, se não pode ser claramente rotulado como 'escritor gay', é certamente alguém que escreveu sobre temas gays e homoeróticos. E quando seus romances começaram a aparecer, nos anos 1980, o poder transgressor e estranho deles exerceu uma atração magnética sobre jovens leitores e escritores, que tinham à disposição, em grande parte, uma ficção social realista e regionalista. Embora tivesse a reputação de ser um lobo solitário, se sentia feliz ao fazer leituras públicas e não se esquivou em causar constrangimento entre públicos mais conservadores", observa.

O escritor e crítico Scott Esposito, por sua vez, que atua junto à editora Two Lines Press, responsável pelas traduções de Noll para o mercado norte-americano, classificou-o como um escritor *queer* "imensamente original", cuja leitura remetia a "um bom poema". Esposito narra: "Uma das coisas que realmente nos impressionou [na editora] sobre Noll é a maneira como seus romances funcionam. Primeiro de tudo, a atenção dele ao artesanato é incrivelmente notável. São realmente frases lindas. Além disso, há a maneira como esses livros funcionam: eu estava me correspondendo com um poeta que recentemente o descreveu como 'estranho, embora fácil de acompanhar'. E considero que é isso mesmo: os livros de

---

2 Escritor norte-americano nascido no Texas em 1958, autor, entre outros, de *Lincoln no limbo* (2018) e *Dez de dezembro* (2014).

3 Romancista e poeta nunca traduzido no Brasil, autor, entre outros, de *Partial listo of people to bleach* (2007), publicado sob o pseudônimo de Lee Stone.

Noll são estranhos no que dizem e em como as tramas se movem, mas fluem tão perfeitamente que você acaba os apreendendo apesar dessa característica. Essa é uma das razões pelas quais comparo Noll com frequência aos filmes de David Lynch, que acredito, muitas vezes, atingirem um efeito semelhante", diz. "Além de Noll ser um escritor imensamente original, ele também era um ser humano muito interessante. Uma das coisas que nos divertiu na Two Lines foi como ele exigiu que, se alguma vez o trouxéssemos para os Estados Unidos para uma turnê [isso nunca ocorreu], tivesse que ser em um avião que lhe permitisse fumar. Não tenho mais certeza de que esses aviões existam", lembra.

Outro dos tradutores de Noll para a Two Lines, Adam Morris falou sobre o autor no mesmo evento: "Eu não conhecia Noll pessoalmente. Nunca estive em Porto Alegre e, pelo que entendi, ele não costumava viajar tanto nos últimos anos. Noll e eu trocamos alguns e-mails relacionados a perguntas específicas que eu tinha sobre palavras ou frases ao traduzir o trabalho dele [Morris traduziu *Hotel Atlântico* e *O quieto animal da esquina*], mas suas respostas não foram além dessas perguntas. Ele sempre foi rápido e prestativo, e parecia entender o quão difícil e implacável suas passagens mais surreais poderiam ser para um tradutor. Quando iniciei o contato com ele para pedir permissão para apresentar uma tradução de *Quiet creature on the corner*, eu ainda era um tradutor inexperiente, tendo publicado apenas um trabalho em português. Naturalmente, eu estava nervoso em escrever para alguém que considerava um dos melhores escritores vivos da América Latina. Talvez Noll tenha percebido isso na formalidade rígida da minha carta; ele então escreveu de volta imediatamente para me dizer como minha carta o deixara feliz e como estava cheio de entusiasmo pela ideia da tradução", descreve. "A primeira tradução foi o *Atlantic Hotel*: era muito diferente de tudo que eu já havia lido, estonteante na forma como condensava e dilatava o tempo narrativo. Fiquei encantado com a força com que Noll impulsionou o protagonista em suas circunstâncias cada vez mais bizarras. Há algo presunçoso na maneira como ele faz isso, talvez um pouco difícil. Me deu a sensação de ser manipulado pelo texto", registra.

O escritor John Trefry também se ocupou da obra de Noll imediatamente após a sua morte: em resenha para o site *minor literature (s)* no dia 23 de junho de 2017 sobre *Hotel Atlântico*, Trefry aproxima o romance de *Esperando Godot*, de Samuel Beckett – especialmente em relação à ambivalência dos protagonistas. "Noll cultiva um senso de insegurança no sentido de que o narrador é tão ambivalente que dificilmente temos qualquer razão para acreditar em sua palavra. Ele nos diz abertamente que está mentindo ou aceitando passivamente as afirmações de outras pessoas. (...) É um texto silencioso. Como romance, as palavras não estão passando no tempo (real), mas fabricando o tempo enviesado do livro. Mas é impossível [para um livro] funcionar sem a ressonância de seus antecedentes. *Atlantic Hotel* não pode, portanto, deixar de capitalizar sobre essa fisicalidade dos atores nos palcos de Beckett por causa de suas outras afinidades com eles, particularmente: ponto de vista, inconfiabilidade e falta de agenciamento (*lack of agency*)".

"Minha percepção em relação ao Noll agora é muito diferente do que era há alguns anos, ao ler *Quiet creature on the corner*. Inicialmente, a simplicidade da escrita e a predominância da narrativa naquele livro se disfarçam sob um tipo convencional de ficção literária, de um naturalismo ainda reinante, talvez como um [J.M.] Coetzee. Mas essa leitura não se sustenta e desmorona rapidamente. (...) Não é que as sequências de eventos sejam impossíveis ou se aproveitem de uma mesma possibilidade frouxa que se possa atribuir a David Lynch, mas que elas traem nossas expectativas sobre como a causalidade deve refletir a concepção moral do comportamento humano. Desse modo, vejo Noll usando a narrativa para falar sobre a posição do texto, culturalmente. Suas narrativas parecem mais performáticas do que representacionais. Ou seja, olho para a narrativa não pelo que está acontecendo, mas pelo que me diz sobre o que está acontecendo. A maneira como minha leitura mudou ao incluir o *Atlantic Hotel* é que agora tenho certeza de que é esse o caso", diz Trefry.

°○°

João Gilberto Noll nunca escreveu essas palavras, mas as proferiu em uma de suas últimas aulas no Instituto Delfos, da PUCRS, durante sua estadia entre alunos e pesquisadores de literatura em 2014. Foi transcrita pelo professor Ricardo Barberena, que a re-transmitiu para uma plateia emocionada e atenta durante uma das inúmeras atividades em homenagem ao escritor na segunda edição do Festival Rastros do Verão, em janeiro de 2020, em Porto Alegre. O evento ocorreu na livraria Taverna, a poucos passos de onde Noll viveu seus últimos anos. Talvez sigam reverberando pela rua que agora, informalmente, desde 2019, leva seu nome, numa iniciativa bem-humorada de seus amigos e admiradores.

O mistério da literatura é o culto da indeterminação. A função do escritor é fazer uma elegia do difuso e do indeterminado. A escrita, para mim, tem que ser um exercício desejante, porque tudo conspira para que essa chama se apague.

PORTO ALEGRE, MAIO DE 2017; NOVEMBRO DE 2020.

Última foto de João, feita no Café Chaves, em 26 de março de 2017

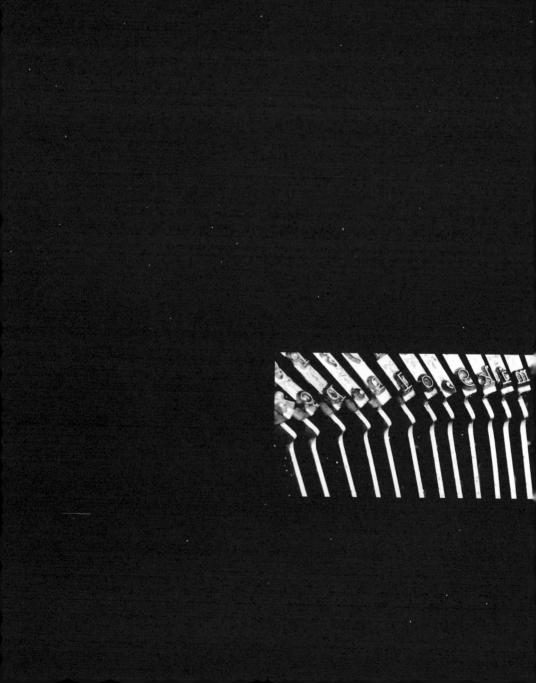

Inéditos

"OGANIA"

Com cuidado;acelero de uma vez o carro aplicadamente dobro aesquina das mortes
entre na rua Ogania;rua das Mortes;com o Tejo e é da vida me patriarcalizou.A rua das
Mortes não é um rio não,Ogania é o nome de que não me foi antes,de que não contatualizei
AINDA como história:morte.Sei que o meu carro pega fogo,esquenta como feito de carvão
pois entro na rua.Hoje mesmo minha mãe me falou "meu filho a paz tem que vir do Senhor
fora dêle não existe a paz" é como um pedaço de fibra medrosa de estar dentro de homens
com olhos e a paz ainda não chegou eu sei enquanto isso os homens ficam movendo-se,sa-
nha em constante conflito mutante em constante arrepio frente à espinha dorsal da vida
ainda não estigmatizada como papel a vida não é teatro a vida é um bando de ruas e de
estradas interchocando-se interpenetrando-se   como na morte   a esfera em
que me passo de carro aque não volte   volto pois revoluciono os homens meus irmãos meus amigos que ainda não penetraram a rua que ainda sabem das grandes navegaçoes
e descobertas---eu ainda falo dentro do cento e esforço-me em linguajar o pão nosso de
cada dia,o que é quase impossível para quem passa interOgania assuida aos infi infi infi
sidéreos;não sou particular não me pertenço depois que passar por Ogania nesta tarde de
domingo enquanto espero o resultado da lua.AMPLIA AMPLIA as mensagens ó deus do fundo
do mar que eu me careço de formas.Perpasso-me a rua das Mortes;Ogania é o alento meu o-
lhar até então se perdia na poeira desta estrada triste olhava pra mim mesmo me procurava e não encontrava nada:sintema sintomax sintomarx e se perde porque é muito maior sentado à beira do caminho da rua das Mortes.Ogania sou o Corifeu e me aparto da humanidade para quê? para dissipar a comunicação à Comunicação? e daí e daí que somos projetos
homens desta carne e dêste osso e dessas víboras intestinais que feituram os adubes
    É tão supersônica a viagem por Ogania!AINDA.Será que algum dia a espécie po-
rá a coisa no seu vazio com o tempo aberto encarando.A pesquisa é processo;não deixa.
Rasgos de décimos e depois turva-se a massa e enrola-nos como elemento.O transcurso por
Ogania é como a morte,vislumbrada como se a coisa permanecesse intacta:Linguagem---co-
mum é o fluído e as nossas pernas afrouxam-se logo que nos apartamos de Ogania é como
tivéssemos presenciado e dito OGA OGA OGA e não tivéssemos presenciado nem dito nada da
da da.A rua das Mortes é onde a fala e o dizer se completam,sim embora em invenção em
forma em nove em ÔVO,sim,é como a morte um momento completo que não pede que dá que instaura um estado nôvo;breve
    Eu não sei eu sofro.O meu carro já plana ligeiro por outra rua---comum como
polita---como se não houvesse havido nada.Meu carro é veloz pertence à época em que foi
idealizado---mas não basta,é apenas funcional não passa de funcionalizável à epiderme
da hora para encorpar garôtas bonitas ao som dos hinos de Roberto Carlos e Veloso meu
carro furou uma vez Ogania e eu desisti:Amor eu recupero a força e gozo de um jato sôbre a coxa branca e tenho febre.Testemunho a minha época---OGANIA---e esterto pra que a
morte deixe o seu rastro aos posteriores para que êles sejam eternos enquanto o meu carro passeia num fim de sábado entre uma boate e outra ao menos abre a bragueta e salta u
ma primeira espécimen já;phala.Enquanto Ogania por nós ainda se imove na rua das Mortes
tento e me dedico.Em que pese não seja mais o mesmo:depois d'Ogania a

João Gilberto Noll

Ogania

Enviado por carta ao amigo Celso Marques, em 6 de agosto de 1969

Com cuidado; acelero de uma vez o carro aplicadamente dobro a esquina das mortes entro na rua Ogania; rua das Mortes; como o Tejo o é da vida me patriarcalizou. A rua das Mortes não é um rio não, Ogania é o nome do que não me foi antes, do que não contatualizei AINDA como história: morte. Sei que o meu carro pega fogo, esquenta como feito de carvão pois entro na rua. Hoje mesmo minha mãe me falou "meu filho a paz tem que vir do Senhor fora dêle não existe a paz" é como um pedaço de fibra medrosa de estar dentro de homens e a paz ainda não chegou eu sei enquanto isso os homens ficam movendo-se, sanha em constante conflito mutante em constante arrepio frente à espinha dorsal da vida ainda não estigmatizada como papel a vida não é teatro a vida é um bando de ruas e de estradas interchocando-se interpenetrando-se   c o m o na morte   a esfera em que me passo de carro e que não volto   volto pois revoluciono os homens meus irmãos meus amigos que ainda não penetraram a rua que ainda sabem das grandes navegações e descobertas – eu ainda falo dentro do conto e esforço-me em linguajar o pão nosso de cada dia, o que é quase impossível para quem passa interOgania assumida aos infi infi infi sidéreos; não sou particular não me pertenço depois que passar por Ogania nesta tarde de domingo enquanto espero o resultado da lua. AMPLIA AMPLIA as mensagens ó deus do fundo do mar que eu me careço de formas. Perpasso-me a rua das Mortes; Ogania é o alento meu olhar até então se perdia na poeira desta estrada triste olhava pra mim mesmo me procurava e não encontrava nada: sintoma sintomax sintomarx e se perde porque é muito maior sentado à beira do caminho da rua das Mortes. Ogania sou o Corifeu e me aparto da humanidade para quê? para dissipar a comunicação à Comunicação? e daí e daí que somos projetos homens desta carne e deste ôsso e destas víboras intestinais que feituram os adubos

É tão supersônica a viagem por Ogania! AINDA. Será que algum dia a espécie porá a coisa no seu vazio com o tempo aberto encarando. A pesquisa é processo; não deixa. Rasgos de décimos e depois turva-se a massa e enrola-nos como elemento. O transcurso por Ogania é como a morte, vislumbrada como se a coisa permanecesse intacta: Linguagem-comum é o fluído e as nossas pernas afrouxam logo que nos apartamos de Ogania é como se tivéssemos presenciado e dito OGA OGA OGA e não tivéssemos presenciado nem dito nada da da da. A rua das Mortes é onde a fala e o dizer se completam, sim embora em invenção em forma, [riscado] em ÔVO, sim, é como a morte um momento completo que não pede que dá que instaura um estado nôvo; breve

Eu não sei eu sofro. O meu carro já plana ligeiro por outra rua – comum cosmopolita – como se não houvesse havido nada. Meu carro é veloz pertence à época em que foi idealizado – mas não basta, é apenas funcional não passa de funcionalizável à epiderme da hora para encorpar garôtas bonitas ao som dos hinos de Roberto Carlos e Veloso meu carro furou uma vez Ogania e eu desisti: Amor eu recupero a fôrça e gozo de um jato sôbre a coxa branca e tenho febre. Testemunho a minha época – OGANIA – e esterto pra que a morte deixe seu rastro aos posteriores para que êles sejam eternos enquanto meu carro passeia num fim de sábado entre uma boate e outra ao menos abro a bragueta e salta uma primeira espécimen já: phala. Enquanto Ogania por nós ainda se imove na rua das Mortes tanto e me dedico. Em que pese não seja mais o mesmo: depois d'Ogania a

Suíte

Enviado por carta ao amigo Celso Marques, em 6 de agosto de 1969

Passou os dedos no retrato e fixou o momento ali prêso; de Simon e Garfunkel. Tinha-se achado que na coisa que gostava era mais o próprio – que amava e que estava intensificado no instante em que se decidia pela concentração de que era mais gestado em vida não planejada, com um lumião de azeite fosforescente quando se queria que fôsse a olhá-lo partindo o risco de existir num mundo como se a lua fôsse uma coisa só com a terra e os planêtas gigantes e já se soubesse tudo, assim; passou os dedos e beijou o pôster de Simon e Garfunkel como dois artistas que são, cantôres, mas como se não fôssem, apenas elementos a mais integrando a história, vivenciando a causa do amor, que se sente no homem pela encarnecida fúria de um dia se achar sido homossexual frente a esqueletos que amorteciam com os olhos qualquer amor, ainda mais o intingido, aquêle que a fúria só diz no silêncio do quarto ou da cama ou do lençol – sem sangue [riscado] ou poeta, sem gama de semitons que isso é coisa de cultura aberta como Dante e sua Beatrice e seus três estágios uterinos e assim mesmo ou por isso mesmo tocou no quadro de Simon e Garfunkel e levantou a membrana escondida e declarou o que sentia pelos dois, o que êles representavam, e beijou-os delicadamente no ventre de cada um porque não alcançava os seus lábios que eram altos demais e verdadeiros, talvez ainda, e disse: meus dois amôres, não sou romântico nem nada, sou o que me declaro pela primeira vez o que quero não só de vocês como do mundo, que me deixem que eu seja o que fui até agora – em ato – e nem é necessário que eu compreenda, apenas que eu [riscado] ame, muito o que me vem à flora, porque eu já sofri demais sem ter sido bandido e hoje que o homem subiu à lua eu sinto que TUDO é grande demais e que o homem é um réptil inocente como qualquer outro como qualquer outro – outro – talvez, talvez sim a coisa seja um protesto (a quê?) e não seja inata, mas einsteineamente como um ponto – qualquer – de homem a homem eu me declaro: telex partem a notícia porque já é tarde demais para declarações oficiais quando a era cosmogônica se faz sem justificar, a própria involução é poesia, mesmo se não houver

Ele quer: passa a mão sôbre Simon e Garfunkel e vomita um pó-de-arroz fino do passado e se sente só. E Simon e Garfunkel no cartaz

Um dia

Enviado por carta ao amigo Celso Marques, em 6 de agosto de 1969

Conhecer. O levante tinha trezentos homens armados com a face aberta de dilaceramento de uma luta contínua anterior à própria luta que ali estava. Conhecer. Cada dia, cada gente pra depois lutar por ela própria se valesse a pena ou não, conhecer os seus órgãos sensoriais, como a saliva, a sua inteligência em raíz o caminho conhecer de cada quadra o chuvisco manhoso e os moradeiros pra depois andar a pé, nu, com um cachimbo talhado à mão por um madeireiro confrade ou um vigarista irmão. Conhecer era a palavra de ordem: montar o Forte com trezentos homens, enquartelar as fardas e submeter-se à hipnose coletiva de sangue, eis chegada a hora, a hora outrora formulada em pastinhas clandestinas quando o antibiótico ainda germinava no corpo – encantado cantado amado. Agora não podia se amar embora estivesse na coisa; como um lençol de um morte-amigo, mas morte. Mesmo que fôsse pra uma vida que se esboçasse, mas cheirava mal – não êles mesmos, os trezentos homens armados com a face aberta para o que se acontecia, o levante – o mal [sic] cheiro se incrustrava em cada poro e a sujeira era o orifício retalhado para a pureza. O Forte era negro e lá se impunha e os trezentos homens no incauto o arrastavam para si, para si.

Um punhado de feérie lantejoulava o país de ponta a ponta naquele dia. Só os trezentos homens, mortos, sem saber. Não se podia dizer heróis, não se podia dizer nada, só os trezentos mortos para o dia.

Um dêles se lembrou de sua Olivetti, Lettera 22, até que ponto fôra no que disse, no que afirmou da ferida e não pressentiu e não ouviu a voz cálida da maturidade bem esclarecida que bem lhe ditava aos ouvidos vozes encobertas encobertas. A fôrça da pureza estava nêle, morto – para a vida – e não sorriu, deixou-se ficar morto enquanto a sua máquina parava, dum silêncio culpado sem espôsa ou filhos. Deixou-se estar na ombradeira do dia que se esvaía em carnaval. Morto.

E nem os poucos aliados, que esperavam a notícia ao lado de seus rádios, responderam com a pergunta "para quê". Gnos, Gnos, por que me disseste uma noite que me seguirias através da chuva, da insanidade, da luta? e o prometeste foi por tua pura invenção e aqui continuamos transidos de frio, esquecidos, em decomposição, para ainda acreditarmos na tua história e na nossa. E para o que fizemos. O levante fomos mas não matamos um mero um. Fizemos para isso, para iniciar, mas uma balbúrdia de festa sacode o país de ponta a ponta. A queixa, não por nos esqueceres, mas porque não fizemos, em vós, os prováveis, os lúdicos.

Ludus Primus; ah, a minha infância foi regida pela Ordem de Jesus – SJ – e em que caminho andei depois, no começo sempre lírico, depois – só depois de morto submerso em meu encanto pessoal de revolucionário, ah, eu não queria apelar para êsse reduto que sempre existiu. Sim, a minha camisa vermelha desfraldada e aqui trezentos homens mortos. Trezentos jovens homens mortos. Trezentos jovens. O mais velho, eu, o que já tinha atingido a idade da solteiranice. Por um ideal _____

Os cabelos crespos dos meus colegas se prendem já ao sereno e se perdem à distância os cabelos crespos dos meus colegas já nem são cabelos, traças comuns do tempo. Sem mensagens em anéis encaracolados; eu amo os meus 299 amigos e sua idéia de Forte e de levante e o seu Forte e o seu levante. Não amo a sua morte porque a justificativa está em vocês que estão sem sair dos codões [sic] do isolamento crendo na escola... nos pailletés[1] divinos de uma vida inteira...sôbre a arena os pailletés ganham alma...E vocês não sabem. Forte

---

1 Brilho, paetê.

Aumento

Enviado por carta ao amigo Celso Marques em 6 de agosto de 1969
Publicado no *Caderno de Sábado* do *Correio do Povo*,
em 23 de agosto de 1969

Concluo a chave e abro a porta: "um instante maestro" repicam os sinos da igreja vizinha e os alto-falantes com seus hot--dogs dependurados anunciam a eleição. Moro do lado da praça e nem consigo dormir com faixas e bandas e domingo esvoaçando ao comprido sôbre o meu corpo vem alguém e me acorda – "segunda-feira" – e salto qual um monstrinho decidido e indo e andando com a sua trombose entre as pernas e pede um relato, por favor, um relato na repartição com cópia mas tôdas as segundas-feiras falta papel carbono falta amor falta amizade e domingo eu poderia ter feito porque depois não se tem mais tempo pra nada, o domingo é o Éden e se vê a frustração; do Éden encravado na semana eu parto para a conquista dos dias e concluo cada noite mais uma vez a chave para a dormida e o sono enquanto a hora aquece de pressentimento que se está chegando na idade que nem se sabe mais de que dor se irá morrer já que tudo é tão igual e sempre o que faz com que se volte para casa é um consôlo   idiota essa mania que se tem na repartição de se coleguear maduramente para a vida de nossos e de suas cadernetas de poupança líquida – sim, líquida fluindo de nossas consciências como de caracóis prontos para incineração ração de bichos chamados razão ão ão ão pra ti pra quem devo o mês passado ainda e mais êsse mês e que eu não sei de onde vou tirar, é que me deu tersol e tive de comprar vários plastos e mais a despesa do aluguel da televisão e o cobrador de minha mulher e os mensalistas de meu filho que escolheu a vida monástica e a vida monástica não dá lucro não, ainda bem que tenho quem reze por mim, já me acostumei a sentir fome, sei lá, tudo acostuma até os estados pós-operatórios depois que se esperou mêses pela cura e vem a prestação medicinal e deixa-se ainda o por-pagar para os dependentes   até então   sou hoje eu que pego fôrça e vou pedir aumento e saio pelas ruas calejadas de gente e atalho para a repartição por uma pequena veia soturna do pôrto que contém menos gente e um colega meu mesmo então vem em direção minha com uma faca em lâmina me assalta e eu não tenho   tão rápido que não sinto

A face do cão

Publicado no *Caderno de Sábado* do *Correio do Povo*,
em 26 de novembro de 1969

little dog
limpa a parreira para os teus filhos little dog
aplaina a dor com o chicote do teu rabo
com os teus olhos disfarçados em bondade
little dog

o homem geme na tua espera
mais um cacho little dog

de ti mesmo o punho férreo tem de partir as suspeitas
de que és um mero cão e

bate bate nas ovelhas mansas
nos homens desfigurados
por boicotes em massa
little dog

quando cresceres serás o Homem
junto como a ervilha
fora de qualquer lema
little dog
pequeno cachorro transfigurado em homem
grande dog

descerra as mãos
e os pés que fazem as mãos
e das mãos tira o sumo violento
da planta que se vê crescer
para o oceano
para o longínquo mar da selva pura
little dog
pequeno cachorro das alucinações humanas

(por falta de alucinações)
grande cachorro
da raça enfraquecida pelos pulmões
alastra o teu latido como um câncer corta

por um fermento nôvo little dog
animal tentáculo
da Voz que custa
como o demônio ausente
supérfluo e urgente
bicho
dos fundos de quintal
floresta brava no remanso do lixo

espeta tua lança no Orgulho
grande dog
little
big lord
Homem contra o homem assísmico

ataca a tua fúria
vive las maisons
        redoma familial
com a tua parreira little dog
Grande Dog
limpa a parreira para os teus filhos
GRANDE HOMEM

Bibliografia de João Gilberto Noll

• O CEGO E A DANÇARINA (1980) – Prêmio Jabuti/1981: categoria autor revelação

• A FÚRIA DO CORPO (1981)

• BANDOLEIROS (1985)

• RASTROS DO VERÃO (1986)

• HOTEL ATLÂNTICO (1989)

• O QUIETO ANIMAL DA ESQUINA (1991)

• HARMADA (1993) – Prêmio Jabuti/1994: categoria romance

• A CÉU ABERTO (1996) – Prêmio Jabuti/1997: categoria romance

• CONTOS E ROMANCES REUNIDOS (1997)

• CANOAS E MAROLAS (1999)

• BERKELEY EM BELLAGIO (2002) – Finalista do Prêmio Portugal Telecom/2003

• MÍNIMOS, MÚLTIPLOS, COMUNS (2003) – Prêmio Jabuti/2004: categoria contos e crônicas (2° lugar). Prêmio ABL de Ficção/2004

• LORDE (2004) – Prêmio Jabuti/2005: categoria romance e Prêmio Jabuti/2020: categoria livro brasileiro publicado no exterior. Prêmio Açorianos de Narrativa Longa/2005

- A MÁQUINA DE SER (2006)

- ACENOS E AFAGOS (2008) – 2º lugar do Prêmio Portugal Telecom/2009. Prêmio Açorianos de Narrativa Longa/2008.

- O NERVO DA NOITE (2009/juvenil)

- SOU EU! (2009/juvenil)

- ANJO DAS ONDAS (2010) – Prêmio Açorianos de Narrativa Longa/2010

- SOLIDÃO CONTINENTAL (2012) – Prêmio Açorianos de Narrativa Longa/2013

Agradecimentos

A todas e a todos que, direta ou indiretamente, contribuíram com depoimentos, lembranças, documentos ou com boas histórias para a realização deste livro.

Mas especialmente a Luiz Fernando, Anamaria, Maria Ecila, Anelise, Maria Alice, Jussara, Julia e Janaína, pela acolhida e pela inestimável colaboração, mesmo quando o momento era de perda.

Valéria Martins, João Nunes Junior, Fernando Ramos, Luís Francisco Wasilewski e Helena Terra, pelas leituras, sugestões, críticas e apoio incondicional.

Laura Lautert, por me levar pelos caminhos iniciais desta trajetória.

Francisco Marshall, Edgar Garbelotto, Thiago Fernandes, Celso Marques, Gil Veloso, Kiko Berwanger, Jacqueline Joner e Paula Sperb pela imensa generosidade.

Marta, João e Júlia, porque sim.

Manoela Cavalinho, pela provocação.

Marieta Madeira, pela companhia e pelo incentivo nos momentos mais difíceis – em que desistir era uma tentação.

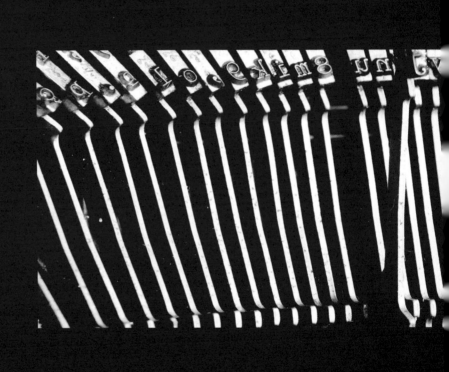

Referências

ABREU, Caio Fernando. Limite branco. Rio de Janeiro: Editora Nova Fronteira, 2ª edição, 1992.

_____ Paixão da escrita. Revista Veja. São Paulo, n° 693, página 100 (16/12/1981).

APPEL, Carlos Jorge (org.). Roda de Fogo, 12 gaúchos contam. Porto Alegre: Editora Movimento, 1970.

Arte&Política. Rio de Janeiro, n° 20, páginas 3 a 8. (2004).

BARBOSA, Luiz Guilherme. Em estado de sobrevivência. Jornal Rascunho. Curitiba, n° 151, novembro de 2012. Disponível em https://bit.ly/3tQBKTF.

BIVAR, Antonio. Loge daqui aqui mesmo. Porto Alegre: L&PM Editores, 1995.

BRANDÃO, Luis Alberto. Canção de amor para João Gilberto Noll. Belo Horizonte: Editora Relicário, 2019.

BRESSANE, Ronaldo (org.). Essa história está diferente. Dez contos para canções de Chico Buarque. São Paulo: Cia das Letras, 2010.

_____ Noll: em busca da obra em aberto. Revista A, dezembro de 1999. Disponível em https://bit.ly/2Ub5JFC.

Caderno de Sábado. Correio do Povo, Porto Alegre, edições de 23/08/1969, 26/11/1969 e 10/01/1970.

CALLEGARI, Jeanne. Caio Fernando Abreu. Inventário de um escritor irremediável. São Paulo: Seoman, 2008.

CASTELLO, José & CAETANO, Selma. O livro das palavras. Conversas com os vencedores do prêmio Portugal Telecom. São Paulo: Editora Leya, 2013.

GALERA, Daniel. Até o dia que o cão morreu. Porto Alegre: Editora Livros do Mal, 2003.

JACOBSEN, Rafael Bán. Assim falava João Gilberto Noll. Revista Amálgama (s/nº). (304/04/2013). Disponível em https://bit.ly/2RZV4zY

Jornal Porto & Vírgula – Feira do Livro. Porto Alegre, Secretaria Municipal de Cultura. (Outubro de 1995).

KOEPKE, Magali. Despedida. Correio da Appoa, nº 265 (abril de 2017).

LIMA, Otávio Rojas & LEDUR, Paulo Flávio (orgs.) Julinho –100 anos de história. Porto Alegre: AGE Editora, 2000.

LOURENÇO, Camila Morgana. Entre o arroubo e a esquiva: as confissões de Caio Fernando Abreu. Dissertação (mestrado). Florianópolis: UFSC. Centro de Comunicação e Expressão. Programa de Pós-Graduação em Literatura, 2007. Disponível em www.repositorio.ufsc.br/xmlui/handle/123456789/89584.

MACIEL, Edson Roig. Sveglia. Dissertação (mestrado). Porto Alegre: UFRGS. Instituto de Letras. Programa de Pós-Graduação em Letras, 2009. Disponível em www.lume.ufrgs.br/handle/10183/21575

MONTE, Alfredo. Escritor irrita pela complacência com que dilui universo dos personagens. Folha de S. Paulo (16/10/2012). Disponível em https://bit.ly/32HSoZV.

MORICONI, Italo. Quase sertão. Rio de Janeiro: Editora Diadorim, 1996.

NOLL, João Gilberto. A misteriosa melodia de João Gilberto Noll. Zero Hora, 9/2/2012. Disponível em https://bit.ly/32t4C8X.

_____ Autores gaúchos. João Gilberto Noll. Volume 23. Porto Alegre: IEL, 1989.

_____ A paixão segundo Caio F. Porto Alegre, Segundo Caderno, Zero Hora, volume 32, n° 11.153, página 7. (02/03/1996).

PRADO, Adélia. Bagagem. Rio de Janeiro: Editora Record, 1976.

Revista do Globo. Porto Alegre, n° 285, página 140 (30/11/1940).

SANT'ANNA, Sérgio. Anjo noturno. São Paulo: Cia das Letras, 2017.

SANTIAGO, Silviano. Nas malhas da letra: ensaios. Rio de Janeiro: Editora Rocco, 2000.

STERZI, Eduardo. Uma sinfonia a céu aberto: entrevista com João Gilberto Noll. Zero Hora, 14/2/1996. Disponível em Revista Caliban, 30/03/2017.https://bit.ly/35epQct.

VELOSO, Caetano. Verdade tropical. São Paulo: Cia das Letras, 1997.

Impresso em Porto Alegre, em maio de
2021, para a editora Diadorim
Fontes: Alegreya/Calisto MT/Colonna MT
Aos 100 anos de Antônio Maria, Cacilda
Becker, Josué Guimarães, Maria Clara
Machado e Paulo Freire